本书得到贵州大学文科重大科研项目资助

（项目批准号：GDZT2010001）

庄勇　何昕

著

需求与介入

基于进城农民工子女
社会工作支持的行动研究

NEED

AND

INTERVENTION

社会科学文献出版社
SOCIAL SCIENCES ACADEMIC PRESS (CHINA)

目　录

导　论

　　20 世纪 90 年代以来，越来越多的农民工不再"单身外出"，而是以"举家迁徙"的方式进入城市务工、经商，农民工家庭化趋势、移民定居趋势逐渐扩大。据 2000 年第五次全国人口普查资料显示，全国进城农民工总量为 1.0229 亿人，进城农民工子女数量达到了 1409 万人。[①] 据 2005 年全国 1% 人口抽样调查数据推算，全国进城农民工人口总量增至 1.4735 亿人，进城农民工子女数量跃至 1834 万人。[②] 据国家统计局监测调查结果显示，2010 年，全国农民工总数达 2.42 亿人，其中，外出就业 1.53 亿人，本地非农就业 0.89 亿人。规模庞大且在城市居住时间较长的农民工子女已成为新生的流动大军，他们在城市的生活状况也逐渐成为各级政府和学术界关注的焦点。

一　缘起

　　社会工作专业是一个实践取向较强的专业，强调专业的实务性和专业的经验。社会工作教育的目标，不仅仅是向学生传授专业理论知识，更强调理论在实践中的应用，把学生培养成为具有基层社会事务管理能力、人际沟通能力、组织活动与社会公关能力和能够直接解决问题的实务性操作人才。

　　贵州大学从 1999 年开始招收社会工作专业本科生，通过多年的探索和努力，社会工作教学方法和成效上都有了较大提升。但在教学过程中，

---

① 段成荣、梁宏：《我国流动儿童状况》，《人口研究》2004 年第 1 期。

② 段成荣、杨舸：《我国流动儿童最新状况——基于 2005 年全国 1% 人口抽样调查数据的分析》，《人口学刊》2008 年第 6 期。

我们也深深感到，仅通过课堂教学的方式达到上述目标是难以实现的。究其原因，主要有以下几方面：其一，专业教师在课堂上所传授的理论、方法和技巧等，均来自西方发达国家，"先天"缺乏与中国社会工作实务的关联；而本土化理论和方法的建构尚不完善。因此，社会工作专业的学生虽然掌握了一些"舶来的"知识，但却缺乏将这些知识转化为符合中国实际社会工作服务的能力。其二，传统的教学观念使得社会工作专业教师在教学过程中比较重视理论的传授，而忽视了专业价值观和理念在社会工作教育中的重要性，使学生缺乏对社会工作专业价值观和理念的认同和贯彻。其三，传统的教学模式和教学管理方式将学生局限于学校课堂，学生除了在课堂学习之外，没有足够的时间和平台将所学的理论、方法和技巧加以运用，无法将课堂所学与实际社会工作联系起来，也无法结合实践经验对教师所传授的书本知识进行检验、反思和评判，这就影响了知识的内化和运用能力的提高，也造成教学与社会实际脱离。一方面是从书本到书本的传统课程模式，另一方面又将专业实习独立于课程之外，如此，当然不可能将专业知识与实践、实践与由实践引发的理论反思有机地连接起来，也就不可能实现专业教育的最终目标。这些问题，直接影响到贵州大学社会工作专业学生的专业素养、专业能力，也影响了整个专业教育的质量与发展。

社会工作专业特有的实践取向性质，决定了社会工作教学必须"与众不同"，必须更多地强调实践与反思。

行动研究（Action Research）是一种方法，一种新的科研理念和研究类型。一直以来，"行动"和"研究"是两个用以说明不同的人从事的不同性质活动的概念，前者是指实践经验者用以改造实践的活动，后者是理论家为探索知识而进行的活动，两者有着较为严格的界限。而最早将两个词语相结合、提出"行动研究"一词的有两个人：一是 1933～1945 年，柯立尔等人在研究改善印第安人与非印第安人之间的关系时提出的。他们认为，研究的结果应该为实践者服务，研究者应该鼓励实践者参与研究，在行动中解决自身的问题。二是 20 世纪 40 年代美国社会心理学家勒温与学生在对不同人种之间的人际关系进行研究时提出的。他们与犹太人和黑人合作进行研究，这些实践者以研究者的姿态参与到研究之中，积极对自己的境遇进行反思，力图改变自己的现状。① 勒温认为将科学研究者与实践工作者的智慧、能力结合起来，从而解决某一实际问题的方法就是行动研究。

在行动研究发展的过程中，对其概念的界定，见仁见智。国外对行动研究的定义分为三类：一是以科利为代表的"科学的行动研究"，强调行动者用科学的方法对自己的行动进行研究，认为行动研究是一种用统计方法验证假设的小规模试验研究。二是以埃利奥特为代表的"实践的行动研究"，强调行动者为解决自己在实践中的问题而进行的研究。三是以凯米斯为代表的"批判的行动研究"，强调行动者对自己的实践进行批判性思考。尽管上述界定各有不同，但基本精神却一致，即强调行动研究以解决现实中的具体问题为目标。②

中国学者普遍认同行动研究是一种以教育实践工作者为主体进行的研究，它以研究教育工作者实践中的问题、改进教育实践为本质。行动研究在教育中的应用是以解决问题、改进实践为目的，将研究与行动相结合。行动研究是进行研究的过程，也是解决问题的过程，并且以"共同合作"的方式进行，取长补短。行动研究要求教师运用理论，系统地反思自己的实践；要求研究者深入实际，从实际工作中发现问题，并直接参与从计划到评价实际工作的过程，与教师一起研究他们面临的问题。所以行动研究以相互参与和共同研究的方式在研究者与教师之间架起了桥梁，使之共同合作。

鉴于行动研究的特性以及给社会工作专业教学、教师和学生带来的影响，贵州大学社会工作专业希望能够借助行动研究的方法提升专业教育的质量，力争解决在专业教育中所遇到的上述种种问题，增强专业教师和学生的实践能力和反思能力。同时，也能够发挥社会工作专业的助人功能，为社会弱势群体提供专业性的社会服务，改善弱势群体的生活质量。因此，经过前期的调研和考察工作，2006 年贵州大学法学院社会工作专业与香港明爱基金会携手，在黔东街道办事处旭东社区居委会的协助下，在 M

---

①　郑金洲：《行动研究：一种日益受到关注的研究方法》，《上海高教研究》1997 年第 1 期。

②　陈向明：《在行动中学作质的研究》，教育科学出版社，2003，第 12～13 页。

村成立了一个非营利性服务站——农民工社区服务站（以下简称服务站），作为为农民工及其子女提供直接服务的民间组织，以"尊重人，尊重劳动，尊重劳动者"为服务理念，以提升农民工能力、促进社区发展为目标，希望通过各类具体服务帮助农民工及其子女提升自信、自尊以及应付困难的能力，也借此为贵州省内高校社会工作专业提供一个实践、教学和科研的"行动研究"平台。

根据勒温的观点，行动研究有四个循环的阶段，即计划—行动—考察—反思。

（1）"计划"是行动研究的第一个环节。计划应以所发现的大量事实和调查研究为前提，它始于解决问题的需要和设想。设想是行动研究者（行动者和研究者）对问题的认识，以及他们掌握的有助于解决问题的知识、理论、方法、技术和各种条件的综合；设想还包含了行动研究的计划，"计划"包括总体计划和每一个具体行动步骤的设计方案。

（2）"行动"即实施行动计划，这是第二个环节。行动计划的执行和实施具有灵活性。随着研究者对问题认识的逐渐明确，以及行动过程中各种信息的及时反馈，不断吸取参与者的评价和建议，对已制订的计划可在实施中修改和调整。所以，行动是不断调整的。

（3）"考察"是第三个环节。考察内容包括：一是行动背景因素以及影响行动的因素。二是行动过程，包括什么人以什么方式参与了计划实施，使用了什么材料，安排了什么活动，有无意外的变化，如何排除干扰。三是行动的结果，包括预期的与非预期的、积极的和消极的。要注意搜集三方面的资料：背景资料是分析计划设想有效性的基础材料，过程资料是判断行动效果是否由方案带来和怎样带来的考察依据，结果资料是分析方案带来什么样效果的直接依据。考察要灵活运用各种观察技术和数据、资料的采集以及分析技术，充分利用录像、录音等现代化手段。

（4）"反思"是第四个环节。它包括：整理描述、评价解释、写出研究报告。反思是行动研究第一个循环周期的结束，又是过渡到下一个循环周期的中介。根据反思的结果，开始新一轮的计划—行动—考察—反思，从而使行动研究构成一个不断上升的螺旋过程。

服务站的整个工作也遵循着这四个阶段的循环过程，一步一步地向前摸索。服务站成立之初，不仅对于 M 村片区的农民工来说是一个新生事物，而且对于服务站的工作人员、社会工作专业督导、志愿者来说也是摸着石头过河。从最初每天花大量时间，在 M 村的大街小巷，进行自我介绍，与街头农民工聊天，相互熟悉，了解他们的生活、工作以及需要，一步步消除他们的疑虑，到今天整个片区的农民工，甚至本地居民，都知晓服务站的服务内容；从最初"求"有需要的农民工接受服务，到今天有需要的人主动上门寻求帮助，甚至将身边有需要的人介绍到服务站；从最初用大量礼品吸引他们参与活动，到今天只要有活动都愿意来参加，甚至愿意出力协助……经历过很多次失败、失望、白眼、冷嘲热讽，今天我们依然服务着这个片区三所农民工子弟学校的上千名学生及其家庭，为他们提供直接的实物、现金资助，娱乐活动，教育性、知识性的讲座、咨询，以及社会工作专业性的个案、小组、社区、能力建设等方面的专业服务。

五年来，我们历经了不同的发展阶段，取得了不一样的成果，也面临着各种困难。

2006 年，服务站的工作人员、社工专业教师和学生一起，根据前期的计划，开始走街串巷与农民工接触，通过不同形式的宣传，介绍我们"理想中"的服务。接触了百余人之后，猛然发现"理想"与"现实"的距离如此之远——我们想提供的"能力"，不是他们想要的"实惠"。于是，我们更加"实际"地提供服务：从最简单的免费报刊阅读、炎热季节的卫生饮水、寒冷冬日的棉衣棉被，到每天下午和周末活动室针对儿童和青少年的图书玩具、学习辅导，大批的学费资助、医疗救助、生活必需品的提供。农民工从最初的质疑，到逐渐相信，我们用他们能够最直接感受到的"诚心、诚意"搭建起了一个良好的关系平台。

在这个过程中，我们发现农民工子弟学校是一个最佳的服务介入点，每一个学生的背后都连着一个进城农民工家庭，而每一个农民工子女都是一个家庭的中心、一个家庭的希望，改变一个孩子就有可能改变一个家庭。因此，我们在这个片区十多所农民工子弟学校中选择了其中的两所——X 学校和 Y 学校，作为我们的主要服务对象。

2007 年，由于我们前期大量的资助，造成了许多农民工家庭对我们所提供"实惠"的依赖心理。因此，我们及时调整了服务方向，逐渐缩小"实惠"的范畴，除了常规的街头服务、捐赠活动、知识宣传之外，将服务集中在学校，将服务的主要群体集中在农民工子女身上，为他们提供图书、玩具、学习辅导、不同种类的兴趣班，以及各种类型的社会工作专业服务，解决他们成长过程中面临的人际沟通、情绪管理、自我认识等方面的问题和成长方面的需要。同时，与学校合作举办联欢会、各类竞赛等城市学生常常进行的课余活动。通过与农民工子女接触，我们逐渐走进他们的家庭，更加了解这一群体的需求。

2008 年，我们参照香港驻校社工的模式，安排专职工作人员进驻学校，长期在校内提供最及时的服务。通过驻校社工的进入，走进他们的课堂、走近他们的身边，与农民工子女的深入接触、朝夕相处，更为客观、详细地了解他们，不仅为校内的学生提供常规服务、个案辅导、小组工作，也为师生关系、教师心理、学校建设等方面提供力所能及的支持和协作。同时，我们也深知之前对于农民工子女及其家长的服务能帮助他们解决一时的困难或问题，但是却不能帮助他们从根本上解决这些问题。因此，从这一年开始，我们的工作重心偏向增强农民工子女在社区的归属感，协助他们与社区居民、组织建立联系与互动；积极引入各种资源，协助形成多层次的社会支持网络。同时，我们的服务形式也不断多元化，更侧重于农民工子女能力的培养和提升，以期挖掘潜能、促进发展，如"天使在身边"义工培养计划等。可以说，2008 年是我们整个工作从以"助人"为主到以"助人自助"为主的一年。

2009 年，我们除了继续以往的常规服务外，还将工作的重点放在新加入的 Y 学校的学校服务和年轻打工者的相关服务上，以使我们的资源更集中地使用在相应弱势群体上。我们一直秉持社会工作"助人自助"的核心理念，在服务过程中注重服务对象的"自助"，提升能力、搭建平台、促进合作，努力让我们的服务从"for"（为他们做）向"with"（和他们一起做）转变。由于农民工子女中很大一部分无力或无法继续学业，因此他们初中毕业后（甚至未完成）就开始工作，而他们所从事（或被迫从事）的工作大多和父辈相近或一致，面临着与父辈同样的困难，也有更深的"不甘"。为了让他们正确地选择、正确地面对选择以及提升能力应对将来，我们不仅为他们在校内时就开展职业规划、生涯规划等相关活动，而且在他们离开学校后提供一定的支持性服务，希望能够协助他们更好地融入城市生活，形成自助互助网络。

2010 年，在专职工作人员相继流失的艰难情况下，我们充分发挥农民工子弟学校内学生小义工的优势，将校内的常规服务（如图书借阅、活动室开放、文娱用品使用等）交由他们负责，充分发挥他们的自治能力。同时，我们也加强了对志愿者团队的管理，组建了不同服务项目的志愿者团队，依靠他们为农民工子女及其家庭、为年轻的打工者、为农民工子弟学校提供不同的常规及特色服务。我们继续借着农民工子弟学校这样一个优势介入点，坚守着我们"接触一个孩子，就接触到一个家庭；改变一个孩子，可以改变一个家庭"的项目方向，为农民工子女及其家庭提供能"提升自信、自尊以及应付困难能力"的各种服务项目。

在这五年的发展过程中，我们不断地经历计划—行动—考察—反思等一个又一个行动研究的循环。专业教师以专业督导和工作人员的身份、学生以志愿者或实习生的身份参与到服务站不同类型的服务项目中，亲身与服务对象接触、认识和了解，感受服务对象的生活，运用不同的专业方法开展各种类型的服务。一方面，不断地触动和强化着教师和学生们的"社工心"，巩固和强化他们对专业价值和理念的认同。另一方面，教师通过这一平台及时更新知识、总结本土社会工作服务的理论、经验、方法；学生可以通过这一平台及时运用所学的专业理论、方法和技巧，达到专业知识、实践和反思有效结合、内化的效果；另外，服务中工作人员、教师和学生共同商议、共同进退、共同发展，也增强了彼此之间的相互影响。这样一种基于社会工作教育实践的行动研究，实现了服务对象、专业社工、专业教师、学生的多方共赢，不仅服务了弱势社群，也培养了专业社会工作者，提升了社工专业教师的教学和实践能力以及社工专业学生的实践、反思能力，更重要的是让不同群体密切接触、认识和了解，达到"生命影响生命"的效果。

2011 年，我们仍将继续……

二 农民工政策演进与实践模式

（一）农民工政策演进历程

农民工政策是在改革开放之前的计划经济体制基础上产生的，总体上经历了一个由严格禁止到逐步放开、从漠视农民工问题到全面构建农民工利益体系的过程，包括新中国成立以来的整个城乡劳动力配置机制的发展历程。

1. 禁止与限制农民流动的政策阶段

1958 年 1 月 9 日，全国人民代表大会第九十一次会议通过了《中华人民共和国户口登记条例》（以下简称《条例》），从而就把城乡有别的户口登记制度与限制迁移制度以法律的形式固定了下来。该《条例》的通过标志着中国二元户籍制度的正式确立，它像一堵无形的墙把中国的城市社会与乡村社会分开了，使得当时根本不存在人口流动尤其是从农村向城市流动的现象。

2. 松动的人口流动政策阶段

20 世纪 80 年代初期，人民公社制度的瓦解和农村家庭联产承包责任制的实施，使农民有了摆脱土地束缚的可能；户籍制度控制的放松和城市经济的发展，为农民进入城镇提供了机遇和空间；随着农村生产效率的不断提高，农村劳动力过剩的问题开始显现，农民有了离开农村进入城镇的冲动。在这样的情况下，农民开始流入城市。但是，农民向城市流动的规模还比较小，流动的范围也比较小，主要原因就是这一时期城镇就业问题严峻，政府因而强调对农村劳动力流动的控制，对城市单位使用农村劳动力严格把关，甚至要求清退来自农村的计划外用工。可以说，农民的流动受到政府强有力的制约。20 世纪 80 年代中期，随着城镇就业压力的减轻，政府在 1984 年放松对农民进城的控制，准许农民以自筹资金、自理口粮为前提，以在集镇有固定住所、有经营能力，或在乡镇企事业单位长期服务为条件进入城镇务工经商。这是政府首次明确放松长期以来严格实施的户籍制度，为农民进入城镇创造了有利条件。

同时，这一政策也表明，农民进入城市是农民自己的事情，要建立在有自立能力基础上，政府不会为进入城镇的农民提供相关的公共服务。到了 20 世纪 80 年代后期，由于政府为抑制通货膨胀而实施治理整顿政策，导致乡镇企业发展受挫，使更多的农民离开乡村进入城市谋生。同时，东部沿海地区出口加工企业的发展也为离土离乡的农村劳动力提供了大量的就业机会。于是，在 80 年代末期，大批农村劳动力流向广东，出现了空前的"民工潮"。为了控制"民工潮"，国务院在 1989 年初发出了《关于严格控制民工盲目外出的紧急通知》，但是，南下广东的"民工潮"并没有退潮，于是，1991 年初，国务院办公厅又出台了《关于劝阻民工盲目去广东的通知》。

从 1992 年开始，农民出现了真正的大规模流动。这主要是由于邓小平南方谈话的精神感召，中国的市场化经济改革出现了新的高潮。大量外资进入沿海地区，尤其是经济特区，为农民工提供了巨大的就业空间。于是，1992 年中国出现了 4600 万农民进城务工的壮观局面。针对"民工潮"及其所带来的一系列社会管理、治安等问题，为了控制大量农民进城务工给城市带来的不稳定因素，政府有关部门在制定关于农民流动的政策时，表面上是引导有序流动，实际上要限制流动。各地方政府最初采取清退、打击等方式，以缓解"民工潮"带来的社会治安和管理压力。对此，各地方政府成立专门由公安、劳动、计生、工商、卫生等部门联合组成的外来人口管理机构，主要工作由公安机构和劳动部门负责。后来，随着大批农民滞留城镇，政府出台了更为严格的管理政策进行控制。1994 年、1995 年中央有关部门分别颁发《农村劳动力跨省流动就业暂行规定》《关于加强流动人口管理工作的意见》，决定实行统一的流动人口就业证和暂住证制度。农民工要有政府部门办理的外出人员就业登记卡、外出人员就业证，证、卡合一，并以暂住证作为流动就业的有效证件。但同时我们必须看到，无就业自主权、非正规就业给农民工带来的不稳定以及劳动条件的恶劣，如对证件严格检查、混乱收费等等，都体现了当时对农民工管理的缺失、社会服务职能的退化。

这一阶段的农民工政策，受到计划体制、二元社会结构以及城市中心论的影响，所出台的农民工政策视农民工问题为人口流动问题，而不是劳工问题，采取排斥性和强制性的政策措施，试图达到限制农民向城市流动的政策目的。虽然也有改善农民工就业环境、建立农民工城乡流动市场配置机制等内容，但是主要还是限制农民工向城市流动，没有关注农民工在城市中的生存、权益等问题。

3. 关注农民工诸问题的政策阶段

随着城市化和工业化的快速发展，行政力量并不能阻止受市场驱动的农民向城市的流动。进入 21 世纪，我国经济加速发展，农民工规模更加壮大，这就使得原有的政策暴露出种种弊端。于是决策者开始重新对农民工问题进行认定，农民工的社会角色也由过去的影响城市稳定的"盲流"转变为产业工人，处理农民工问题的政策工具由行政强制和排斥转变为制度性吸纳，政策目标由基于城乡分割的限制流动转变为统筹城乡发展、以人为本、公平对待农民工。2001 年中央政府下令清理整顿对农民工的收费，除证书工本费外，行政事业性收费一律取消；2002 年提出"公平对待，合理引导，完善管理，搞好服务"的方针，要消除不利于城镇化发展的体制和政策障碍，引导农村劳动力合理有序流动；2003 年中央政府接连发出 3 个有关农民工问题的文件，这 3 个文件分别是"国办发 1 号""国办发 78 号""国办发 79 号"（见表 1）。除此以外，国务院还公布了《工伤保险条例》，首次将农民工纳入保险范围。

表 1　有关农民工问题的政策文件

政策法规文件的名称	主要内容	颁布单位	颁布时间
《关于做好农民进城务工就业管理和服务工作的通知》国办发〔2003〕1 号	1. 进一步提高对做好农民进城务工就业管理和服务工作的认识；2. 取消对农民进城务工就业的不合理限制；3. 切实解决拖欠和克扣农民工工资问题，用人单位必须依法与农民工签订劳动合同；4. 改善农民工的生产生活条件；5. 做好农民工培训工作；6. 多渠道安排农民工子女就学；7. 加强对农民工的管理	国务院办公厅	2003 年 1 月 5 日

政策法规 文件的名称	主要内容	颁布单位	颁布时间
《关于进一步做好进城务工就业农民子女义务教育工作的意见》国办发〔2003〕78号	1. 进城务工就业农民流入地政府负责进城务工就业农民工子女接受义务教育工作，以全日制公办中小学为主；2. 流入地政府要制定有关行政规章，协调有关方面，切实做好进城务工就业农民子女接受义务教育工作；3. 充分发挥全日制公办中小学的接收主渠道作用；4. 建立进城务工就业农民子女接受义务教育的经费筹措保障机制；5. 采取措施，切实减轻进城务工就业农民子女教育费用负担；6. 进城务工就业农民流出地政府要积极配合流入地政府做好外出务工就业农民子女义务教育工作；7. 加强对以接收进城务工就业农民子女为主的社会力量所办学校的扶持和管理；8. 加强宣传引导，营造全社会关心和支持进城务工就业农民子女义务教育工作的良好氛围	教育部、中央编办、公安部、发展改革委、财政部、劳动保障部	2003年9月13日
《国务院办公厅转发农业部等部门2003-2010年全国农民工培训规划的通知》国办发〔2003〕79号	1. 以党的十六大精神和"三个代表"重要思想为指导，以转移就业前的引导性培训和职业技能培训为重点，综合运用财政扶持政策和竞争、激励手段，进一步调动农民工个人、用人单位、教育培训机构、行业的积极性，多渠道、多层次、多形式地开展农民工培训工作，逐步形成政府统筹、行业组织、重点依托各类教育培训机构和用人单位开展培训的工作格局。2. 政府扶持、齐抓共管、统筹规划、分步实施、整合资源、创新机制、按需施教、注重实效等作为培训的基本原则。3. 培训目标：逐步扩大培训规模，营造良好的社会氛围和政策环境，提高培训质量；培训任务：开展引导性培训，开展职业技能培训。4. 推进农民工培训的政策措施：加强组织领导，加大农民工培训的资金投入，制定农民工培训激励政策，推行劳动预备制度，实行就业准入制度，整合教育培训资源，提高培训效率，加强农民工培训服务工作	农业部、劳动保障部、教育部、科技部、建设部、财政部	2003年9月18日

　　政府对农民工问题的高度关注是从两个事件开始的：一是孙志刚事件，二是熊德明事件。

　　（1）孙志刚事件。2003年3月17日，湖北籍大学生孙志刚在晚上出门上网时忘记随身携带身份证，结果在当晚23时左右，他在路上被查验暂住证的警察送往黄村街派出所。随后，他打了一个电话给朋友，并要求朋友把他的身份证明文件送往该派出所。可是当孙志刚的朋友到达派出所并出示他的身份证后，当事警官仍然拒绝释放孙志刚。3 月 18 日，孙志刚被转送收容站，其收容表格上说他是"三无"人员，符合收容条件，而事实是孙志刚本人有固定住所，有合法工作，有合法的身份证件，并不符合收容条件。当晚，孙志刚因"身体不适"被转往广州市收容人员救护站。20日凌晨 1 时多，孙志刚两度遭同病房的 8 名被收治人员轮番殴打，于当日上午 10 时 20 分死亡。救护站死亡证明书上称其死因是"心脏病"。4 月18 日，中山大学中山医学院法医鉴定中心出具尸检鉴定书，结果表明，孙志刚死前 72 小时曾遭毒打（2003 年 4 月 25 日《南方都市报》、2003 年 4月 26 日《北京青年报》）。

此事件经媒体报道后，受到广泛关注。之后媒体曝光了更多同一性质的案件，社会上掀起了对收容遣送和暂住制度的反思和抨击。后来，许多专家学者向全国人大常委会提交了建议书，要求对 1982 年出台的《城市流浪乞讨人员收容遣送办法》① 有关条款进行审查。2003 年 6 月 20 日，温家宝总理签署国务院令，公布《城市生活无着的流浪乞讨人员救助管理办法》，标志着以管制为主的收容遣送制度转变为以服务为本的流浪乞讨人员救助制度。随后一些城市的收容遣送相关条例和制度也陆续废止。

（2）熊德明事件。2003 年 10 月 24 日，温家宝总理飞抵重庆万州走访三峡移民。万州是三峡库区最大的移民区，搬迁人口达 25 万。在温总理走访期间，当地云阳县龙泉村农家妇女熊德明向总理提出了有关包工头拖欠

---

① 在孙志刚事件以前，中国的大中城市普遍存在收容遣送和暂住证制度。收容遣送源于新中国成立初期，是在特定的历史条件下形成的计划经济条件下的产物，从最初对游民的收容发展到对外流灾民、流浪乞讨人员的救助、教育、安置和遣返。1982 年国务院发布《城市流浪乞讨人员收容遣送办法》的主要目的是为了救济、教育和安置城市中的流浪者，最初是用来对涌入城市的无业人员和灾民进行收容救济的带有社会福利性质的措施，是一种社会救助和维护城市形象的行为。20 世纪 90 年代初，国务院《关于收容遣送工作改革问题的意见》出台，收容对象被扩大到"三无人员"（无合法证件、无固定住所、无稳定收入），即无身份证、暂住证和务工证的流动人员。要求居住 3 天以上的非本地户口公民办理暂住证，否则视为非法居留，须被收容遣送。此后，经过各地和有关部门的不断博弈，收容遣送制度逐渐在实践中脱离原来社会救助的立法原意，演变为限制外来人口流动、带有惩罚性的强制措施。

农民工工资问题。熊德明说，村子里人们的收入主要靠打工，村里大多数农民都在云阳新县城搞建筑，一年有五六千元的收入，但是在修建新县城中心广场阶梯的过程中，包工头拖欠农民的工钱一直不还，她丈夫李建明有 2000 多元的工钱已拖欠了一年……听完熊德明的叙述，温总理表示，欠农民的钱一定要还！到了云阳新县城，温总理见到县里的负责人，就追问起农民工工资被拖欠的事。当天夜里 11 时多，熊德明和丈夫就拿到了拖欠的 2240 元劳务工资。

温总理帮农妇熊德明讨完工钱回京后不久，由建设部牵头，民政部等 6 部委联合召开电视电话会议，要求各地切实解决建设领域拖欠工程款问题。与此同时，国务院办公厅也出台了《关于切实解决建设领域拖欠工程款问题的通知》（国办发〔2003〕94 号），要求各级政府及其建设、劳动保障等部门高度重视欠薪问题，一场全国范围内的"大清欠运动"迅速展开。各地纷纷成立清欠工作领导小组和工作班子，研究出台地方关于清欠农民工工资款的政策措施与办法，积极解决政府投资工程的拖欠款问题。其中，重庆市以政府红头文件的形式在各个州县市开展"百日追薪大检查"活动；北京市在出台的政策中申明，严重拖欠民工工资者将被逐出北京建筑市场；江苏规定欠薪企业主不得出国；同时，中央电视台也推出"为民工讨工钱，我们在行动"节目。到 2004 年 1 月中旬，已偿付历年拖欠款 215 亿元，清欠率 68%，其中 2003 年发生的"新债"已兑付 89%，此次各地动作之大被舆论称为"清欠风暴"。2004 年 3 月，十一届全国人大四次会议的政府工作报告提出："切实保障农民工工资按时足额支付，用 3 年时间基本解决建设领域拖欠农民工工资问题。"[①] 可以说，由来已久的农民工讨薪问题受到了国家领导层的高度重视，进入了公共议程，成为讨论的热点议题。在这以后，涌现了大量关于农民工的调查报告和研究文献，农民工也成为媒体经常关注的重要话题。对农民工问题的关注，不仅关注农民工在劳动力市场中的处境问题，如工作时间长、工作环境恶劣、工资低、常常遭遇职业灾害等，而且开始深入关注农民工在职业培训、社

---

① 《国务院心系农民工权益：中央正酝酿破题的方案》，http://news.xinhuanet.com/politics/2005 - 10/28/content_ 3695792. htm，2005 年 10 月 28 日。

会保障、养老、子女教育、娱乐文化生活、社会支持网络等方面的问题。此阶段的农民工政策则以"改善农民工就业环境、建立农民工城乡流动市场配置机制"为主要内容，但是也逐渐向"探索解决农民工问题"的政策方面入手。

4. 积极构建农民工权益体系的政策阶段

2004 年颁发的《中共中央国务院关于促进农民增加收入若干政策的意见》，首次提出"进城就业的农村劳动力已经成为产业工人的重要组成部分"，把农民工正式列入产业工人的队伍，要保障农民工的合法权益，城市政府要切实把对进城农民的职业培训、子女教育、劳动保障及其他服务和管理经费，纳入正常的财政预算。同年 11 月，温家宝总理主持召开国务院常务会议，听取了劳动和社会保障部关于进一步做好改善农民进城就业环境的工作汇报。会议认为，农民有序进城就业对于促进农村劳动力转移、增加农民收入、统筹城乡发展都具有重大意义。各级政府特别是城市政府要把改善农民工的就业环境作为重要职责，切实维护农民工的合法权益。会议要求，要重点做好几项工作：①继续清理拖欠农民工工资，年底加大检查力度，督促地方和企业落实清欠计划。②加快清理和取消针对农民进城就业的歧视性规定、不合理限制和乱收费。③加大劳动监察执法力度，完善农民工劳动合同管理制度，落实最低工资制度，严厉查处拖欠克扣工资、随意延长工时、使用童工和劳动环境恶劣损害人身健康等问题。④改善就业服务，积极发展有组织的劳务输出，开放城市公共职业介绍机构，免费向农民工提供就业信息、职业指导和职业介绍服务，加强农民工职业技能培训。⑤整顿劳动力市场秩序，严厉打击职业介绍领域的各种违法犯罪活动，取缔非法职业中介机构，规范企业招用工行为。⑥以农民工集中、工伤和职业病风险程度比较高的建筑、矿山等行业作为重点，大力推进农民工工伤保险。会后，国务院办公厅于 2004 年 12 月 27 日发出了《关于进一步做好改善农民进城就业环境工作的通知》（国办发 ［2004］ 92号）。①

---

① 《温家宝主持国务院常务会议——研究北京奥运会筹办工作和改善农民进城就业环境》，http：//www. gmw. cn/01gmrb/2004 – 11/11/content_ 129688. htm。

2005 年初，国务院提出公共就业服务机构对进城求职的农村劳动者要提供免费的职业介绍服务和一次性职业培训补贴。同时，国务院领导层就研究解决农民工问题做出重要批示，要求国务院研究室牵头，对农民工问题进行全面、系统、深入的调查研究。于是 2005 年 4 月 4 日由国务院研究室牵头的"农民工问题调研和文件起草组"成立。历经 10 个多月，在对广东、浙江、上海、北京等 11 个农民工输出或输入大省（市）进行调研，深入研讨、集思广益的基础上，于 2006 年 4 月形成《中国农民工调研报告》（以下简称《报告》）。《报告》基本摸清了当时农民工面临的突出问题及原因，基本掌握了农民工的历史、现状、特点和发展趋势，总结了近年来各地、各部门加强农民工管理和服务的做法和经验，探讨了解决农民工问题的原则思路和政策建议。①

2005 年 10 月，劳动和社会保障部表示，将采取四大措施进一步改善进城务工人员的就业环境。②①进一步消除限制农村劳动力合理流动的歧视性政策。建立解决拖欠进城务工人员工资的长效机制。全面推行劳动合同制度，加强对用人单位招用进城务工人员的监督管理。推动进城务工人员全面参加工伤保险，逐步将进城务工人员纳入医疗保险，建立和完善适合进城务工人员特点的养老保险制度。②为进城务工人员提供良好的就业服务。发展有组织的劳务输出。全面落实公共职业介绍机构免费向进城务工人员开放的要求。有条件的大中城市，要开设面向进城务工人员的服务窗口或建立专门的服务场所。加强对进城务工人员的职业技能培训。③加大劳动保障监察执法力度，强化日常巡视监察和举报投诉案件查处力度。进一步畅通举报投诉渠道，做到举报投诉一起，查处一起。④进一步做好劳动保障法的普及宣传工作。在全社会营造尊重进城务工人员，善待进城务工人员，共同维护进城务工人员合法权益的良好氛围。2006 年 1 月 18 日，温家宝总理主持召开国务院常务会议，审议并原则通过了《国务院关于解决农民工问题的若干意见》（国发

---

① 《我国农民工面临的突出问题基本摸清》，http：//news.sohu.com/20060417/n242835047.shtml，2006 年 4 月 17 日。

② 《劳保部：四措施改善进城务工人员就业环境》，http：//www.xmsme.gov.cn/2005 - 10/200510192044111901.htm，2005 年 10 月 20 日。

[2006] 5 号)(以下简称《意见》),这是中央政府关于农民工的第一份全面系统的政策文件。《意见》全文分 10 个部分,40 条,约 9000 字。涉及了农民工工资、就业、技能培训、劳动保护、社会保障、公共管理和服务、户籍管理制度改革、土地承包权益等各个方面的政策措施。《意见》认为,解决农民工问题要坚持"公平对待,一视同仁;强化服务,完善管理;统筹规划,合理引导;因地制宜,分类指导;立足当前,着眼长远"的政策原则。《意见》还提出了解决农民工问题的政策框架:建立城乡统一的劳动力市场和公平竞争的就业制度;建立保障农民工权益的政策体系;建立农民工的城乡公共服务体制。

同时,为切实做好农民工工作,加强部门间的协调配合,根据劳动和社会保障部的建议,国务院于 2006 年 3 月 31 日批准建立"国务院农民工工作联席会议"制度。联席会议由国务院办公厅、发展改革委、教育部等 31 个部门和单位组成。联席会议的主要职责是在国务院领导下,研究拟订农民工工作的重大政策措施,为国务院决策提供意见建议;督促检查各地区、各部门相关政策落实情况和任务完成情况,协调解决政策落实中的难点问题;研究确定年度工作要点和阶段性工作计划;定期向国务院汇报农民工工作情况,并及时通报各地区、各部门。

此阶段我国农民工政策发生了积极的变化和根本性转变。首先,国家从现代化建设的战略高度审视和判断农民工问题,并给予农民工充分肯定和准确定位。其次,国家开始在"城乡统筹发展"的框架下,制定农民工政策,政策目标设计重在取消专门针对农民工进城务工就业的各种不合理规定,推进农民工公平就业。最后,积极推进农民工在劳动就业、住房建设、社会保障、子女教育、户籍管理、技能培训等方面的政策改革。

总之,回顾我国农民工政策的演变历程,总体上表现出如下三个典型特点:① ①国家经济发展战略和宏观经济政策深刻影响农民工流动就业行为,对于农民工转移就业、流动务工起着决定性的作用。②我国农民工政策演进历程凸显出渐进式改革特点,以农民工为主体的农村劳动力城乡流

---

① 姚上海:《中国农民工政策的回顾与思考》,《中南民族大学学报》(人文社会科学版) 2009 年第 3 期。

动市场机制逐步形成并分步完善，农民工政策演进由禁止流动、限制流动、默认流动，逐渐转向承认流动、接受流动、支持流动，再发展到鼓励流动、推动流动、公平流动。③我国农民工政策演变的主线是由"禁止"到"引导"、由"利用"到"保护"、由"使用"到"培育"，逐步形成"以人为本"的政策理念和建立劳动力资源市场配置模式。

（二）农民工政策的实践形态

如何解决好农民工问题，维护农民工的合法权益，各地都进行了大胆的探索与实践，其中也不乏成功的、可借鉴的模式。

1."宁波"模式

如何适应农民工由流动就业转向融入城市的进程，使相关服务管理进一步摆脱城乡二元体制，是当前面临的一个重大政策问题。宁波市坚持以人为本，把新、老宁波人融合为统一的共建共管共享的主体，摆脱户籍身份制度、城乡二元体制的影响，对外来务工人员的服务管理由经济融入、社会被动防控与管理型向主动引导、服务、建设型转变，由分割向融合转变，在组织领导、公共政策、服务管理体制机制上都发生了深刻变化，创造了农民工服务管理的"宁波模式"。

（1）树立农民工服务管理的新理念。宁波执政者首先把外来务工人员定位为：农民工是宁波经济、社会、文化、政治"四位一体"建设的生力军，不能把他们再作为"外人"打入另册，共建共享的对象是全体人民，就是包括 560 万户籍人口和近 400 万外来人员。

（2）形成"1＋x"的政策措施体系，遵循公平对待原则逐步推进制度改革。从 2007 年起，宁波按照加强服务、完善保障、推进共建、强化激励、促进融合的思路，从解决外来务工人员最迫切、最现实的问题入手，出台了"1＋15"政策文件，被新闻界称为"1＋x"的模式。"1＋x"中的"1"，指一个带综合指导性的文件，即宁波市委、市政府 2007 年 15 号文件——《关于加强外来务工人员服务与管理工作的意见》。该文件明确了这项工作的重大意义和指导思想，提出了对外来务工人员完善公共服务体系，保障合法权益，构建激励机制，优化社会环境等 23 条颇具含金量的举措。"1＋x"中的"x"，指政府从外来务工人员合法权益、维护职业安全健康权益、就业服务培训、劳动合同制、出租房屋服务管理、治安与维权、工资支付保障、公共卫生、社会保险、优秀外来务工人员落户、子女义务教育、流动党员服务、计划生育、法律援助等15个不同方面提出具体政策来维护农民工权益。

第一，就业服务和劳动权益保障。构建宁波城乡统一、供求信息联网、网点到达街道和社区的劳动力市场，外来务工人员享受就业指导和职业介绍全程免费服务。对政府认证的民间职业介绍机构介绍本地、外来人员就业签订一年合同的，政府给予职业介绍补贴。实行工资清欠目标考核制度、企业工资支付信息网络和信用通报制度、欠薪应急周转金制度、工资保障金制度。第二，实施百万职工技能培训计划。外来务工人员参加职业技能培训可获得50～300元经费补助。同时，建立了第一家外来务工人员培训网站。第三，外来务工人员不用缴费就可享受五大保险。针对外来务工人员流动性大，工资水平偏低，参保意识薄弱，现行制度转移难、退账难等问题，宁波市研究出台了《宁波市外来务工人员社会保险暂行办法》，率先推出符合企业实际情况和外来务工人员特点，全覆盖、低费率、可选择、可转移、能衔接的"五险合一"的社会保险政策。第四，将外来务工人员纳入公共卫生服务体系，每位外来务工人员每年补助20元以上的公共卫生服务经费，与本地居民"同城待遇"。第五，外来务工人员子女接受义务教育。从2006年起，政府对义务教育阶段进公办学校就读的农民工子女免除了学杂费、借读费，市财政为此每年增加教育经费开支7亿多元。同时，宁波市把农民工子弟学校的逐步公办化纳入教育发展计划，建立健全帮扶机制，加强公办学校与农民工子弟学校之间的结对帮扶，派遣有经验善管理的公办学校副校长担任业务校长，直接管理教育教学工作；加强对农民工子弟学校老师的培训，组织公办学校有经验的退休教师到农民工子弟学校任教。对在农民工子弟学校就读的符合条件的农民工子女每年补助480元。此外，农民工子女在流入地接受义务阶段教育后，如果没有继续接受优质教育资源的渠道，这部分人长大后难以融入流入地的社会圈子，始终有一种"飘"的感觉。针对这一问题，宁波鼓励外来农民工子女——第二代新市民在流入地参加中考后，升入职业高中，由企业提供学费，学校实施技能教学，学生一半时间在校学习，一半时间在企业实习，接受"双元制"职业教育，毕业后由企业提供工作岗位。第六，实施"安居工程"，改善外来务工人员居住条件。出台《关于加快外来务工人员集中居住区建设的意见》，从 2006 年开始，连续 3 年每年安排 500 亩用地指标，专项用于外来务工人员集中居住区建设。以企业集体宿舍、工业区配套公寓、镇村集中居住点等模式来解决农民工的居住问题。改善居住条件，保障房屋租赁权益，促进房屋租赁产业发展，构建和谐的租赁关系、社会化的服务环境和良好的安全保障。把住房困难的优秀农民工纳入城市住房保障范围，建立以廉租房为重点、经济适用住房和经济租赁住房为辅助的多层次城镇住房保障体系。引导企业为优秀外来务工人员建立住房公积金和租房补贴制度。第七，建立激励型的优秀外来务工人员落户制度。按照《优秀外来务工人员户籍登记管理办法》，解决外来务工人员中县级以上劳动模范、优秀共产党员、市级首席工人的落户。鼓励优秀外来务工人员购买限价房并允许落户。

（3）宁波市实行了政府、市场（企业）、社会（群众）三结合，建立了农民工广泛有序参与的社会协同治理机制。首先形成了"宁波的事情要由包括外来务工人员在内的宁波人民共同商量、共同决策、共同建设、共同分享"的思路。其次发展基层"和谐促进会"一类新、老宁波人共建互助的群众组织，构建外来务工人员参与社区服务管理的平台，使其共建共享共管、促进融合扎根基层。最后政府引导企业增强社会责任感，制定构建和谐企业评价体系，在各项评选中，劳动关系是否和谐实行"一票否决"，和谐企业的创建也在宁波全面启动。

（4）创新农民工工作组织领导体制。第一，由政府"一把手"市长任组长，4 位分管副市长为副组长，组成农民工工作组织领导小组，成员由相关职能部门组成，负责领导全市外来务工人员服务与管理工作。第二，改变农民工服务管理的条条分割、条块分割，实行以块为主，促进形成多方面、多部门信息、资源、制度、行为的沟通协调、优化配置和相互支撑。第三，实现重心下移，形成了市、县、镇、村四级服务管理网络，在街道和镇村社区形成政府、企业、公民、社会组织"四位一体"的社会协同治理机制。

2. "洞新模式"

为了让农民工远离被拖欠工资款的担忧，湖南省洞口至新宁高速公路大胆创新农民工管理机制，在全省高速公路系统中，首推农民工二资卡制度。将工资支付优化成为集预算、控制、执行、监督、反馈、奖惩于一体的"动薪支付体系"，完善成一套洞新公司独特的农民工工资支付管理的"洞新模式"。

"洞新模式"的"动薪支付体系"包含预算、控制、执行、监督、反馈、奖惩六大要素。在具体的操作上主要体现在"动薪卡"工资发放和"对农民工工资拖欠突发事件的应急措施"两方面。在"动薪卡"工资发放上遵循如下流程：一是承包人首先将农民工工资信息造册上报洞新公司建立农民工工资档案；二是承包人将农民工个人资料报送银行，为农民工办理"动薪卡"；三是承包人于每月10日前将农民工工资表造册报送发卡银行，经银行核对后，承包人将工资款存入农民工工资代发账户；四是洞新公司财务部携同银行对农民工工资支付情况实施跟踪监督；五是人性化考虑，解决农民工"取现难"问题。公司还考虑到农民工平时需要零花钱，刷卡取款有实际困难，最终决定将一定金额（2000元/月左右）的基本工资打入农民工的"动薪卡"，其余部分交由施工单位分别在农民工需要用钱相对集中的时候及时以现金方式发放给农民工。这样既保障了对施工单位在施工中的约束力，又解决了农民工"取现难"的问题。

在制定突发事件应急措施上，洞新公司为全线农民工工资保障上了最后一道"保险"，即制定了针对农民工工资拖欠突发事件的四项应急措施：一是启用农民工工资保证金支付农民工工资；二是调用施工单位账户余额代发农民工工资；三是启动银行保函；四是为农民工提供法律援助，启动司法程序。"动薪支付体系"投入运行后，取得了良好的经济效益，洞新公司的各项工作迈上了新台阶。公司通过实施"动薪支付体系"按时发放农民工工资，使农民工不再担心付出的劳动没有回报，消除了农民工的后顾之忧，充分调动了农民工的生产积极性，出现了农民工主动加班加点，像修自己家的房子一样，修建高速公路的"感恩"行为。此模式受到全国总工会、湖南省交通运输厅工会、湖南省高速公路管理局工会领导的高度评价，也得到全线农民工交口称赞。

3. "义乌模式"

浙江省义乌市，拥有全国最大的小商品市场，职工队伍庞大。当地户籍人口68万，外来人口却超过了74万。绝大多数外来务工人员在中小型非公企业从事劳动密集型小商品和外贸产品加工，劳动关系错综复杂，职工权益受侵犯的现象时有发生。许多农民工为了维护自己的合法权益，依靠地缘关系形成组织，如"安徽定远帮""江西玉山帮""开化帮"等，采取极端方式来维护自身权益。这严重影响了社会治安与稳定，使工会在劳动关系协调中处于几乎"失语"的窘境。对此，义乌市总工会狠下决心，创造性地走出了一条"借力"维权的新路。2000年10月，义乌市总工会职工法律维权中心成立。这个中心是经民政部门批准的非营利性社团组织，具有法人地位。中心的主管单位是义乌市总工会，业务上接受"公、检、法、司"的指导，以组建工会的2354家企业为中心的单位会员。职工法律维权中心主动建立与社会各界的广泛联系，变"单枪匹马"为"借风借力"，实施社会化服务。它们与义乌市法律援助中心"对接"，与律师事务所"挂钩"。在农民工劳动纠纷中担任"仲裁者""农民工的代理人"，处处维护农民工的合法权益，深深赢得了当地农民工的信任与支持。可以说，社会化维权的"义乌模式"大大降低了农民工维权成本，有效化解了劳资矛盾。维权中心成立4年来，共受理会员投诉案件3112起，办结2831起，调解率达93.2%；阻止群体性恶性事件28起，共为职工挽回经济损失892.03万元。

4. "中铁四局模式"

丰富农民工精神文化生活，切实保障他们的文化生活权益，是建设好城市文化、加强精神文明建设的重要组成部分，也是构建和谐社会的必然要求。中铁四局的领导层认为，作为大量使用农民工的建筑企业，除按时支付农民工工资、关心农民工的生活外，还应把搞好农民工的思想道德教育和技能培训、丰富业余文化生活，作为企业精神文明建设工作的重要内容。本着"尊重人、理解人、关心人、爱护人"的理念去教育、引导，从根本上提高农民工的素质，保障农民工的合法权益，使农民工真正感受到自身得到尊重，从而自觉地加强自我约束、自我控制和自我管理，由此来保证社会的稳定与和谐。对此，中铁四局开展了共铸诚信、共创和谐、共同发展的"三共"主题教育，在外协队伍中建立 34 个工会组织，吸收 2300 多名农民工加入工会。针对农民工党员建立 5 个党小组，另将部分农民工党员编入职工党小组，从而使近 200 名农民工党员过上了组织生活。"五同一体化"的管理思路（同学习、同劳动、同参与、同生活、同娱乐），使农民工管理不断步入精细化、规范化、程序化、制度化的轨道。农民工吃、住、医疗、娱乐、劳保福利，与正式职工同样待遇，施工要求、行政管理、报酬支付，与正式职工同一标准。

"中铁四局"模式把农民工真正地纳入了现代职业体系之内，丰富了农民工精神文化生活，创造了宽松的生活环境，使农民工与城市居民建立起人格上的平等关系，思想上的理解沟通，感情上的信任融洽，生活上的和谐相处，从而使农民工更好地融入和谐发展的城市生活。

三　农民工问题的相关研究及范式转换

（一）相关研究

近十余年来，学者们对于进城农民工及其子女这个特殊群体的研究主要集中在"社会支持问题"方面。社会支持（Social Support）是 20 世纪 70 年代以来兴起的一个热门研究领域，它可以分为两类：一是客观的支持，包括物质上的直接援助和社会网络、团体关系的存在与参与，是人们赖以满足他们社会、生理和心理需求的家庭、朋友和社会机构的汇总；二是主观的支持，即个体所体验到的情感上的支持，也就是个体在社会中受尊重、被支持、被理解而产生的情感体验和满意程度。

1. 关于进城农民工社会支持系统存在的问题研究

郝珺（2004）指出农民工社会支持方面出现的问题主要是社会剥夺和社会排斥两方面：其一是社会剥夺，农民工在城市中一般都承担最脏、最累、最苦的工作，即便如此，他们仍然会遭遇到来自企业的各种压榨和不公正待遇，如劳动时间超长；劳动环境恶劣，待遇不公正；工资拖欠。其二是社会排斥，尽管农民工这个群体在城市中已经存在了几十年，但是始终无法被城里人所接纳。当人们越来越关注农民工在城市中的生存问题时，横亘在农民工和城市居民之间的"鸿沟"就显得更加难以逾越。李立文、余冲（2008）指出农民工社会支持系统存在的问题包括三方面：①制度性支持系统薄弱；②社会组织支持匮乏；③自我支持抵御风险能力低下。蓝李焰、何水（2004）认为城市农民工社会支持中的问题主要有五方面：①农民工缺乏就业信息和用工指导；②农民工自身的再教育和职业培训不足；③农民工的合法权益难以得到有效保护；④农民工医疗缺乏保障；⑤城市农民工子女上学困难。王君健、井凤（2007）指出目前城市农民工社会支持中存在的问题有：一些政府部门重管理、轻服务及各种歧视性政策；农民工的合法权益难以得到有效保障；农民工被排除在社区服务体系和救助网络之外；各种民间组织和社区团体的支持力度不够。

2. 关于进城农民工社会支持系统的构建研究

李立文、余冲（2008）认为当前新生代农民工社会支持系统的构建对农民工的支持是一项庞大的工程，除了政府支持外，还应有企业支持、志愿者团体支持、社区服务支持、个人自我支持等多层面的参与。整合包括正式支持与非正式支持在内的社会支持资源，帮助弱势群体建立与完善个体的社会支持系统。主要包括：①精心设计社会政策，加大正式支持的力度。②以社区为依托，调动社会组织，建立社区支持网络。③提高人力资本投资意识，完善互助支持网络。④积极引入社会工作，促进农民工社会支持网络的建立及完善。向鑫、陈燕霞（2008）认为农民工社会支持体系主要是指农民工在社会生活中的各种支撑和保障条件的制度安排，主要有地缘和血缘支持、政府支持、社区支持、民间社团和用人单位支持。相似地，李良进、风笑天（2003）也认为农民工社会支持系统包括四个方面的内容：政府支持、组织（单位）支持、社区支持、个人社会网支持。郝珺（2004）在阐述农民工的社会支持问题时认为一个社会支持网络的形成需要社会多方面的共同参与和努力，主要包括城市市民态度的改变、新闻媒体的关注、非政府组织的参与以及企业行为的规范化。当然，农民工自身群体意识的增强也是必不可少的。

3. 关于进城农民工社会支持网络影响因素研究

李树苗、杨绪松、悦中山、靳小怡（2007）的研究发现，对于农民工社会支持网络质量特征产生影响的因素要多于对数量特征产生影响的因素。通过对农民工社会支持网络的数量特征（网络规模）的影响因素分析发现，平均月收入、流动经历和工作转换对三类社会支持网的网络规模均产生了影响。同时发现，男性农民工的社交支持网的网络规模要大于女性，但在实际支持网和情感支持网上较之女性并不具备优势，这符合生活中人们的一般认识，男性在生活中的社会交往范围往往会比较广泛，规模自然会大些。另外，通过对农民工社会支持网络的质量特征（有无弱关系）的影响因素分析发现，性别、受教育水平、婚姻和方言的掌握程度均普遍地对三类社会支持网络产生了影响。其一，王东（2004）指出近年来从中央到地方出台的各种维护农民工权利、权益的政策、法律和法规是农民工社会支持系统的政策要素。其二，安居才能乐业，为外来农民工营造一个宽松的居住环境、友善的社区氛围离不开城市社区作用的发挥。其三，民间组织和社会团体是现代社会发展的第三部门，近年来这类组织在我国发展很快，在农民工社会支持系统中民间社会力量的作用不可小视。一方面，农民工可以自己建立互助组织；另一方面，城市社会可以建立或完善专门服务农民工的非营利组织。其四，城市用工单位是农民工就业的场所，安全的工作环境、合法公平的用人机制、人性化的管理也是农民工社会支持系统不可缺少的一环。

4. 关于农民工子女的社会支持系统研究

李晚莲（2009）认为首先应从社会化的角度来研究流动儿童的成长环境支持；其次从社会整合与社会控制的角度研究流动儿童的城市融入支持；再次从社会分层与社会网络的角度来研究提高流动儿童社会地位的社会支持；最后从社会制度与社会结构的角度来分析流动儿童的制度政策支持。张学东（2009）指出解决流动儿童的城市融合问题，关键是从家庭、学校、社会三方面构建"三位一体"的社会支持体系。其一，加强家庭对流动儿童的关爱；其二，保障学校对流动儿童的接纳；其三，矫正社会对流动儿童的偏见。张宁（2009）的研究表明，流动儿童的主观支持、对支持的利用度同主观幸福感呈显著正相关，得到社会支持多的学生，相应地，主观幸福感也较高。其研究还发现，在不同的社会支持当中，主观支持对主观幸福感的预测力最佳，其次为对支持的利用度和客观支持。这说明相对于客观的、物质上的支持来说，流动儿童得到的情感上的支持更能提高他们的主观幸福感。

综上所述，国内对进城农民工及其子女的社会支持问题进行了卓有成效的探讨，无论是理论研究还是经验研究，无论是视角的取舍还是方法的运用，都为后续的研究提供了很好的借鉴。但总体看来，仍存在以下不足。

第一，目前研究中大多都关注现实的紧迫问题，前瞻性、配套性研究欠缺。其研究集中在关注农民工及其子女所面临的现实问题上，虽然提出了一些解决问题的政策建议，却缺乏实际的可操作性。

第二，目前有关进城农民工的处境研究往往是作者参照城市居民的标准来进行的主观描述，提出的对策也是一些经验的主观判断。这些或多或少地脱离了农民工的真实感受，不利于农民工及其子女社会支持问题的尽快解决。

第三，关于农民工子女社会支持系统的研究主要集中在社会支持系统对其社会融入以及主观幸福感的作用上，而较少涉及其他方面，对于全面构建农民工子女的社会支持系统并没有提出可行性较高的方案。

（二）农民工研究范式的转换

范式的概念和理论，是美国著名科学哲学家托马斯·库恩（Kuhn，Thomas Samue，1922～1996）提出并在《科学革命的结构》（1962）中系统阐述的。在库恩看来，范式是指从事某种特定学科的科学家们在这一学科领域内所达到的共识及其基本观点，是一个学科的共同体在研究准则、概念体系等方面的某些共同约定。范式是一种世界观和方法论，它包括共同的基本理论、观点和方法、共有的信念和某种自然观（包括形而上学假定）三方面的内容。今天，范式已成为科学研究中一个非常重要的概念。农民工问题研究的范式主要有以下几种。

1. 社会结构分析范式

社会结构观点认为，结构是深层秩序的规则总体，是隐藏的逻辑关系，结构构成了体系的潜在逻辑和深层秩序，结构决定了栖居其上物体的位置和功能，行动者在结构上具有被动意涵。该范式的论证逻辑主要依赖于社会结构的层级关系，关注行为主体在社会结构中的位置属性以及他们在其所属社会结构层级中的资源配置情况，根据地位、身份、角色等概念的层级关系确定所研究对象在特定社会结构中的位置，并阐释行为主体在这一结构层级的安排下所受到的限制。① 在农民工问题的研究中，社会结构范式一般将农民工的社会流动纳入社会结构中进行考察，探讨农民工进城的结构性原因、对现有结构的冲击、整合于城市社会结构的程度和这个群体的流动趋势等方面。换言之，该范式主要用地位结构或城乡二元社会结构的观点将农民工界定为同处于一定结构位置上的社会群体，并倾向于将其还原为具有内在属性和本质特征的个体单位，通过他们的内在属性和本质特征来解释他们的社会行为，通过对个体单位的社会结构驱力来解释农民工的社会行为。该范式认为，农民工流动不仅与物质资源分布不均衡有很强的关联性，也与一系列的传统、结构和历史因素有关，农民工流动是对特定结构的回应，其结果将满足结构的某种潜在需求。

国内很多学者在农民工问题的研究过程中，秉承了社会结构的分析范式。李春玲指出，"由于制度安排，进入城镇就业的农民工被定位于城镇社会结构系统中的最低社会位置，流动人口这一群体位置严重制约了他们个人的流动类型，个人流动很难突破该限制。"② 王春光指出，"作为一个特殊群体的流动农民进入城市后，与城市社会处于功能互赖性整合为主、制度性整合薄弱、认同性整合畸形的状态。"③ 王汉生认为，"现阶段中国大陆农村人口向城市流动，是一个在独特背景下发生的过程，农村人口向城市流动特有的机会、渠道和限制，是受国家限制农村人口向城市流动的政策、独特的工业化和城市化道路、城乡之间的二元结构、与户籍制度相关的一系列制度规定以及城市中的单位制结构等基本制度背景影响的，是在特定制度结构中发生并同时改变这种制度结构的过程。"④ 周大鸣认为：

---

① 潘泽泉：《社会学的研究范式：解释社会的可能性及其效度》，《学习与实践》2009 年第 5 期，第 99 页。

② 中国社会科学院社会学研究所"农村外出务工女性"课题组编《农民流动与性别》，中原农民出版社，2000，第 125 页。

③ 王春光：《社会流动和社会重构——京城"浙江村"研究》，浙江人民出版社，1995，第 231 页。

④ 王汉生：《"浙江村"：中国农民进入城市的一种独特方式》，《社会学研究》1997 年第 1 期，第 21 页。

"他们在城镇社会结构中处于隔离状态，形成'分割化社会'或'二元社区'。"① 李培林认为："流动农民作为一个过渡的边缘群体，他们的出现在城乡之间和工农之间创造了一个广阔的中间过渡地带，不是加剧了而是缓解了城镇之间的对立和差异，并正以其特有的边缘群体身份创造一个新的结构层次，并通过这个新的结构层次的扩大和推延来实现社会相对平稳的重组。"② 甘满堂认为："城市农民工是转型期中国社会特殊的群体，人数众多，存在时间长，影响较大，足以构成中国社会的第三元，因此中国社会结构是三元结构。"③

另外，社会结构分析范式同样关注社会分层的研究。从社会分层的角度看，户籍制度是一种"社会屏蔽"（social closure）制度，即它将社会上一部分人屏蔽在分享城市的社会资源之外。社会屏蔽制度的核心，是在为人与人之间以及人与资源之间的关系建立起秩序。这套以户籍制度为核心的社会分层制度体系，称为"身份制"。李强认为："农民工在城市中的发展，从主观上看，农民工受到自身教育水平的约束，多数农民工仅受过小学教育，由于受教育水平低，他们不具备职业地位上升的条件。与教育程度低相关，农民工受到自身技术能力的约束，由于没有什么特殊的技能，农民工也很难在城市竞争中获得地位的上升。从客观上看，农民工受到户籍身份的限制，受到城市中社会关系网的限制，他们大都只在同等身份的群体里交往，与可以导致地位上升的城市社会关系网完全隔绝。"④

该范式认为农民工的社会地位与他所工作的单位的地位，并没有什么联系，他们不享有单位的身份和利益，对单位也没有归属感，而且没有地位的累积，由于不能累积，职业地位就难以上升。李培林认为："进城农民工经济地位的提高在一定程度上提高了他们的社会地位，但相对经济地位的提高，他们的社会地位变化不明显，这种经济地位和社会地位的不一

① 周大鸣：《外来工与"二元社区"——珠江三角洲的考察》，《中山大学学报》2000 年第 2 期，第 12 页。
② 李培林：《流动民工的社会网络和社会地位》，《社会学研究》1996 年第 4 期，第 8 页。
③ 甘满堂：《城市农民工与转型期中国社会的三元结构》，《福州大学学报》（哲学社会科学版）2001 年第 4 期，第 15 页。
④ 李强：《中国大陆城市农民工的职业流动》，《农民工问题研究》2010 年总第 13 期，第 6 页。

致意味着制度化安排的惯性，其地位虽然高于仍在农村务农的农民，但在城镇分层体系中仍处于最下层。"①

总之，该研究范式侧重于宏观层面的社会学分析，关注于宏观的结构性、制度性因素的制约作用，认为个人不过是具有整体意义的社会关系和社会结构的载体和体现，社会关系和结构是解释农民工行为的关键因素或决定性力量。

2. 社会网络分析范式

社会网络的研究一般被认为是英国人类学家拉德克利夫—布朗（Radecliff - Brown，1881~1955）首次提出的。社会网络研究的对象是主体建构的社会网络及其大小、规模等特点，该分析认为，社会个体或群体的存在依赖于社会互动所形成的纽带关系。早期学者运用社会网络分析范式研究农民工问题主要是受到以格兰诺维特（Mark Granovetter）、怀特（Harrison White）等为代表的社会网络分析学派的影响。② 一些国内学者试图运用此理论对农民工在流动过程中地位获得及维持上述"关系"的培育、滋养和具体运作等方面的研究，借此来解释农民工进入城市的方式、流动途径、流动的社会网络、职业选择方式以及社会交往的空间等。李培林指出，"农民工在从农村到城市的流动过程中，其信息来源、求职的方式、城市中工作的行为方式、城市中的交往方式等主要是依赖其传统的亲缘和地缘的社会网络，农民工在流动中社会生活场所发生的变化，并没有从根本上改变他们以血缘、地缘关系为纽带的社会网络的边界，农民工在社会位置的变动中对血缘、地缘关系的依赖，并非一种传统的'农民习惯'，而是一定结构安排下的节约成本的理性选择，而且这种选择在影响和改变着制度化结构的安排。"③ 李汉林等人通过对三个外来人口集中的大城市的农民工调查分析，提出了"虚拟社区"（Virual Community）的概念，指出"它是在一个城市内，农民工按照差序格局和工具理性构造出来的社会关

---

① 李培林：《流动民工的社会网络和社会地位》，《社会学研究》1996 年第 4 期，第 9 页。

② 从 20 世纪 60 年代社会网络分析开始时，就存在着两个不同的领域。一是以林顿·弗里曼（Linton Freeman）为代表，他采用社会计量学的传统，进行社会心理学的小群体研究；二是以哈里森·怀特、格兰诺维特和林南等为代表，他们的研究属于结构主义社会学的范畴，以网络作为社会结构，来看待社会网络对个人行为的影响。——笔者注

③ 李培林：《流动民工的社会网络和社会地位》，《社会学研究》1996 年第 4 期，第 12 页。

系网络，相互之间的非制度化信任是构造这种虚拟社区的基础，而关系强度则是这种社区组织和构造的重要方式"。① 渠敬东从关系强度的角度考察来自农村的城市外来人口生活世界的建构过程，他们的行为方式、意义脉络和价值取向，他认为"从某种意义上说，这些外来人口本身，以及他们的社会网络乃至社区，都是社会网络及其运动的效果"。②

总之，该范式强调农民工在社会关系网络中所处的相对的优越位置、他们从具体的社会网络中摄取资源的能力和他们之间关系展现的结构化过程以及这种过程对农民工主体性行为的影响，是一种对农民工个体在城乡流动行为的微观解读。

3. 主体—实践范式

主体—实践（agent - practice）范式是伴随吉登斯、布迪厄、福柯等人的社会学理论兴起而逐渐形成的一种新的社会学研究范式。吉登斯的"结构化"理论，以结构二重性取代二元论，初步解决了结构与能动性的对立问题，为社会学"开启了新视野，提供了新眼光"③。吉登斯认为，"在结构化理论看来，社会科学研究的主要领域既不是行动着的经验，也不是任何形式的社会总体的存在，而是在时空向度上得到有序安排的各种社会实践……在跨越空间和时间的日常接触中，行动者经常不断地运用场景的性质来构成这些日常接触。"④ 主体—实践范式是与社会结构相对应的社会学分析范式，采用的是个体主义的理论视角，关注的是行动者主体及其日常生活实践，关注理性的主体投入及行动者在日常生活情境中的行动策略、行动目标及行动后果。该范式认为，微观的个人在日常生活实践中凭借对资源的占有情况和对市场的了解程度而做出理性选择。"主体—实践"范式认为，移民也是一个能动的社会主体和政治主体，每时每刻

---

① 李汉林、王琦：《关系强度作为一种社区组织方式：农民工研究的一种视角》，柯兰君、李汉林主编《都市里的村民：中国大城市的流动人口》，中央编译出版社，2001，第15页。
② 渠敬东：《生活世界中的关系强度——农村外来人口的生活轨迹》，柯兰君、李汉林主编《都市里的村民：中国大城市的流动人口》，中央编译出版社，2001，第44页。
③ 潘泽泉：《社会学的研究范式：解释社会的可能性及其效度》，《学习与实践》2009年第5期，第103页。
④ 〔英〕安东尼·吉登斯：《社会的构成：结构化理论大纲》，李康、李猛译，三联书店，1998，第61~63页。

都在以自己的"实践"来创造新的东西，而不是完全为"结构"所规定的行动者。①

该范式强调社会结构的历史变异性，强调由"自在的"对象化领域所能提供的规范和规则的内涵的历史变化性，强调实践的一般"构成性活动"和"作为人类感性的活动"，也强调"自为的对象化"和"再生产日常生活"。②项飚指出："移民也是一个能动的社会主体和政治主体，是现有文化意义（结构的、网络的）的'消费者'，又是新意义（新社会空间）的'生产者'，是作为意义的'载体和传播者'而行动的，是不断跨越'边界'和结构的宰制、为自己创造一种属于自己的崭新的生活方式以及支撑该生活方式的社会空间的行动者，他们每时每刻都在以自己的'实践'来创造新的东西，而不是完全为'结构'所规定的'行动者'。"③潘泽泉把农民工的寄寓空间看作为一个场域，指出"通过对流动人口实践场域的意义脉络的勾勒，凸显对流动人口的社会关怀，引发对流动人口学术研究的反思，通过场域分析可以全面呈现流动人口的关系网络、意义空间、行为策略以及资本争夺的动态特征；可以呈现流动人口作为弱势群体是如何被遗忘、被贬损、被误解的经过与历史过程；通过场域分析可以全面呈现流动人口与场域之间如何通过关系共同打造入场的规则，搭建在场的优势和行为策略，以及所引发的争场的冲突。"④可以说，学者们对农民工的深入研究，渗透了一种主体—实践的方法内涵，即一种全新的关注方式，一种社会学的眼光。

4. 社会排斥分析范式

社会排斥概念源于20世纪六七十年代的法国，起源于一些学者对贫困问题和社会不平等的研究，是对应"人们享有基本的生活水准，参与社交

---

① 项飚：《从"浙江村"到中关村》，《中国企业家》2000年第6期。

② 潘泽泉：《社会学的研究范式：解释社会的可能性及其效度》，《学习与实践》2009年第5期，第103页。

③ 项飚：《流动、传统网络市场化与"非国家空间"》，《战略与管理》1996年第6期，第17页。

④ 潘泽泉：《社会学的研究范式：解释社会的可能性及其效度》，《学习与实践》2009年第5期，第103～104页。

与分享工作机会的权利"而产生的。① 曼纽尔·卡斯特认为"社会排斥是由社会制度和价值架构的社会标准中，某些个人和团体被有系统地排除于能使他们自主的地位之外"。② 社会排斥分析范式认为，社会排斥和边缘化所带来的有关农民工偏见和歧视是建立在社会制度或政策基础上的，或者说，社会主导群体已经握有社会权力，不愿意农民工分享其社会发展成果。在此种理论和研究范式的指导下，国内许多学者对农民工问题从经济排斥③、制度排斥和文化排斥等维度进行了研究。

制度排斥。诺思认为"制度是社会博弈的规则，是人所创造的用以限制人们相互交往的行为框架。"④ 社会排斥分析范式认为，目前的户籍制度、人事制度、劳动制度以及社会保障制度严重阻碍了农民工在城市的生存与发展，是造成农民工受到社会排斥的重要因素。我国社会学家陆学艺认为，造成转型期农民工问题的根源在于由城乡二元体制在非农领域所复制出来的农民工体制造成的一种社会流动现象。深圳当代社会观察研究所所长刘开明指出，"户籍制度造成了一个排斥体系，用以维持我们劳动力的廉价，这个廉价包括工资和福利，如果没有户籍制度这个排斥体系，农民工就会融入城市。如要保持获得廉价劳动力的能力，就得保持获得廉价劳动力的社会系统。"⑤ 长子中认为，权利公平是最重要的一种公平，但是受二元体制的影响，一整套的包括户籍、教育、就业、社保、财政、人事等制度，从总体上将农民工与城市市民分离开来，形成了对市民的保护和对农民工的"隔离"。⑥ 对于如何消除社会排斥，傅红梅认为，首先就要完善政策法规，为农民工维权提供法律支持和政策保障。⑦ 一方面，集中清

①　Room, G. Observatory on National Policies to Combat Social Exclusion, Commission of the European Commnunity. 1992.

②　〔美〕曼纽尔·卡斯特（Manuel Castells）：《认同的力量》，社会科学文献出版社，2003，第 142 页。

③　笔者认为经济排斥最根本的因素是政治制度的设置不合理造成的，在此笔者把经济排斥放在制度排斥范畴内进行范式的分析。

④　〔美〕道格拉斯·C. 诺思：《经济史中的结构和变迁》，上海三联书店，1999，第 225～226 页。

⑤　万晓艳：《"身份壁垒"，无形的障碍》，《农村农业农民》2011 年第 4 期，第 36 页。

⑥　长子中：《让新生代农民工和谐融入城市》，《农村农业农民》2011 年第 4 期，第 13 页。

⑦　傅红梅：《论农民工问题的产生及解决思路》，《中国集体经济》2011 年第 3 期，第 56 页。

理当前政策法规中对农民工的排斥性与歧视性规定；另一方面，加强立法，弥补相关政策法规的缺漏，真正建立公平对待农民工的法规政策体系。

文化排斥。Kronauer 认为文化排斥是指失去根据社会认可和占主导地位的行为、生活发展方向及价值观模式而生活的可能性①。社会排斥分析范式认为，文化排斥不仅是社会排斥的一个方面，而且是更为深层的一个方面。它强调，一方面，由于受到文化教育、价值观念、历史传统文化等因素的影响，城市人对农民工在认可、身份、尊重方面会产生一定程度的排斥，形成歧视；另一方面，农民工由于其自身文化素质、文化心理、价值观念等与城市人的差异，而产生对现代城市文明的抵制或排斥，形成"文化保护圈"，难以融入城市生活。陈小娟指出，"流动人口作为从传统向现代过渡的载体，承载了传统与现代在变迁中表现出的矛盾冲突与不和谐。他们集中体现了转型社会、文化变迁的复杂性和激烈性。……如果农民工所承载的文化冲突不断被累积，就会逐渐形成一种较为强烈的社会相对剥夺感，从而危及社会和谐发展。"② 徐晖认为，传统文化与城市现代文化的对立成为农民工由"准市民"转化为"市民"的文化阻碍因素，传统的小农意识和游民心态，以及受挫后的排斥心态等文化适应上的障碍是阻碍农民工市民化的主要因素。③ 江立华强调城市的排斥力不仅源自市民的文化和心理阻隔，而且源自社会结构的隔离。④ 朱考金通过对南京六百多名农民工调查研究认为，农民工处于城市文明和乡村文明的中介处，农民工在文化从属上充满困惑与矛盾，从而成为城市的"边缘人"。⑤ 该研究范式对于如何解决农民工更好地融入城市生活、消除文化排斥等问题，也提出了一些观点。如李强通过个案分析，认为农民工对市民群体有很大的不

---

① 曾群、魏雁滨：《失业与社会排斥：一个分析框架》，《社会学研究》2004 年第 3 期，第 11 页。

② 陈小娟：《农村流动人口的文化社会学研究》，《安徽大学学报》2004 年第 1 期，第 76 页。

③ 徐晖：《中国城市化进程中的文化因素》，《上海社会科学院学术季刊》2000 年第 3 期，第 82 页。

④ 江立华：《城市性与农民工的城市适应》，《社会科学研究》2003 年第 5 期，第 92 ~ 96 页。

⑤ 朱考金：《城市农民工心理研究——对南京市 610 名农民工的调查与分析》，《青年研究》2003 年第 6 期，第 7 ~ 11 页。

满情绪，心理上有歧视感。他认为农民工与市民的冲突是双方文化、背景、地位等方面的差异所引起的误会、误解所致，解决的办法就是加强双方的沟通。① 无独有偶，在关于如何促进市民化过程的研究中，张炜则提出通过塑造城市文化来化解双方的文化冲突。

---

① 李强：《关于城市农民工的情绪倾向及社会冲突问题》，《社会学研究》1995 年第 4 期，
第 63～67 页。

第一章

行动研究：进城农民工子女社工
介入模式的探索

　　本研究是一种行动研究，其行动者和研究者都是高校社会工作专业师生，研究和服务对象则是进入城市的农民工子女。行动者在开展服务时遵循社会工作基本专业理念，尝试应用增能理论、社会支持理论和生态系统理论来设计对农民工子女服务的介入方式，以农民工子弟学校、社区服务中心为介入的主要平台，运用个案、小组、社区三种专业方法来探讨、发掘和调动农民工子女及其家庭、学校、同伴、社区、社会的能力和资源，共同促进农民工子女的健康成长。

第一节　行动研究的理论视角

一　行动研究

　　行动研究（Action Research）是在社会科学研究领域的一种研究范式、一种研究取向、一种研究过程。有关行动研究的定义众说纷纭，行动研究积极倡导者、英国学者 J. Elliot 认为 "行动研究是对社会情境的研究，是以改善社会情境中行动质量的角度来进行研究的一种研究趋向"。它是 "结合了实践者智慧和能力的研究"，或者说行动研究是 "有社会情境的参与者为提高对所从事的社会或教育实践的理性认识，为加深对实践活动及其依赖的背景的理解所进行的反思研究"。[①]　总之，行动研究就是 "行动"

---

① 陈向明：《质的研究方法与社会科学研究》，教育科学出版社，2000。

与"研究"的相互结合，强调实务工作者在行动与研究过程中的"协同参与"及对自我行动与想法的不断"反省"，以达到实务改善的"即是应用性"。行动研究的要素是研究、参与和行动（Greenwood and Levin，1978；陈正益，2006）。按照参与研究的成员的成分不同，行动研究有合作模式、支持模式、独立模式三种。

本研究采用质性研究中的行动研究的原因。"行动研究是一种可以形成原理和理论的应用研究，同时，它是以行动为导向的。它是由内在者（实践者）来操作的，具有明显的价值取向，改善实践的同时也使实践者和研究者得到提高，它是由参与者自己承担的自省性的探究过程"。① 行动研究的知识论是接受一种后实证的知识观，拒绝主流社会科学那种客观性，反对研究者与被研究者的分离，反对研究者以高高在上的专家身份从事研究工作。研究方法的选取是在田野的处境下决定的，研究的焦点通常是个案或者单位/群体，研究过程是开放的，研究问题也是变化的，需要不断对研究处境有新的界定，同时也有新的方法出现去理解新的处境，与非研究者（研究参与者）有共同的价值理念，对被研究者的需要和角度敏感。行动研究的目的是"研究发现可以对社会知识及社会变化作出贡献"②，"行动研究不应该仅仅局限于追求逻辑上的'真'，而是更关怀道德实践的'善'与生活取向的'美'，研究是为了指导人们立身处世的生活实践"③。行动研究的特质、目的和知识观，与本研究的目的、意义与价值相切合，即研究为实践服务；研究包括一种道德责任，改善我们的社会、改善我们自己，最终共同改变我们的生活；研究增强权能、理解、诠释和意义建构等。具体来说，研究就是为农民工及其子女服务，是研究者和相关参与者共同建构农民工子女的生存、适应以及发展能力，共同建构和谐社区、社会环境，共同建构服务弱势群体的本土化专业社会工作服务模式。因此，本研究采用行动研究的方法。

此外，在本研究中用到的具体研究方法还有文献研究、实地参与、深

① 张洪英：《本土非专业处境下社会工作实习督导模式的行动研究》，《社会工作专业化及本土化实践》，社会科学文献出版社，2006。
② 陈向明：《质的研究方法与社会科学研究》，教育科学出版社，2000。
③ 陈向明：《质的研究方法与社会科学研究》，教育科学出版社，2000。

入访谈以及问卷调查等。

二　理论视角

针对农民工子女的问题和需要，结合服务提供者的专业特征和优势，服务采用了专业社会工作的增能理论、社会支持理论和生态系统理论等理论视角，以专业社会工作的方法和技巧作为介入的主要策略和方法。

（一）增能理论

该理论起源于19世纪末20世纪初的睦邻公社运动。睦邻公社的社会工作者使用增强权能的策略，与居民形成伙伴关系来改善其所处的社会环境。增能是一个能够促使个人有足够力量去参与、控制及影响他人和自己生命的过程，是一个合作的过程，是与参与者一同工作、形成伙伴关系的动态的及不断发展的过程；增能既是一个过程也是一个结果（宋丽玉、曾华源，2002）。[①] 增能的目标在于通过削弱影响个体决定权、行动权的社会性或个体性障碍，通过增强个体运用权力的能力与自信，或者通过从环境中向个体注入一定权利等方式，去帮助案主获得自己生活的决定权与行动权。因此，特别是在介入一些弱势群体（如农民工子女群体）时，强调发挥服务对象的潜能，强调他们的个人责任和自我实现的意识，通过其自身能力的发展为服务对象进行服务，重视服务对象与所处环境的互动能力，逐步使得服务对象将自己看做是解决问题过程中的因果行动者，将社工看做是拥有案主可以利用的知识与技巧的人以及解决问题的朋友与伙伴。[②] 具体到农民工及其子女，就是透过专业的服务，建立服务提供者与农民工及其子女的合作伙伴关系，透过醒觉化训练和支持以及集体参与的方式，透过态度的改变、分享、反思和行动等一系列的小组和社区活动，提升其自我意识、自我价值感、社会适应能力，提升其与家庭互动参与的能力、沟通的能力以及处理亲子关系的能力等，进而能够应对成长过程中的各类

---

① 宋丽玉、曾华源：《社会工作理论：处理模式与案例分析》，台湾洪叶出版社，2002。

② 〔英〕Malcolm Payne：《现代社会工作理论》，何雪松、张宇莲等译，华东理工大学出版社，2005。

压力、困惑等。

（二）社会支持理论

社会支持理论是 20 世纪 70 年代以来兴起的一个热门研究理论。社会支持理论涉及客观支持和主观支持两个方面。客观支持包括物质上的直接援助和社会网络、团体关系的存在和参与，是人们赖以满足他们社会、生理和心理需求的家庭、朋友和社会机构的汇总。而主观的支持，即个体所体验到的情感上的支持，也就是个体在社会中受尊重、被支持、被理解而产生的情感体验和满意程度。具体到对农民工家庭及其子女，就是透过专业化的服务过程，给予他们必要的支持与帮助，一方面在心理和精神上给予他们支持与鼓励，增强其"抗逆力"；另一方面调动群体对象周围可以利用的有效资源，帮助他们与资源建立有效连接，提升其建立支持网络（正式支持网络、非正式支持网络）的能力，增强其抵御困难与挫折的能力等。

（三）生态系统理论

生态系统理论（Ecosystems Theory）是将一般系统理论和生态理论整合后的观点，它使涵盖系统理论和生态理论的概念框架成为可能。该理论把人类成长、生存的社会环境看作是一种社会性的生态系统，"强调生态环境对于分析和理解人类行为的重要性，注重人与环境间各系统的相互作用及其对人类行为的重大影响，注重描述人的生态系统如何同人相互作用并影响人的行为"[①]，揭示了家庭、社会系统对于个人成长的重要影响。生态系统理论下的社会工作实务同时强调在微观、中观、宏观多种要素相互作用的社会环境背景下评估人类行为。"将注意力放在：解放、支持和促进个体的运用能力；增进社会和自然环境对个体需求的回应"[②]。社会生态理论这样一种有关互动和交流的整体观念，对于考察农民工子女成长问题的社会工作介入、定位社会工作介入目标是最为恰当的观点。它帮助社会

---

① 冯丽婕、时方：《基于生态系统理论的儿童个案实践及反思》，《社会工作理论探索》2010
年第 9 期。

② 葛忠明：《人与环境介入方法及其在中国应用的可能性》，《中国海洋大学学报》（社会科
学版）2003 年第 2 期。

工作者识别和肯定所有的社会系统对农民工子女的影响，引导人们将注意力集中在整体上，而不单单是一个部分、系统或是服务对象环境的某一方面，其关注点在于社会互动过程和农民工子女与其周围环境之间的交流。由此可知，对农民工子女的成长介入，要考虑到多层系统的影响，从最微小的系统，如家庭系统、学校与朋辈群体间的互动，到宏观系统的价值观与社会意识形态等，每个系统都直接或间接地与其他系统及个人互动，并以复杂的方式影响着个体的发展。我们可以用图 1-1 展示农民工子女所处的相互作用、相互影响的主要环境和系统。

图 1-1　农民工子女关系系统

第二节　行动研究的实务资源

目前，我国大多大中城市都有进城农民工及其子女的聚居地。M 村（社区）就是 G 市农民工典型的聚居地之一。这里不仅仅存在着许许多多有不同类型问题和需要的弱势社群——农民工及其子女，同样也存在着各种各样可以利用的资源。关键的问题是如何将内部及其周边的资源整合起来，形成全面而牢固的支持网络，为农民工及其子女提供所需要的服务，让他们能够更有尊严、更有质量地生活在社区中。

一　农民工社区服务站

G 市农民工社区服务站（以下简称服务站）作为社区内存在的非营利

性服务站点，从 2006 年成立之初，就从农民工及其子女的需求出发，提供不同类型的服务，探索针对该群体的行之有效的服务模式。同时，服务站也成为贵州省内多家高校社会工作专业教学、科研和实践基地，吸引着包括大学生、律师、心理咨询师等不同身份的志愿者前来共同搭建为农民工及其子女服务的社会支持网络。

历经五年的发展，目前农民工社区服务站形成了不同层次的工作团队，为农民工及其子女提供不同类型的服务，包括面向个人、家庭和农民工子弟学校的直接资助，形成体系、常态化提供的常规服务，以及具有鲜明社会工作专业特色的服务模式。

（一）服务站地理位置及周边环境

G 市农民工服务站位于具有"城中村"之称的 M 村。M 村距离市中心（喷水池）不过 10 分钟的路程，紧邻贵州师范大学、G 市十景之一的东山栖霞岭。整个生活片区依山而建，沿着狭窄陡坡向上，房屋多为违章、私搭乱建的三层左右小楼。

图 1-2　设在 XD 路上的农民工社区服务站

房屋之间只留有很小的空间，错落相依、层层叠叠地拥挤在一起。近年来，由于农民工大量的涌入，原有住房已经无法满足需求，于是这里的居民就开始肆意加高住房，有的时候两天就可以盖起三四间房。如此一来，原本就拥挤的生活区变得更加狭小黑暗、杂乱无章，人员出入非常不便。由于没有统一规划，M 村片区坡陡路窄，缺少必要的公共市政设施和公共服务，如垃圾池、公共厕所、路灯等。尽管"禁止乱倒垃圾"的标语醒目地粘贴在墙上，但路边臭气熏天的垃圾随处可见。偶尔还会见到老鼠哄抢着一堆食物窜来窜去。而进出的道路上，污水横流，苔垢出奇地疯长。"脏、乱、臭"成了这里的环境特征。另外，这一片区也是"黄、赌、毒"较为集中的区域，一些出租屋往往成为廉价性交易场所和"赌客"和"毒客"的隐藏地，公共秩序非常混乱。即便是这样，这里也因为距离市中心近、房租廉价，吸引了上万进城农民工长期租房居住。同时也形成了该片区人口密度大、环境复杂、农民工聚居相对集中的地域特色。

M 村这一片区分别由 Q 镇 D 村和 Q 街道办事处联合管理。其中，Q 镇 DS 村本地居民 950 户 2797 人，外来人口 16000 多户 3 万多人。Q 街道办事处下辖 X 社区位于 M 村 XD 路中段，辖区面积 0.2 平方公里，本地居民 1750 户 4125 人，外来人口 700 多人；F 社区左邻 SD 村，右邻 X 社区，统管 FF 路与 WF 路的社区工作，本地居民 1282 户 3354 人，外来人口 7000 多人；D 社区位于 Q 街道与 Q 镇交界处，本地居民 873 户 2126 人，外来人口 5000 多人。从上述数据可以看出，M 村内外来人口占了辖区人口的很大比例，他们大多从事小买卖、运输、零散社会服务、背篓、拾荒等低收入、高强度的工作。而随他们进城的子女，条件好一点的就在附近民办学校读书，条件差的多数在读完小学后，迫于家庭的压力便会提前踏入社会；还有的因家境贫困、子女过多、性别原因等在念小学的同时就开始自谋生活了，有的甚至是直接辍学。

除了 M 村为农民工聚居的城中村外，Q 街道办事处片区也包含有繁华的商业区、饮食街、酒吧街等进城农民工就业相对集中的区域。S 路社区就是其中之一，其辖区面积为 0.25 平方公里，地处 G 市繁华地带，常住居民 4000 多户，过万人口，暂住数千人。有百货、饮食、娱乐等蓬勃发展的第三产业，吸纳了大批的进城农民工在此地就业。而在这里打工的农民工由于房租和交通等原因，多居住于 M 村一带。因此，这里与 M 村这一城中村也形成了千丝万缕的联系。

当然，我们也应该看到，在这样一个城中村中，不仅有着不同类型、不同需要的农民工群体，同样也存在着各样可以利用的潜在资源。将城中村中的有效资源与那些需要帮助的农民工连接起来，形成全面而牢固的支持网络，为农民工及其子女提供所需要的服务，让他们能够更有尊严、更有质量地生活在城市中，是"服务站"的社工服务团队力图做到的。

（二）服务站在社区的作用

1. 服务站产生的体制背景

在理论和法律层面依据 G 市基层社区建设主体对所占有的社区资源的整合方式，可将社区中的机构分为基层街区政府法人（以街道办事处为代表）、社区自治组织（以居委会和村委会为代表）、第三组织或社会服务机构（以农民工社区服务站为代表）等。在社区资源整合中，基层政府法人发挥主导作用，社区自治组织发挥支持作用，第三组织或社会服务机构发挥中介作用。上述是学者眼中的基层社区行政架构。然而在现实中，大多数社区居民认为社区就是政府办公机构居委会，而街道办事处管着居委会。名义上社区居委会是基层群众性自治组织，实际上是政府各部门的下属部门，形象地说它是政府各部门的一条"腿"，是政府各部门的勤务员，是政府各部门的代言人，主要精力用来应付各级政府部门下压的行政性任务，无暇顾及社区居民的自治组织。居委会偶尔举办的公益性活动或文体活动无法承载和满足社区居民参与意愿，因为这些活动并非与居民的生活息息相关，从而产生居委会角色紧张冲突，即"官民矛盾"。

当下中国基层社会体制正从"单位制"向"社区制"转变，其重心正由"工作场所"转向"居住场所"，社区居民的身份由"单位人"向"社区人"转变，与此相对应，政府对基层社会的控制方式由"单位制"向"社区制"过渡，居民所希冀、政府和学界所倡导的机构改革和政府职能转变目标之一——"小政府，大社会"的理想国好像不期而至。然而在现实中的中国城市社会的最底层——社区里，国家行政权力触角依托居委会直接深入、渗透其中，依靠重新复制或扩大旧有的街区政府与社会的关系来延伸其触角，试图重新控制、支配和型塑基层社会，这种强力介入有效穿透了常住居民、外来人口、移民人口混杂的居民生活区域，使社区居委会成为社区资源整合的一级政府，形成了基本完整的垂直整合系统，整合方式是内卷化。具体表现为国家政权通过内卷化进入基层社会，最终在社区层面落实国家的政策意志，而作为基层社会的管理者——社区居委会，内卷或复制了国家机构的组织模式、职能设置，其人员选拔和经费来源受政府的控制和监管，成了政府领导下的准政府组织，同时居委会作为基层群众性自治组织的法定角色不可动摇，这就意味着国家行政权力不可能完全同化居委会，法律上两者只存在业务指导与被指导的管理契约。

但是社会转型期无论国家政权内卷化势力有多大，总有它无法触及到的社会边角地带，存在一个制度"真空"段——政府职能转变不到位、政府权力缺位。居委会——基层政权庇护下的"自治组织"① 也在搞创收，因为居委会是社区资源与资本整合的"经纪人"，拥有社区管理与服务的多重职能。政府用部分自由裁量权换取居委会的柔性管理和扎根基层的优势视角，作为隐性管理契约兑现的承诺。

综上所述，基层政权的内卷化现象，压力管理体制下庇护关系结构的形成，加上社区内利益分化、资源分割，转型期不可避免地会出现政府在社区资源整合中越位、缺位，社区自治组织错位、失位。如何填充这种制度"真空"，防止某些不法团体或个人"钻空子"或"搭便车"？如何将潜在的社区资源转变为现实的社区资源？如何承接政府下压给居委会的一部分行政化职能或将其主动剥离出来为居委会"减压"？如何利用稀缺的社区资源来满足日益增长的社区居民的需求？如何挖掘有限的社区资源来弥补社会边角地带的"裂痕"？

挑战和机遇并存，"和谐社会，重心在基层，基础在社区"②。伴随着单位制解体、"社会人"向"社区人"转变，和谐社会、"四位一体"社会化管理模式的提出，社区承载了更多的社会功能，掌握、支配和动员的社会资源越来越丰富，手段和方式也多种多样，越来越多的社会资源将转化为社区资源，这些为第三部门的介入提供了发展的契机和空间。

2. 服务站的定位

农民工社区服务站是依托旭东社区居委会，由香港明爱基金会资助，贵州大学法学院承办的社区民间组织。服务站自 2006 年 2 月正式挂牌成立以来，贵州大学法学院充分利用高校人力资源优势，调动本学院社会工作本科班学生，深入挖掘社区潜在资源，激活并整合社区内有形资源和无形资源，承担着居委会职能鞭长莫及、驻区单位无暇顾及、社区居民力不能

---

① 王巍：《社区治理结构变迁中的国家与社会》，中国社会科学出版社，2009，第 77 页。
② 翟桂萍：《公共空间的历史性建构：社区发展的政治学分析》，军事科学出版社，2009，第 150 页。

及的事情。随着对社区服务的不断拓展，贵州大学法学院专业也在不断加强和创新自身人才队伍建设，2010 年贵州大学法学院中国首批社会工作专业硕士生的加入，为服务站注入了新活力。

图 1 - 3　服务站活动室内的展示墙

五年的积淀，农民工社区服务站作为社区资源的营运者和分配者，在充分利用社区闲置资源、整合调动社区现成资源、推动资源转化（将社会资源转化为社区资源）、实现资源共享方面发挥了助推器的作用。此外，服务站植入基层政权末梢，嵌入社会边缘领域，提升社区居民的信任和认同，培育公民精神，为"外来人"与"本地人"提供了社区资源共享的公共空间，促进了"外来人"与"本地人"二元社区的融合。

随着 G 市基层政府体制改革的开展，越来越多的社区资源需要整合到社区建设中，社区资源整合的高低，直接影响着社区组织功能的发挥。因此，农民工社区服务站开展社区资源整合具有重要的现实意义。

3. 服务站服务范围

农民工服务站依托 G 市 N 区 Q 街道办事处，主要面向在 M 村居住的农民工子女及其家庭独立开展服务。同时，也在辖区内的三所农民工子弟学校以及农民工被雇的商铺中设有社会工作服务联络点。

4. 服务对象选取

服务站主要为有需要的农民工子女提供社会工作服务、学费申请、学业指导等相关支持。同时，社工也会透过对农民工子女的帮助进入到农民工家庭及他们的生活圈，开展相应的家庭辅导或是帮助其家庭申请、联络资源。

图1-4　在活动室进行课余活动的农民工子女

接受服务站专业社工服务和其他帮助的群体对象一部分是通过社区宣传自行到服务站求助的；还有一部分是服务站在开展外展服务时发现的潜在服务对象，经由他们同意后接受服务站的服务。同时，通过这些年来的工作和努力，一些服务对象是通过社区工作人员、农民工子弟学校的老师介绍来服务站接受服务的。

二　农民工子弟学校

据资料显示，G市目前有外来务工子女近12万人，其中，70%来自省内各地市州，30%来自外省；39%在公办学校就读，61%在民办学校就读。G市的农民工子女之所以大部分选择民办学校就读，一是为了避免公办学校收取的昂贵的学杂费（包括择校费、借读费、转学费以及建校费等），二是公办学校资源稀缺，难以容纳如此庞大数量的农民工子女就读。

2001年以来，G市教育局每年安排专款用于改善接收农民工子女的民办学校的办学条件。2004年起，每年市政府为民承诺的"十件实事"中，第一件就是改扩建公办中小学，扩大接纳进城务工人员子女读书范围。在

N、Y 两城区 3 年已连续改造小学、初中 20 所，另外再提供部分民办学校办学补贴，对自建校舍的每年安排 300 万元用于民办学校贷款贴息。

自 2004 年 9 月起，凡就读公办中小学的，起始年级的学生凭父母身份证、暂住证或暂住地区街道办出具的相关证明材料到所在地招生办或教育科登记，可到居住地附近学校就读，收费标准与当地学生一视同仁，并免收借读费；若其居住地所在片区学校生源过于紧张可调剂到生源不足的学校就读。这为农民工子女进入公办学校就读开辟了一条"绿色通道"。

2005 年，G 市教育局制定了《G 市各级各类民办学校设置暂行标准》，对达不到设置标准的民办学校要求限期整改；2006 年制定了《G 市民办中学督导评估标准》。

2007 年，在中央、贵州省补助资金的基础上，G 市另投入资金 820 万元，对就读民办学校的农民工子女每人补助 100 元；2008 年已预留 1620 万元，对在民办学校就读的农民工子女提供与公办学校相同的生均公用经费，并明确其中 100 元抵学费，另 100 多元根据需要改善办学条件。

近年来，市、区教育局组织公办学校与民办农民工子弟学校开展手拉手活动，结成"对子"进行帮扶。2008 年明确每一所公办学校都要结对子帮扶一所民办学校，一并组织教研活动，区教育局一并评价学校管理和教学质量。

G 市人民政府及教育主管部门在经费不足和资源短缺的条件下，通过学习和借鉴国内外教育发展的经验和做法，并结合自身的实际进行制度创新，出台了一些好的政策措施，如参照简易学校的做法制定民办学校标准、采用义务教育券的方式资助学生等，有效解决了 G 市在教育发展中遇到的一些重大的现实问题。

在服务站所服务的 M 村片区、有大大小小的农民工子弟学校十余所，它们承担着这个片区几千名农民工子女的教育问题，而服务站直接提供服务的 3 所学校各有其的特色。

（一）G 市 X 学校

X 学校创办于 1997 年 9 月，是由 D 村村委会投资修建的具有 5 层教学大楼的一所老牌民办学校。现有分校一所，教职工 30 余人，学前班、一年级至初三年级共 20 个教学班，学生近 1000 人。历经 13 年的风雨历程，现在的 X 学校已发展为 M 村片区办学规模最大、教学环境和教学质量最好的一所学校，学校始终坚持以"一切为了学生，为了学生的一切"为办学理念，以"以教学质量求生存，以信誉求发展"为办学宗旨，把 X 学校办好、办大、办强。

图 1 - 5 G 市 X 校的操场

该学校自创办以来，由于办学成效显著，有效地解决了广大外来务工人员子女读书难、读好学校更难的问题，并为高一级学校输送了大批优秀的高素质人才，得到了教育主管部门、各级政府及社会知名企业和社会团体的大力支持和帮助，深受社会各界及新闻媒体好评。

虽然如此，但由于教师工资低，优秀教师资源大量流失，最长任教期仅为两年。目前在此任教的大部分是退休老教师以及在此积累经验的新毕业大学生。

X 学校每学期学杂费 280 元，低学费虽然很大程度上降低了农民工子女上学的门槛，可仍有 10% 的农民工交不起子女的学费。对此，学校郑重承诺，不让进入学校就读的每一个贫困学生失学，这正是给了贫困家长及子女一个强有力的保证。

（二）G 市 Y 学校

G 市 Y 学校是一所经 G 市 Y 区教育局批准的全日制寄宿、走读民办学校，其招生对象主要是 G 市中低收入家庭子女及外来农民工兄弟子女，凡学前班至九年级适龄的青少年儿童。

图 1-6　G 市 Y 校的一间教室

学校自 1996 年创建以来，在上级主管部门的正确领导以及老师家长的共同努力下，规模不断扩大，教学成绩斐然。教师 16 人，学生接近 400 人；师资力量日渐增强，基本教学设施较为齐全，设有图书室等。但这所学校在 2008 年 10 月因为校长个人原因的离职，学校法人不明、管理秩序混乱，遭房东驱逐，被教育主管部门取缔，所有学生被分流到附近的 X 学校。

通过对以上两所农民工子弟学校的描述，可以看出此区域内的农民工子弟学校发展状况虽然总体上良好，但是许多方面的问题仍然令人担忧，需要不断的资金和政策援助。

三　社会工作者与志愿者人才队伍

胡锦涛同志在党的十七大报告中指出："要健全基层党组织领导的充满活力的基层群众自治机制，扩大基层群众自治范围，完善民主管理制度，把城乡社区建设成为管理有序、服务完善、文明祥和的社会生活共同体。"因此，在构建和谐社会的过程中，和谐社区的建设是必不可少的一部分。

农民工社区服务站在 M 村所开展的各种类型的服务活动，均是以提升社区农民工应付困难的能力为主要目标和服务方向，同时兼顾建立他们与社区的联系，提升对社区的归属感。自从成立以来，服务站的各项服务主要来自两个方面的人力资源：一是服务站聘请的社区社会工作者，二是招募的志愿者。本部分主要介绍的是 G 市农民工社区服务站中社会工作者和志愿者队伍的基本状况，并对目前的人才队伍状况进行分析研究。

（一）社区社会工作者和志愿者组织出现的背景

1. 社区社会工作者出现的背景

随着经济社会的迅速发展，人们的生活水平显著提高，逐渐出现一些复杂多样的社会问题，比如贫富差距加大、城市人口老龄化、家庭暴力、下岗失业、青少年犯罪、网络成瘾、精神不健康等现象正在凸显，并且随着经济的发展越来越明显。随着社会经济体制转型的加快和政府职能的转变，越来越多的"单位人"开始向"社会人"转变。人与人之间的利益关系越来越复杂化和多元化，人们的思想开始呈现独立和多变的特点，这就使得社会矛盾的解决更加复杂。在这样的背景下，出现了一批专业的、以助人自助为核心价值理念的社会工作者，他们可以运用专业的知识和技巧有针对性地解决社会问题、化解社会矛盾、协调社会各界的关系，起到稳定社会的作用，因此可以说社会工作者是现代社会的又一个"安全阀"。

社区社会工作者也称为社区工作者，主要是指以社区以及社区居民为服务对象、以专门的社区工作和社会工作为主要工作方法的社区工作人员。社区是整个社会的重要细胞，是构建和谐社会的基础。因此要大力发展社区社会工作者，壮大社区社会工作者的人才队伍，使社会工作者走入社区，这对提高居民的生活水平和质量、维护社会的稳定起着至关重要的作用。

2. 志愿者组织出现的背景

当今社会，志愿者服务已经成为衡量社会发展的一个重要指标，是每个文明社会不可或缺的一部分。在北京奥运会的比赛场上，在汶川地震后的救灾现场，随处都能看到志愿者服务的身影。志愿服务的精神和行动是适应我们现代社会发展和社会文明建设需要的崭新内容和崭新方式。志愿服务文化中继承了传统道德中的"兼爱""爱无差""助人为乐"等思想，体现了一种对他人、对集体、对社会的责任，可以增强公民的社会主人翁意识，是一种权利和义务的完美结合。在我国现阶段，公民意识还有待提高，应该大力推动志愿服务事业的发展，将我们的传统美德发扬光大，并且和现代社会的服务精神有效地结合起来，为社会的发展提供强大的精神支持力量。

（二）社区社会工作者和志愿者的状况分析

G市农民工社区服务站自从2006年成立至今，社区社会工作者和志愿者为服务站工作的顺利开展提供了很大的支持，可以说他们是我们工作的主力军，为我们社区服务站的发展壮大作出了巨大的贡献。表1-1～表1-5从人员的组成、服务站提供服务的情况、在提供服务时的优势和不足等方面介绍了服务站2006～2010年社区社会工作者和志愿者队伍建设的情况。

表1-1　2006年服务站社会工作者和志愿者队伍建设情况

人员组成	社会工作者	聘请两名社会工作专业应届本科毕业生担任专职工作人员，其中一人在工作5个月后因私人原因离职。同年9月，聘请一位社会学背景的研究生加入工作团队
	志愿者	志愿者来源单一，主要来自高校学生
提供服务情况		教育救助；生活必需品救助；衣物救助；医疗救助；家访以及回访；对志愿者自身进行教育培训；组织开展大型活动
在提供服务过程中的优势和不足	优势	在服务的过程中志愿者充分体现了其专业优势
	不足	志愿者人数不足；来源背景单一；服务时间单一；志愿者专业素质和实践操作能力有待提高

表1-2　2007年服务站社会工作者和志愿者队伍建设情况

| 人员组成 | 社会工作者 | 上半年仍有两位专职工作人员（社工背景和社会学背景）；但下半年相继离职，其间聘请了一位专职行政人员和一名社工背景的长期志愿者作为兼职人员 |
| | 志愿者 | 志愿者主要来自高校，开始在志愿者中发掘领袖人物，担任核心志愿者（子项目负责人），对子项目进行管理；同时扩大招募的范围和对象 |

续表

提供服务情况		组织兴趣小组和专业小组；进行家访；农民工的就业期望调查以及就业培训；对志愿者自身进行教育培训；学费资助；小组活动；社区儿童安全知识宣传；社区卫生传染病宣传防治工作；农民工家庭嘉年华系列活动等
在提供服务过程中的优势和不足	优势	志愿者队伍的不断扩大和核心志愿者的培养，保证了项目的顺利运转和多样性；通过对志愿者进行专业的培训提升了其专业素质和实际操作能力
	不足	专职工作人员流动性大，给工作的开展造成了困难

表 1 - 3　2008 年服务站社会工作者和志愿者队伍建设情况

人员组成	社会工作者	两名助理社会工作师，一名专职行政人员
	志愿者	志愿者来自贵州省内不同高校、不同专业，同时吸纳了一些非学生的志愿者加入，如贵州省法院、企业的热心人士，本社区普通居民，社会爱心人士
提供服务情况		小义工培养；法律知识宣传系列活动；快乐暑期系列活动；Y 学校紧急服务及"我们是一家人"融合计划；社区卫生宣传活动、院落服务等
在提供服务过程中的优势和不足	优势	专职社工的增加为社区的服务提供了专业的人才；增加专职工作人员外出交流学习机会，拓宽视野；招募范围的扩大使得志愿者队伍不断壮大，志愿者资源充足，服务形式多样化
	不足	志愿者的稳定性欠佳

表 1 - 4　2009 年服务站社会工作者和志愿者队伍建设情况

人员组成	社会工作者	一名助理社工由于待遇原因离职，前往广东东莞求职
	志愿者	在贵州七所高校招募志愿者；利用 QQ 群招募社会热心人士，建立农民工服务站志愿者 QQ 群，通过网络互动交流
提供服务情况		学校服务；海洋小学班级性服务；打工妹服务；院落服务；外展主题服务；个案辅导；香港明爱义工暑期团交流活动；贵州大学法学院"12·4"法制宣传志愿者探访活动；相关社会调查和服务回访；与其他机构之间交流活动等
在提供服务过程中的优势和不足	优势	通过拓宽渠道招募志愿者，扩大了志愿者的范围，为社区服务增添了新的活力；专职工作人员通过不断外出培训和交流，素质能力有所提升
	不足	专职工作人员的流动性大，给服务造成了很大的不稳定性

表1-5 2010年服务站社会工作者和志愿者队伍建设情况

人员组成	社区社会工作者	上半年搭建起由1名专业督导——1名专职社工、1名专职行政人员——2名社工背景核心志愿者——多名志愿者组成的团队架构，以稳定志愿者队伍和保证项目的顺利进行。10月份专职社工离职，核心志愿者能够立即承担起项目运作，直接对专业督导负责，体现出该团队架构的优势
	志愿者	由核心志愿者组建、管理各自项目的志愿者队伍，形成了稳定的志愿者团队；下半年加入了社会工作专业硕士的实习生，建立实习与项目的互动、共赢
提供服务情况		学校服务；海洋小学班级性服务；院落服务；外展主题服务；个案辅导；相关社会调查和服务回访；与其他机构之间交流活动；陕西路打工妹服务等
在提供服务过程中的优势和不足	优势	良性的团队架构，对志愿者中领导人物的日常培养；放权的管理方式极大地提高了志愿者的积极性和主动性，保证了志愿者队伍的稳定
	不足	缺少专职社工，可能会影响项目的专业素质；增加项目督导的压力

通过以上介绍，我们对机构社区社会工作者和志愿者的人才队伍状况做出了以下分析。

1. 机构社区社会工作者现状分析

（1）社区社会工作者的构成。从服务站成立至今，在此工作过的社区社会工作者以高校社会工作专业的应届毕业生为主，仅有一人为社会学的硕士毕业生。他们普遍社会经验不足，应对突发事件能力欠佳，缺乏工作经验。后期之所以聘请一名50岁退休女性（曾是G市医疗器械厂职工，在厂幼儿园工作）担任行政人员，也是希望通过有一定社会经验的工作人员的加入，提升年轻社工的工作能力，使其尽快进入工作状态。

此外，服务站5年来陆续聘请6名工作人员，其中仅有两名男性成员，但服务站所提供的服务，在服务的时间和内容上很需要男性社工的加入。两名男性工作人员最短的工作时间为半年，离开原因都与男性在社会中所要承担的角色责任有很大关系，这也是在历次招募过程中，少有男性社工愿意加入的原因。

（2）工资待遇低、项目的不稳定性是社工流失的重要原因。机构要想能够得到健康的发展，必须要建立一支稳定的社区社会工作者队伍。但由于服务站地处城中村，办公用房为租用房，办公条件差，再加上工资待遇不及广州、深圳等发达地区，因此无法吸引和留住一些高素质的社工。

机构运转资金来源完全依赖于基金会，这让我们在每一次申请等待批复的过程中忐忑不安，从某种程度上也影响了工作团队的军心。不稳定的项目形式，难以留住人才，很难让工作人员看到发展的空间和希望。

（3）服务对象的流失以及服务问题难以解决。流动性是农民工群体的一大特性，在社工的服务中也常常遇见因服务对象流失而使服务中断的现象，造成服务效果无法跟踪。此外，由于服务对象清楚自身的流动特性，导致他们对所居住的院落、社区缺少归属感，总是认为"这是人家的，我很快就会走的"。每一年的春节过后往往很多曾经的服务对象离开这个社区、学校，去其他地方生活、工作、学习，我们的工作有时就需要重新开始。如何处理流动带来的流失问题？社工常以"播种机"自勉，认为自己所做的工作像在播种，种子会随风飘到不同的地方，自己的努力也会在不同的地方产生效果。但是，服务对象的流失对于社工来说仍是一个严峻的问题和挫折。

有的社工觉得自己的付出和得到不成比例，且服务对象的改变并不明显，因而觉得没有希望，无法实现自身的价值，选择离开社区，寻找更容易体现成就感的工作，这也使得社区社会工作者的稳定性无法保证。

2. 志愿者的人才队伍状况

（1）志愿者的队伍不断壮大，但是专业素质和实际操作能力不高。在现代社会，在志愿精神的影响下，越来越多的人加入志愿者组织，但是由于缺乏必要的培训教育，其专业素质和实际操作能力还有待提高。

随着服务站的不断发展，志愿者队伍也在不断壮大，但由于服务群体的特殊性，志愿者不仅需要一腔热情，还需要具有一定的专业素质和实际操作能力。通过调查发现，在现在的志愿者队伍中，志愿者的工作热情很高，但是在实际工作中有些成员的工作能力不强，一些志愿者被招募后就匆忙开展服务，缺乏价值观和专业技巧方面的培训，这样不利于志愿服务的顺利开展。

（2）志愿者队伍不稳定，有很大的流动性和不确定性。志愿者队伍建设中的一个问题就是人员的流失和不稳定性。虽然志愿者的队伍在不断壮大，但是还是经常会有一些人员的流失，导致组织内部的不稳定。比如农民工社区服务站从开始到现在，志愿者的人数一直在增加，这种发展趋势是值得肯定的，这些志愿者大多都是思想觉悟比较高、综合素质比较好的群体。但是随着时间的推移一些志愿者的服务热情会有所下降，不像最初那样积极，出现这种情况的主要原因就是缺乏必要的激励机制。另外还有以下两个原因导致人员的不稳定：一是志愿者的价值观念还不够稳定，加入志愿组织的目标和方向不确定，导致在服务的过程中意志不够坚定，工作一段时间后产生厌倦情绪，转而去寻找其他的工作；二是政府对志愿者组织的支持不够，使志愿者组织在法律和政策上得不到应有的支持和保障，这也是导致志愿者队伍不稳定的重要因素之一。

（3）志愿者资源网络单一。服务站这五年的很多工作主要依靠高校在校大学生，尽管他们的加入帮助我们取得了一定的成效，但是学生的时间、精力、社会经验等方面有很大的局限性，不能完全满足服务站的工作需要，尤其是到了寒假，绝大部分学生回家，服务站很多工作就面临志愿者匮乏的状况。尽管在中期，我们开始通过网络、社区居委会招募社会爱心人士担任志愿者，以弥补大学生志愿者的不足，但同样也存在时间、精力等的局限，况且个人的力量毕竟微小。

因此，2010 年服务站开始与一些机构建立稳定合作关系，邀请他们以组织的身份加入我们的服务，如与中东法律服务所签订服务合同，由他们无偿提供定期法律咨询、法律宣传等活动；与贵州和立社会发展研究所合作，由他们提供农民工子弟学校老师的培训服务，以这样的方式更大范围地获得网络志愿者资源。

第三节　行动研究视野下的农民工子女服务

行动研究的创始人勒温认为，行动研究是一个螺旋式上升的发展过程，每一个螺旋发展圈包括四个相互联系、相互依赖的环节，即计划—行动—考察—反思四个循环的阶段。在此基础上，"J. Elliott 等学者又提出了问题、行动、资料汇集和验证的课程发展行动研究的循环过程。S. Kemmis 等学者借哈贝马斯的沟通行动理论，提出了计划、行动、观察（在实务情境中实践与实验)、反省(参与者共同参与对话)的批判的行动循环过程。Donald A. Shon 则提出了实务反思行动研究的循环过程,即从提出问题开始,然后是计划、行动、观察、反思循环发展过程"。① 据此,农民工服务站的整个工作遵循着这四个阶段的循环过程,一步一步地向前摸索,不断地经历计划—行动—考察—反思等一个又一个行动研究的循环。从最初的直接资金救助、物质帮助,经历中间的农民工子弟学校作为优势媒介深入农民工子女个人、家庭,到以后的小义工团队等,都是在不断地反思、行动中实现转变的。具体来讲,2006 年 2~8 月是问题和需求评估阶段,通过实地调研和问卷摸底的方式对 M 村一带的农民工子女的生存状况、问题及需求有了大致了解,并在此基础上制订了干预计划;2006 年 9 月起实施干预;2007 年 9 月进行了年度评估,总结前期服务的得失,并修订了干预计划,然后继续进行干预;2008 年底进行完第二次评估后,参照香港驻校社工的模式,开始拓宽内容,迎来了项目服务的发展时期;2009 年底再次组织评估后,确立了除了持续以往的常规服务外,将工作的重点放在学校服务和年轻打工者的相关服务上;2010 年至今,在与农民工学校及学生建立良好关系后,开始在农民工子弟学校内发展"小义工",利用优势视角和增权理论放手让他们自我管理,依靠他们自己的力量组织校内的常规服务,充分发挥他们的自治能力。

同时,服务站又作为贵州大学社工专业学生实习的直接场所,这也是一种基于社会工作教育实践的行动研究。通过社会工作实习教育中实习督导的"计划—行动—反思—再计划"这个循环往复、螺旋上升的过程,达到指导社会工作实习督导教育实践活动以及提升被督导者专业能力和个人成长的目的。在农民工服务站的实习,一方面,不断地触动和强化教师和学生的"社工心",强化和巩固他们对专业价值和理念的认同;另一方面,教师通过这一平台及时更新知识,总结本土社会工作服务的经验、方法和理论;学生可以通过这一平台及时地运用所学习的专业理论、方法和技巧,达到专业知识、实践和反思有效结合、内化的效果。另外,服务中工作人员、教师和学生共同商议、共同进退、共同发展,也加深了彼此之间

---

① 郑增财:《行动研究原理与实务》,台湾五南图书出版公司,2006。

的相互影响,实现了服务对象、专业社工、专业教师、学生的多方共赢。不仅服务了弱势社群,同时也培养了专业社会工作者,提升了社会工作专业教师的教学和实践能力以及社工专业学生的实践、反思能力,更重要的是让不同群体密切接触、认识和了解,达到了"生命影响生命"的效果。

一 服务行动

(一)服务框架与内容

历经五年的发展,目前农民工社区服务站形成了不同层次的工作团队,为农民工及其子女提供不同类型的服务,包括面向个人、家庭和农民工子弟学校的直接资助;形成体系、常态化提供的常规服务;具有鲜明社会工作专业特色的服务(见图1-7)。

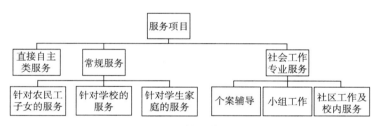

图1-7 项目的具体服务内容

1. 直接资助类服务

每年服务站都会对农民工子弟学校内部分贫困学生进行学费资助和优秀学子奖学金资助,目前共资助学生284人。此外,对于有特殊困难的农民工子女及家庭,包括生活困难的老年农民工家庭、单亲家庭或无父母照顾的儿童等持续提供生活和学习必需品、药物、医疗、生活补助等直接的实物或现金资助,以解决他们的基本生活需要。

服务站每年都会在QD街道办事处下辖的各个社区和省内高校进行募捐冬衣棉被、学习用品、图书杂志等物资的活动,每年所募集到的物资上千份。服务站将募集来的物品进行分类、整理、清洁后,发放到有需要的农民工家庭和子女手中。

2. 常规服务

（1）针对农民工子女的服务。第一，文娱用品提供。服务站的活动室内准备了大量的儿童读物、学习工具书，羽毛球、乒乓球、跳绳、篮球等体育用品，各种棋类、玩具等，提供给农民工子女使用。开放时间在周一至周五下午放学后一至两个小时，以及周六、日全天，平均每天接待25人次。

第二，学习辅导班。由于民办学校的师资、教学以及农民工子女学习条件、学习习惯、家庭教育等因素，有相当一部分学生存在着学习成绩欠佳的问题。因此，服务站在每个学期都会组织大学生志愿者在周末进入学校或家庭提供学习辅导的服务，面向所有在农民工子弟学校就读的小学、初中学生，提供各门功课辅导。

第三，兴趣班。在和农民工子女的相处过程中，工作人员发现他们中间有一些孩子对音乐、美术等都很有兴趣，也有一定的天赋，但因为家庭经济原因使得他们不能系统地学习这些课外知识。为了让他们能够与城市孩子一样接触到更多的课余活动，服务站从2007年开始招募了不同特长的志愿者担任兴趣班老师，利用周末的时间为农民工子女开办了音乐、美术、舞蹈、体育、唱歌、写作、书法等兴趣班，让他们能够接触和学习更多的特长。每班的人数在10人以上。

第四，各类竞赛、运动会、联欢会。由于农民工子弟学校办学条件有限、经费紧张、人力资源不足等因素，服务站所服务的3所学校都极少举办如作文比赛、速算比赛、演讲比赛以及运动会、联欢会等大型集体活动，参与集体活动的经历对于农民工子女来说是极为珍贵的人生体验。因此，服务站从2006年起，每年都支持学校举办各类知识竞赛、运动会、"六一"（或新年）联欢会等大型集体活动，除了提供部分资金和物资的支持外，还提供志愿者的人力支持。从2008年起在两所农民工子弟学校内培养的小义工（从初一至初三的学生中挑选出来的）开始逐渐承担起大型集体活动的协助工作，甚至是部分主持的工作。

（2）针对学校的服务。服务站每年会针对3所农民工子弟学校中硬件设施较差的学校，提供一定的校舍硬件整修的服务，如冬季玻璃窗的安装、课桌椅的修缮、黑板的维护等。同时，针对学校师资力量相对缺乏的情况，服务站也发挥自身优势在贵州师范大学内招募志愿者提供义务的长期支教服务，协助学校开设生物、音乐、美术、体育等课程。

（3）针对学生家庭的服务。每半年服务站都会安排对服务的 3 所农民工子弟学校的学生家庭进行家访，一方面是希望通过家访深入了解学生的情况，以便在校内提供更高水平的服务；另一方面也能够进一步与农民工建立关系，根据他们的需要提供相应的服务，扩大服务范围。

此外，服务站还会借学校开家长会的机会，向家长们宣传和介绍服务站的服务项目以及家庭教育、亲子关系等方面的相关知识。除了在学校内提供的服务外，服务站也将此类活动开展到他们所居住的院落里面，在他们的院子里开展更多的亲子互动活动。

（4）就业信息的发布以及求职岗位登记。服务站每周都会在省、市、区劳动力市场收集相关的就业信息，将这些信息公布在社区的主要干道上，方便居住在附近的农民工及时了解就业动态；同时，对于有求职意向的农民工，服务站工作人员会登记他们希望的求职岗位，联络相应的资源，协助就业。

（5）外展服务。服务站每个月都会在 M 村附近的主要干道上开展不同主题的外展服务，包括法律知识宣传、免费法律咨询；季节性传染病防治方法；女性保健知识；农民工相关政策宣传；节假日儿童安全教育宣传；卫生知识宣传等。通过不同主题的外展服务，增强农民工对于政策和与自身利益相关知识的了解，协助他们在城市更好地生活和工作。

3. 社会工作专业服务

（1）个案辅导。服务站的社会工作者通过不同的活动和机会，深入了解农民工子女的现状和需求，主动寻找需要特殊帮助的服务对象，提供个案辅导、心理辅导等服务。尤其是对于一些不适宜参加小组活动的农民工子女，服务站工作人员、专业督导会协同有相关专业背景的志愿者提供稳定、持续的个案辅导服务，服务内容主要包括人际关系、情绪、行为、亲子关系、生涯规划等。

（2）小组工作。服务站从 2007 年开始，在专业督导、专职社工和具有社会工作背景的实习生和志愿者的共同努力下，开展了大量的针对农民工子女的专业小组工作，包括生涯规划、成长小组、自信心提升、偏差行为治疗、人际沟通、情绪管理、自我认识、亲子关系等。

（3）社区工作及校内服务。服务站在开展个案、小组服务的同时，也注重以学校和社区为本，开展相应的服务，推动学校、社区的发展，改善其不良现状，激发其潜能。社区服务项目包括：以学校为本的儿童安全社区教育、传染病防治宣传、校园主人翁计划、社区互助计划、社区融合计划等。通过这些项目的开展，力求动用学校、社区自身资源，解决他们面临的困难和问题；通过学习有用的、切合实际的知识，提升个人能力；通过不同类型的活动，将服务对象联系在一起，自助互助，形成社区支持网络。

（4）对外宣传联络。服务站作为一个民间组织，力量有限，所能提供的服务也是有限的，因此，服务站也主动与社区居委会、街道办事处、新闻媒体、社会爱心人士建立联系，集结多方力量共同为农民工及其子女这一群体提供服务，扩大服务的范围和深度，提高服务的有效性。

同时，服务站也与省内的多家民间组织（如贵州发展论坛、和立社会发展研究中心、意气风发红十字会、蒲公英助学促进会等）和省外的多家机构（如云南连心社区照顾服务中心等）进行交流活动，学习其他机构的工作经验，了解不同机构的资源，希望能够通过"走出去，请进来"的方式，搭建交流、沟通平台，实现资源共享，共同为农民工群体提供服务。

（二）工作团队建设

服务站目前形成了由督导、专职社工、核心志愿者（子项目负责人）和普通志愿者构成的工作团队，如图1-8所示。

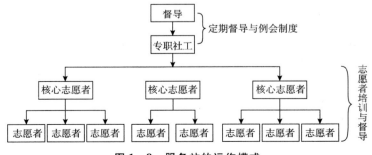

图1-8 服务站的运作模式

服务站日常工作由督导（贵州大学社工专业教师）负责所有服务项目的专业审核和监督指导工作；专职社工负责服务项目的设计、执行和对子项目的日常评估以及对志愿者的培训；核心志愿者（子项目负责人）通常是由有社会工作背景、长期在服务站从事志愿服务的人士担任，专职社工根据核心志愿者的能力和兴趣安排其承担不同的项目，由核心志愿者自行招募他自己的志愿者团队，由他负责带领团队完成每一阶段的目标和项目任务，进行他自己的志愿者团队的建设、管理、培训和评估。由于每一个志愿者团队都有自己的项目，而在招募过程中核心志愿者同样也会考虑所招募人士与项目的适切性，因此能够最大限度地保证志愿者队伍的稳定性和项目的持续性。由于核心志愿者均是从不同项目的志愿者中培养、挑选出来的，因此可避免由于核心志愿者的突然离开而造成的项目中断或因新来的负责人不熟悉情况而使项目停顿的情况。

目前，长期在服务站参与各种类型志愿服务的志愿者有 132 名（70%以上是参加了一年以上服务的志愿者）。

农民工社区服务站在 M 村所开展的各种类型的服务活动，均是以提升社区农民工应付困难的能力为主要目标和服务方向，同时兼顾建立他们与社区的联系，提升对社区的归属感。自从成立以来，服务站的各项服务主要来自两个方面的人力资源：一是服务站聘请的专业社会工作者，二是招募的志愿者队伍。

（三）资源脉络整合

1. 专业社会工作者的介入

农民工社区服务站立足于社会工作本土化实践，依托社区居委会，在街道社区的平台上联合多方机构参与社区资源整合，形成"合力"，将社会工作独特的专业视角、服务模式、服务理念灌输落实到日常工作中。服务站内专业的社会工作团队、庞大的志愿者队伍在促进社区资源整合、提升社区资源整合能力方面主要有以下举措。

（1）服务区内基层政权组织。在社会工作服务介入的准备阶段，争取服务区内基层政权组织的合作，对拉近与服务对象的距离、建立信任关系，提供了必要的条件。"与社区中的基层政权组织建立良好的合作关系",服务站成立之初就把此列为重点工作内容之一。成立半年时间就得到了 XD 社区居委会、QD 街道办事处的大力支持,居委会对服务站起步阶段开展的一切工作都给予巨大的协助,如带领工作人员走家串户,对 XD 社区内居住的农民工进行家访、提供在居委会登记的农民工的名单、地址等。此外,居委会还为服务站与驻区其他单位、团体牵线搭桥,如 XD 社区医院、JT 医院、QD 东路派出所、XD 小学等。此外与服务站建立合作关系的单位还有:G 市民政局、G 市救助站、G 市消防支队等。

服务站充分发挥居委会扎根基层、柔性管理、熟悉社区环境的优势,吸引更多的驻区单位、参与者和支持者参与到服务站工作中,使所需要的各种资源得到有效整合和利用。2009 年 4 月 18～19 日,服务站借用栖霞小区居委会的青少年活动室,让从 X 学校和 Y 学校招募甄选来的小义工们作为为期两天的工作坊。在《农民工社区服务站、农民工妇孺服务中心工作小结》(2006 年 1～6 月)中我们可以看出这一点,文中写道:

> 有了居委会的协助,使得我们与这些单位/团体更快地建立联系,而且大大提高他们与我们合作的兴趣。不同的单位/团体不仅给我们的工作提供了大量的支持,同时也为我们提供了不少的服务对象,扩展了我们服务的影响力,让更多的服务对象受益。

(2)社区民间组织和其他社会服务机构。2009 年是服务站与其他机构交流较多的一年,不仅参与了云南连心、香港明爱义工暑期团等省外机构的互访参观交流活动,还主动与省内的多家民间组织(如贵州发展论坛、和立社会发展研究中心、意气风发红十字会、蒲公英助学促进会等)进行经验交流学习活动。在《2009 年年度工作总结》中,服务站工作人员这样写道:

> 学习其他机构的工作经验,也了解不同机构的资源,我们希望能够通过这样一种"走出去,请进来"的方式,搭建交流、沟通的平台,能够实现资源共享,共同为农民工群体提供服务。

(3)贵州省各大高校。志愿者是公益行动的生力军,高校是志愿者的主要载体。在服务站成立之初,活动的策划与开展主要依靠就近高校有热情、有理想特别是认同社会工作理念的志愿者,在集合优势资源方面,我们的工作人员与贵州省内高校如贵州大学、贵州师范大学、贵州财经大学、贵州民族大学等的公益社团协力合作，服务站提供资金支持和督导服务，在他们了解服务站的服务理念、工作性质的基础上，集思广益，充分运用社会工作知识与技巧，开展优质服务，其目的是在帮助弱势农民工群体缓解压力、提高生活质量和增强生活信念的同时，也培养大学生志愿者高度的社会责任感。

（4）各种传播媒介。服务站自 2006 年开展工作半年时间内，就接待了《工人时报》《劳动时报》等新闻媒体的参观、访问，并利用 QQ 群招募社会热心人士。2006 年下半年《贵州都市报》、"G 市晚报"等媒体相继采访，帮助支持服务站的工作。在《农民工社区服务站、农民工妇孺服务中心工作总结》（2006 年 7 月至 2007 年 1 月）中写道：

> 这有力地推动了本服务站工作的开展，极大地丰富了服务站的救助内容和方式，通过这几个月的合作，明显地感到他们是一支不可或缺的补充力量。我们也非常高兴地看到本服务站引起的积极的社会效应——一些不留名的个人，他们有的捐来学生学习用品、衣服、棉被、食品等。

（5）机构内部人员的协调机制作用。服务站成立之初，由所有工作人员共同拟定、机构负责人审定通过的服务站相关规章制度，明确了服务站的工作理念、工作人员工作守则、活动室管理守则、财务制度、考核制度、服务对象及服务范围、志愿者守则等各项事宜。

针对服务站成立以来出现的专职工作人员不稳定的情况，2007 年下半年，服务站从社会上聘请了一位具有长期工作经验的专职工作人员，负责日常行政事务，同时聘请了一位长期在服务站从事志愿服务的大四学生作为兼职工作员，辅助专职工作人员工作。专兼职工作人员负责服务项目的后勤支持、日常评估和检查。服务站人员的招聘由专兼职工作员和机构负责人共同审定，择优选择。人员培训方面的指导和专业评估由社会工作专业教师负责。自此机构内部工作团队包括专职、兼职和志愿者三大部分，有了明确分工，实现了机构内外人力资源的互动。见《农民工社区服务站工作总结》（2007 年 7 ~ 12 月）：

　　这样做的目的一方面缓解了缺乏社工专业专职工作员的问题，另一方面也能让学生更大地发挥能力和得到更多的实际锻炼。此外，也能减轻项目负责人的行政压力。

　　从 2009 年 5 月开始，服务站组织工作员多次与 G 市的多家 NGO（贵州发展论坛、意气风发红十字会、和立社会发展研究中心、蒲公英助学促进会等）以及省外云南连心社区中心、云南携手等进行交流，增进了解，促进合作。2009 年 5 月，服务站两名专兼职工作员前往北京参加"天使在身边"计划培训活动。6 月，安排兼职工作员参加在昆明举行的草根公益协力营的项目工作员培训。12 月，工作员参加了由云南连心社区中心主办的"城市流动人口社区工作研讨会"。通过不断的培训和交流，以达到增强学习、促进机构合作的目的。

2. 社会工作推进社区资源整合的作用

　　通过以上举措，农民工社区服务站在社区资源整合方面取得了积极成效，具体表现在以下几方面。

　　（1）人才资源整合成效。服务站充分利用社区内高校人才资源的优势，组建了庞大的志愿者队伍。志愿者（或称义工）是本服务站开展工作的得力助手和后备军。他们大多数是来自贵州省各大高校社会工作专业以及其他专业的学生，经专业系统培训后，从事学校服务、外展服务（主题活动）、心理辅导、社会调查、培训等不同类型的服务，如贵州大学"七音符"志愿服务队、"七匹狼"志愿服务队、"六月天"志愿者队伍等。2009 年贵州大学"七音符"志愿服务队与学校小义工们一起组织开展了环保创意活动。2009 年 10 月"七匹狼"团队对花溪海洋小学进行了服务辖区外拓展性的尝试服务。

　　同时服务站从社会中招募了一定数量、不同专业背景的志愿者，为服务群体提供更加多样化的服务。服务站现在有来自不同地域的志愿者，如贵州省高院的书记员王政、中东法律服务所的律师罗国红，他们深入院落向农民工宣传法律知识，维护了农民工权益，减少了社区冲突。

　　服务站还邀请香港社工、社工专业教师对志愿者进行正规的定期培训，以提升志愿者对社区资源的驾驭整合能力。每月底举行一次志愿者经验交流会（分组交流和全体交流相结合），以及与香港义工的交流活动，以提高志愿者的服务精神和能力，搭建沟通和合作的平台。

（2）组织资源整合成效。服务站挖掘社区内的基层政权组织如 XD 社区居委会、QD 街道办事处，高校如贵州大学、贵州师范大学等，联合第三组织如南都基金会等，利用这些组织的人力和物力资源，为服务站工作的全面开展提供了智力支撑和物质支持。

每年服务站都会与居委会一起开展冬衣捐赠活动。2009 年下半年，服务站邀请红十字会的工作员到 XG 村和 D 社区院落宣传防治甲流的知识，将宣传单和宣传海报发放到每户人家，并且提供了口罩和感冒药给院落居民。除此之外，服务站与疾控中心合作，在院落里向妇女宣传女性卫生保健知识，并免费向她们发放避孕套。2009 年 12 月服务站和红十字会一起在 D 社区和 XG 村开展以防艾、防冻、防甲流为主题的冬季保健知识宣传。

表 1 - 6　2009 年服务站开展的社区社会工作

服务项目	服务内容	合作组织
打工妹服务	文娱用品借阅和摊位游戏"牵手同行"小组活动、个案辅导	XX 社区
外展主题服务"每月一宣传"	儿童娱乐活动、法律知识普及、环境卫生知识宣传、甲流预防知识宣传、冬季保健知识宣传、冬衣捐赠活动	XD 社区 XG 村
贵州大学法学院"12·4"法制宣传志愿者探访活动	探访农民工家庭、发放法制宣传资料	贵州大学法学院团委、学生会
社会调查和服务回访	特困家庭家访、回访流动儿童权利状况调查、农民工子弟学校现状调查、农民工心理状况调查等	服务站、贵州大学、贵州师范大学、贵州民族学院等

（3）信息和文化资源整合成效。主要依靠大众传播媒介——报纸媒体、志愿者口耳相传或者是服务站工作员到各个学校招募的方式，宣传服务站的服务，让更多人了解服务站。

服务站为 Y 学校、X 学校提供学校社会工作服务。2009 年 3 月服务站在 Y 学校租用一间房间作为新的活动室，为学校的学生和周围的儿童提供图书、文娱用品等。

　　儿童及青少年服务从最初的以活动室为主，到后来的进入学校后以学费资助、资源提供、开展学习辅导班、兴趣班、小组活动等为主；成人服务从救助到宣传，从街头到院落。

　　（4）物质资源整合成效。据服务站 2007 年上半年的统计数据显示：收到外界捐赠的衣物共 121 件，复读机 2 台，文具、杂志若干。服务站统一调配这些物资，向有需要的农民工及其子女提供衣物共 172 件、复读机 2 台。此外服务站还向社区中 6 位老年家庭定期提供食品和生活必需品，帮助维持其日常生活，减轻其生活压力。

　　2007 年服务站为 Y 学校修补破损的黑板和课桌。经协商，学校负责在学生家长中寻找会木工、玻璃安装的家长负责施工，服务站提供材料（玻璃、木料、辅件）和劳务费。另外，在每个班级都举行一次班会，讨论如何保护班级财产。

　　2009 年，服务站对 8 名学生给予全额学费资助，持续对 3 户独居老年农民工给予粮油和少量药品的资助。11 月服务站与社区居委会一起向 XD 社区和 XG 村的贫困农民工家庭和个人发放冬衣四百余件，其中善心人士直接捐献给服务站所设捐赠接收点的有一百余件；其余均捐赠到居委会办公室。

　　农民工社区服务站立足于社区，整合社区资源，凝聚社会智慧，激活并整合了社区内沉淀的剩余时间、剩余劳动力、闲置资金等有形资源及广大居民的慈善心、公益心、责任心、奉献心等无形资源，使他们加入到扶危济困、弥合社会断裂与鸿沟的实践中。服务站将社区内零散的人力和物力整合归类，为社会弱势群体——进城农民工"增能""减压"，成为有效整合社区资源的驱动器和最佳载体。

　　但服务站现在也面临着以下难题：第一，尚未建立起自己的网络平台。仅仅依靠大众传播媒介或人口相传整合社区资源，在时效和社会效应上毕竟存在一定的局限性，影响信息和文化资源整合的成效。第二，尚未组建起强大的专业团队。服务站虽有专业、兼职工作人员和核心志愿者，但缺少团队协作精神，凝聚力尚待加强，这直接影响着人才资源整合的成效。第三，尚需加强与其他民间机构的交流合作，构建一个组织资源共享的平台。从 2008 年开始，服务站虽对 G 市涉及农民工及其家庭服务的民间机构探访过多次，但这些机构基本上是"各自为政""单枪匹马"，缺少沟通合作的平台。破解上述难题事关机构在社区中资源整合的成效。

二 服务特色与创新

服务站自成立到现在，始终围绕着"尊重人，尊重劳动，尊重劳动者"的宗旨开展服务。坚持以社会工作增权理论、社会支持理论以及生态系统理论为指导，运用行动研究方法，并通过观察、深入农民工生活区域和学校进行实地观察、访谈、调查、分析得到的结果扶正和指导服务的开展。本服务特色与创新之处包括以下几方面。

（一）服务的特色

1. 本土化特色

本研究以农民工子女为主要研究对象，研究场域 G 市，是中国西部较大的城市。服务的开展主要通过对群体对象现状和需求的实地调查分析，设计服务框架，制订服务计划。因此，农民工子女行动研究中的反思和经验也就具有本土化的特色。

2. 实践特色

本研究运用质性研究中的行动研究方法，本身就具有极强的应用性。服务过程中不断反思和修订也使得本研究更具有可操作性、应用性和实践性。

3. 理论特色

本研究在服务中不断总结、摸索，项目本身行动的过程即为中国农民工子女专业社会工作服务模式建构的过程。

（二）服务的创新

1. 以专门的服务机构为服务载体开展介入性服务

目前社会上的社会工作机构大都不是专门为服务农民工而设立的，而是将为农民工服务作为其服务领域之一。就是说，对农民工的服务仅仅是被纳入机构的一般服务内容体系中，成为其一部分。以综合性服务为主，专门针对农民工的服务项目不多。农民工社区服务站是专门为农民工及其子女创办的社会工作服务机构，这样可以大大提高服务的专业化、专职化，最大限度满足群体对象与普通居民相比特殊的需要。

2. "活动式服务＋专业化社工服务"相互结合

服务以增能理论、社会支持理论等多元化的社会工作理论为指导，在运作机制与具体服务过程中都一直秉持尊重、接纳、平等、个别化、民主参与等社会工作价值观念，力图不断探索更加专业化的服务路径。同时，根据需要并结合农民工的生活特点、居住特点及空闲时间，利用传统意义上的社区工作方法，以活动式的服务将分散的农民工串联起来，通过各种活动的开展推动对农民工的服务。这样，不但在活动式的服务中形成了良好的社会影响，而且也弥补了以往农民工服务中专业化的缺憾。

3. 项目式服务嵌入社区服务机构及学校

服务开展几年来，服务站积极与服务范围内的几家居委会、农民工子弟学校建立连接关系，并主动进驻到居委会、学校开展专项社工服务。这样不但扩大了服务范围，也弥补了居委会、学校常规性服务的不足，使得在特定的时间、空间和领域获得专门的资源，组织起专门的服务以便最大限度地服务于群体对象。更重要的是，嵌入式的服务项目为原社会组织（居委会、学校）带去了专业的服务方法和理念，为其建立起专业的服务模式，这就使得服务达到了长期性、可持续性和推广性的服务目标。

4. 多元化的服务方式关注弱势中的弱势群体

由于农民工及其子女获得的社会支持不足，对城市中的各种服务机构还不熟悉，他们当中许多人即使在遇到困难时往往也想不到主动地求助于社会工作服务机构，因此服务站比较注重采用主动服务的方式，即通过外展服务、其他社会机构（社区居委会、学校）转介的方式主动地发现群体对象的需要及问题，主动地向他们提供帮助。同时，在服务中，服务站特别关注弱势中的弱势群体，即农民工群体中的未成年人群体及残疾群体，为他们提供更优先、更多元的服务。

| 第二章 |
需求：G 市进城农民工子女境遇调查

G 市作为贵州省省会城市，随着社会经济的发展，面临着省内偏远地区及周边省份的农民纷纷涌入，极大地挑战 G 市的人口承载力，也引发一系列相关问题，诸如农民工子女成长与受教育等。尽管自 2001 年起 G 市政府出台了一系列解决进城农民工子女义务教育问题的政策和措施，但由于其需求大于教育系统的承受能力，政府教育部门也无法全面解决进城农民工子女受教育问题。

从个人成长历程来看，学校教育扮演着重要角色，而同样不可忽视的还有个人生理、心理、家庭、社区生活等方面的需求。为城市建设做出巨大贡献的农民工，其子女在进城之后的教育、生活也由此面临着复杂多变的问题。

第一节　进城农民工家庭状况

一　研究背景

根据《2009 年农民工监测调查报告》显示，2009 年全国外出农民工总量 14533 万人，其中 95.8% 是年龄在 16 岁至 50 岁之间的青壮年劳动力，约为 13923 万人。[①] 四川、安徽、湖南、江西、河南、湖北 6 省是全国流

---

① 《2009 年农民工监测调查报告》，http：//www. stats. gov. cn/tjfx/fxbg/t20100319_ 402628281. htm。

出人口大省，占全国跨省流动人口的 59.3%，其中四川 693 万人，安徽 432 万人，湖南 432 万人，江西 356.3 万人，河南 305.4 万人，湖北 280 万人；广东、浙江、上海、江苏、北京、福建 6 省市是全国主要流入人口地区，六地区流动总人口占全国跨省流动人口的 68.5%，分别占 35.5%、8.7%、7.4%、6%、5.8%、5.1%。

根据相关专家学者的调查报告显示，目前中国农民工主要有以下特点。

（一）以初中文化的青壮年为主

据统计，2004 年全国农民工中 16～30 岁的占 61%，31～40 岁的占 23%，41 岁及以上的占 16%；农民工的平均年龄为 28.6 岁；初中文化程度的占 66%，接受过各种技能培训的占近 24%。[1] 可以看出，外出农民工平均年龄偏年轻化，同时，这一群体也是农村劳动力中受教育程度比较高的群体，他们思想活跃，向往城市生活，有强烈的外出就业冲动，也较为容易适应现代工业生产要求，但是总体素质仍然偏低，多数只能从事简单体力劳动。

（二）以自发性外出为主

目前，农民外出务工主要依托以亲缘、地缘关系为基础建立起来的社会信息网络。据调查，88% 的农民工通过自发方式外出，有组织外出的仅占 12%。[2] 自发性外出主要靠亲友介绍或帮带，就业成本低且成功率高，这也与农民工获得就业信息的渠道少、对社会职业中介机构诚信的认同感低有关。近年来，通过政府或中介机构组织和介绍外出就业的农民工逐步增多，但仍然不是主要渠道。

（三）以制造业、建筑业和服务业就业为主

据调查显示，农民工从事制造加工行业的占 30.3%、建筑行业的占

---

[1]　中国农民工问题研究总报告起草组：《2007 年中国农民工问题研究总报告》，《改革》，三农中国网，http：//www.snzg.cn/article/2007/0314/article_ 4965.html。

[2]　中国农民工问题研究总报告起草组：《2007 年中国农民工问题研究总报告》，《改革》，三农中国网，http：//www.snzg.cn/article/2007/0314/article_ 4965.html。

22.9%、社会服务行业的占 10.4%、住宿餐饮行业的占 6.7%、批发零售业就业的占 4.6%。[1] 但是在不同地区，农民工就业的主要行业有所不同：东部地区制造业的比重最大，占 37.9%；中部和西部地区建筑业的比重最大，分别为 30.1% 和 37%。[2]

（四）以到东部地区和大中城市就业为主

由于东部地区经济发展水平相对较高，以及城市的就业容量大、收入高等优势，吸引了大量农民工。据《2007 年中国农民工问题研究总报告》显示，2004 年跨区域流动的农民工占 76%，其中跨省流动的占 51%，在省内县外的占 25%。相关研究表明，跨省流动的农民工到大中城市务工的超过 60%，其中，到北京、天津、上海、浙江、江苏、广东、福建 7 个省市的占 82%。跨区域流动的农民工，在直辖市的占 9.6%，约 1140 万人；在省会城市的占 18.5%，约 2190 万人；在地级市的占 34.3%，约 4060 万人；在县级市的占 20.5%，约 2420 万人；在建制镇的占 11.4%，约 1350 万人。

（五）以在城乡间双向流动为主

中国农村劳动力转移就业受制于城乡分治的户籍制度，主要特点是职业与身份相分离、城乡之间双向流动，即所谓"亦工亦农、亦城亦乡"。这种"候鸟式"的流动有两种形式：一是"钟摆式"，以年为周期在城乡和地区之间流动；二是"兼业式"，以农业生产季节为周期，利用农闲时间外出打工。

在贵州省这样一个"欠开发、欠发达"的省份，随着农业生产水平的提高、城市化进程的加快及其经济社会的快速发展，从农村生产中脱离出来的农村人口到城镇寻求工作的农民工不断增多。相关调查显示，贵州省农民工总量已近 800 万人，除了少部分在本地乡镇企业务工以外，半数以

---

① 中国农民工问题研究总报告起草组：《2007 年中国农民工问题研究总报告》，《改革》，三农中国网，http：//www. snzg. cn/article/2007/0314/article_ 4965. html。

② 中国农民工问题研究总报告起草组：《2007 年中国农民工问题研究总报告》，《改革》，三农中国网，http：//www. snzg. cn/article/2007/0314/article_ 4965. html。

上的农民工离开家乡到外地、外省打工，较多集中于珠三角、长三角地区。此外，贵州籍农民工的文化程度普遍较低，初中及初中以下文化程度者占被调查总人数的84%，其进城务工从事的行业主要以服务业、加工制造业和建筑业为主，所占的比重分别为30.6%、29.6%和14.2%，业合计占74.4%。[①]

据有关学者研究表明[②]，目前在G市长期生活的进城农民工约60万人，约占全市实有人口的17%，其中一些区域的农民工数量已超过当地常住人口，2012年G市进城务工人员可能会突破100万人。

二 调查研究的设计

如前所述，本文的研究是基于服务站所服务的G市一个典型农民工聚居地——M村而展开描述的。

从居住条件来看，整个片区房屋依山而建，多为违章、私搭乱建的3层以上民居，楼道狭窄、缺少规划，"脏、乱、臭"一度成为这里的代名词。

另外，这些地方也是黄、赌、毒较为集中的区域，一些出租屋往往成为廉价性交易的场所和"赌客""毒客"的隐藏地，公共秩序非常混乱。良好的区位优势和低廉的建筑成本，使得出租房屋的比率相当高，吸引了上万进城农民工长期在此地租房居住，从而使该片区呈现出了人口密度大、人员复杂、进城农民工聚居等特点。因此，选择M村作为田野调查的研究点，具有很强的现实代表性和理论研究探索性。

从2006年6月至2010年9月，对居住在M村的农民工，尤其是农民工家庭我们利用问卷调查法、深入访谈法、直接观察法、文案调查法等进行了深入调查。此次调查中，共发放问卷2000份，回收问卷1975份，回收率为98.75%。调查对收入水平、工作时间、工作的稳定性、合法权益保障情况、住房现状、子女教育等问题的调查结果进行了统计分析。

---

① 《"用工荒"背景下，贵州农民工大调查》，http://www.gog.com.cn。
② 申振东：《贵阳市进城农民工子女城市融入问题研究》，《贵阳市委党校学报》2010年第3期。

三　调查对象的基本情况分析

（一）农民工的自然特征

1. 性别

如表 2-1 所示，农民工以男性为主，男性农民工由于体力上的优势，大多可以从事劳动强度大、工作时间长、稳定性差的体力型工作，因此往往成为家庭的主要经济支撑。

表 2-1　在职农民工性别分布

单位：人，%

性　别	人　数	比　重
男	1285	65.06
女	664	33.62
缺失值	26	1.32
合　计	1975	100

2. 年龄

从表 2-2 可以看出具体年龄分布，这次调查中年龄最大的为 68 周岁，年龄最小的为 16 周岁，平均年龄为 30.17 周岁，中位数为 29 周岁，众数为 25 周岁，标准差为 9.635 周岁。

表 2-2　G 市农民工的年龄分布

单位：人，%

年　龄	人　数	百分比
16~20 岁	153	7.75
21~25 岁	367	18.58
26~30 岁	489	24.76
31~35 岁	386	19.54
36~40 岁	259	13.11
41~45 岁	172	8.71

续表

年　龄	人　数	百分比
46～50 岁	67	3.39
51～55 岁	51	2.58
56～60 岁	10	0.51
61 岁及以上	8	0.41
未填者	13	0.66
合　计	1975	100

从调查结果可以看出，农民工的年龄以青壮年为主，比例占 70% 以上，这种年龄结构一方面说明青壮年农民工大部分是农村的重要劳动力，具有年龄优势，属于生产人口，充满活力；此外农民工工种大多比较艰辛，青壮年阶段的农民工在劳动、生活等诸方面耐受力较强。另一方面农民工大多属于生育人口，由于流动性大，无疑增加了流出地和流入地的计划生育工作难度，极易造成人口增长的失控，因此农民工流动人口超生的现象十分严重。

3. 婚姻状况

在调查样本中，如图 2-1 所示，已婚流出打工者占绝大多数，这说明农民工的婚姻、生儿育女以及性权利都存在着隐患。

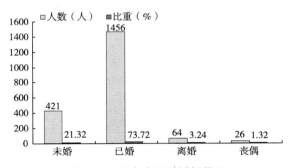

图 2-1　G 市农民工婚姻状况

4. 来源地

在调查中，有 62.63% 的来自贵州本省，共 1237 人，其中来自 G 市所辖农村的有 325 人，占 16.46%；外省的则主要是来自邻近省份四川和重庆市，共 368 人，占所调查人数的 18.63%。此外，还有 42 人来自云南，占 2.13%；32 人来自湖南，占 1.62%；28 人来自河南，占 1.42%；14 人来自湖北，占 0.70%；9 人来自广西，占 0.46%；另外，未填写和填写其他地方的还有 45 人，占 2.28%。这说明贵州经济尚不发达，农民工收入水平低，比较利益低，对省外农民工的吸引力弱。

5. 受教育程度

由于城乡教育发展不平衡，进城农民工的综合素质仍然不高。据调查数据显示，文盲占 3.13%，有 44.62% 的农民工具有小学文化程度，有 37.22% 的农民工具有初中文化程度，有 14.51% 的农民工具有高中文化程度（含中专），有 0.52% 的农民工具有大专及以上文化程度（见图 2－2）。可以看出大多数农民工为小学或初中文化，文化程度偏低影响了农民工生活的诸多方面。如对农民工职业的限制使得他们的工作大多停留在体力劳动层面，收入水平低，相应的其他方面也就难以改善。

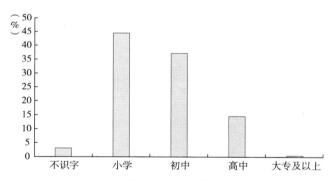

图 2－2　G 市农民工文化教育程度

（二）G 市农民工收入的基本情况

1. 从事职业

对于农民工而言，由于没有城市户口、文化水平低、缺乏专业技术，只能从事低技能的工作，或者纯粹的体力劳动。据调查，他们目前的职业分布状况如图 2－3 所示：游街小商贩有 125 人，占 6.32%；"背篼"有 323 人，占 16.36%；无业人员有 62 人，占 3.14%；建筑工人有 384 人，占 19.46%；打零工有 192 人，占 9.70%；收废品拾荒者有 195 人，占 9.89%；清洁工有

123 人，占 6.25%；务农（主要租地卖蔬菜）有 24 人，占 1.23%；各种技工人员有 50 人，占 2.51%；餐馆、酒店等服务人员有 266 人，占 13.47%；摩的司机有 104 人，占 5.26%；保安有 26 人，占 1.31%；家政服务人员有 44 人，占 2.23%；其他职业有 57 人，占 2.87%。

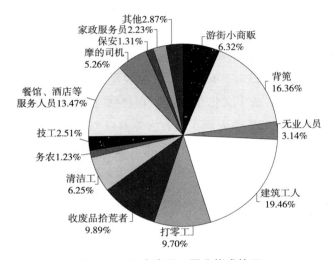

图 2 - 3　G 市农民工职业构成情况

从图 2 - 3 中可以看出，G 市进城农民工所从事工作大多数是一些苦、脏、累、差的工作，是城市人不愿意从事的工作种类。

2. 收入总体状况、具体分布及存在问题

（1）收入的平均水平及整体分布。从表 2 - 3 可以看出，G 市农民工收入有较大的分化，这一平均数并不能很好地说明农民工所有人的收入水平。

表 2 - 3　G 市进城农民工月收入水平情况

单位：人，%

月收入水平	人　数	农民工人数的比重
200 元及以下	499	25.30
201 ~ 400 元	184	9.30
401 ~ 600 元	318	16.10
601 ~ 800 元	272	13.80

月收入水平	人　数	农民工人数的比重
801～1000 元	275	13.90
1001 元及以上	427	21.60
合　计	1975	100

（2）收入的具体分布。笔者按照职业类型分别计算了被调查农民工收入的平均值、中位值、众值、最大值及标准差。从表2-4可以看到，G市的农民工随着职业不同，其收入有着高低不小的差别。依照平均月收入的高低，最高的是技工（1362.17元），以下依次是建筑工人（1119.05元）、家政服务人员（883.33元）、门卫或保安（769.13元）、游街小商贩（734.48元）、摩的司机（650.29元），收入最低的是收废品拾荒者（327.11元）。

表2-4　G市农民工各职业收入的特征值（N=1975）

单位：元

职　　业	平均月收入	中位值	众　值	最大值	标准差
游街小商贩	734.48	750	1000	2000	477.23
背篼	368.27	300	350	600	303.12
建筑工人	1119.05	1000	1000	1000	1465.75
打零工	573.26	450	600	700	427.11
收废品拾荒	327.11	300	300	500	373.23
清洁工	456.12	500	600	700	1142.31
务农	487.62	550	600	850	829.6
技工	1362.17	1200	1500	10000	1518.26
餐馆、酒店等服务人员	606.32	600	600	700	308.33
摩的司机	650.29	500	700	800	536.02
门卫或保安	769.13	800	800	1300	278.19
家政服务人员	883.33	700	1000	3000	599.07

（3）收入不稳定，缺乏保障。由于农民工工作的零散性、随机性和盲目性等特点，农民工的收入很不稳定，找不到工作的情况时有发生，发生摩擦性失业的频率很高。调查中发现，由于找不到固定工作，25%的农民

工有过没有一点钱的时候，失业时间为 1~2 个月的占 52% 以上，3~5 个月的为 28%，失业时间偏长，失业率、失业频率双高；同时农民工的工资还经常被克扣和拖欠，在被调查的全部农民工中，都有过这样的遭遇，笔者在 M 村走访的时候，遇到的杜昌伦一家就是其中一例。

案例 1　请不要拖欠我们的工资

今年 45 岁的杜昌伦，来自贵州省织金县，只有初中文凭的他和妻子在 G 市某一个街道整理施工段做工，工资微薄。

杜昌伦的 3 个孩子，老大杜世琴 16 岁，老二杜世海 14 岁，老三杜世江 12 岁，都在位于 M 村的 Y 学校读书。目前，一家 5 口人租住在大约 40 平方米的房屋，总共只有 3 间房的小屋陈设简单，最外间做厨房，摆放些简单家具，里面两间则是夫妻俩和孩子们的卧室，室内很脏、很乱、很暗，卫生条件较差。

500 元对于普通人来说，并不是太大数目，然而对于杜昌伦来说，每月 500 多元的收入却是全家生活日常开销的主要来源。去年杜昌伦和妻子辛苦了大半年，工作的工地一直都是按时发放工资。可是临近年末，一连两个月的工资都没有按时发放，本以为到了年关会发，可是最终杜家换来的却是包工头卷款私逃的消息。不仅一家人没钱过年，连 3 个孩子的学费也没了着落。

如上述案例中的情况，工资的拖欠不仅会直接影响到家庭日常生活，也严重影响了孩子上学。

（三）G 市农民工真实生存状况

通过调查发现，G 市农民工现实生活状况，无论是在物质方面还是在精神方面与 G 市普通市民都存在很大差距。

1. 居住状况

住房难、居住条件差成为 G 市进城农民工面临的主要问题之一。调查表明，农民工在城市的居住方式较多选择租房，包括单独租住或与人合租，这两类总共占到了总数的 90.07%；有 6.21% 的人住的是由单位提供或是借住别人的房子；而选择自己在城市里购买住房的人极少，只占到总数的0.96%（见图2-4）。其主要原因在于大多数的农民工只是把城市当做自己暂时的栖身地，所以对于住房的要求不是很高，同时为了减少在城市生活的成本，农民工在住房方面的消费大多仅维持在最低水平。

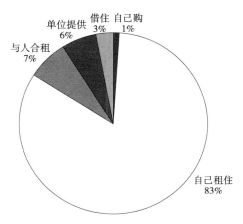

图2-4　G市农民工的居住情况

首先是居住面积。根据本次调查的结果，G市农民工家庭所居住房屋的平均面积约为15.41平方米，人均居住面积约为4.23平方米。无论与全国城镇人均26.1平方米的住房面积相比，还是与农村人均29.70平方米的居住面积相比，[①] 生活在城市中的农民工居住面积都相当小，例如笔者在走访调查中的李先生和韩先生两家就是很典型的代表。

案例2　何时能住上条件好的房子

李德辉，男，42岁，初中文化程度，一个孩子。

一个面积大约十五六平方米的破败煤棚，就是李德辉一家三口的栖身之所。面积狭小对于他来说还属其次，最要命的是煤棚采光条件极差，即使是在白天也需要开灯照明，否则基本上是伸手不见五指。而在多雨的夏季，一旦遭遇倾盆大雨，对于没有及时加固的煤棚来说真可谓"灭顶之灾"。

---

① 《中国统计年鉴2006》，中国统计出版社，2006。

案例 3 梦想有固定的住所

韩贵生，男，52 岁，文盲，和女儿女婿住一起。

来自遵义的韩贵生，今年 52 岁，目前和女儿女婿一同租住。20 平方米的小单间对于一家五口人来说，实在狭小。然而，韩贵生一家就是在这个小小的"家"里吃住一体。屋内陈设了两张大床，一张是女儿女婿的，另一张则属于韩贵生和两个外孙。靠近窗户的地方摆放了两张污渍斑驳的桌子，一张上面堆放着两个外孙的课本和作业，另一张上面则堆放着碗筷和锅瓢。

对李德辉和韩贵生来说，有一个"体面、固定"的住所是幸运的，也是幸福的，可是对王春宏来说，它却是一个梦。

案例 4 垃圾站的木板房就是家

十年前，毕节偏远山村的王春宏带着身患残疾的弟弟来到 G 市。提到家乡，王春宏常用"穷""苦"等字眼来形容。4 年前母亲和父亲相继去世，由此也断绝了王春宏与土地贫瘠、窘迫穷困家乡的最后牵挂。

38 岁的他去年终于成了家，妻子是再婚，带着自己其中一个孩子和他与他行动不便的弟弟一同住在扶风社区附近。一家四口的住处，是由木板搭建起来的木板房。两间板房一间被用作堆放王春宏平时收集的垃圾和废品，另一间则用于一家人的饮食起居。由塑料纸和石棉瓦搭盖的屋顶，在多雨的天气往往使屋内寒气逼人。就目前王春宏 500 元的收入，不仅要承担全家花销，还需要支付多病妻子的药费。租个好点的房子，对他来说成了不可企及的梦。

其次是居住设施。调查表明，目前 G 市农民工居住房屋的基本条件是水电两通尚有保障，统计发现 96.22% 的居所能通电，72.30% 通自来水。其他设施情况是：83.18% 的租房没有独立的厨房，79.82% 的没有独立的厕所，93.7% 的没有洗澡设施，其情形就是卧室、客厅、厨房等合为一体，一家人挤在一间房子里。在走访中笔者也发现，由于他们的房间内卫生设备缺乏，每个院落或每幢楼十几户，甚至二十几户人共用自来水龙头、厕所等，这些公共设施在使用高峰时段非常拥挤，甚至出现混乱不堪的局面。

2. 衣、食、行消费状况

调查发现，在衣着消费方面，一般农民工的服装消费都不高。86.21%的农民工选择在 G 市西路百货批发市场和一般商店、露天马路市场上购买衣物；51.57%的农民工选择 30 元以下的服装，服装的款式、材质、颜色等对于购买动机没有刺激作用；一件衣服只要不破烂，可以穿上好几年，冬衣也较单薄。在饮食消费方面，G 市农民工在吃饭方面支出比较少。调查显示，12.15%的人每天吃饭花 3 元以下，43.06%的人在 "3～5 元"，33.92%的在 "6～10 元"，6.33%的人在 "11～15 元"，4.54%的人花 15元以上，如图 2－5 所示。

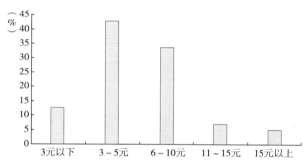

图 2－5　G 市农民工饮食消费情况

从调查结果可以看出，G 市农民工的饮食消费水平很低，大多数处于"填饱肚子"阶段，对于卫生、营养搭配根本不在乎，如此也势必对农民工子女健康构成潜在威胁。

案例 5　营养不良的家庭

面黄肌瘦、身材矮小，是何家荣 4 个孩子共同的体质表现。只字不识的何家荣今年已经 38 岁，与丈夫同样从事着清洁工作，两人每月可以为这个家挣到 800 元。然而，这对于 4 个上学的孩子的学费来说，可谓杯水车薪。

居住条件和很多农民工家庭一样，狭小、拥挤、条件简陋。在饮食上面，一家人也是尽可能地节俭，除了逢年过节，何家的饭桌上基本不会有肉的影子，白菜、土豆成为全家最主要的食物。正是由于饮食结构单一，何家荣的 4 个孩子都患有不同程度的营养不良，身体发育较晚，身高也明显比同龄人矮许多。

在交通消费方面，以步代车为主。由于收入低，大多数农民工处处精打细算，调查中46.94%的农民工选择"从不乘坐公共汽车"，19.10%的农民工选择"经常乘车"，而乘车的主要原因90%以上是"因为路途遥远"。

3. 医疗保障状况

如表2-5所示，农民工的看病渠道并不乐观，庞大的农民工群体的主体基本都未参加社会保障，且参保率较低，一方面是缺乏适当的制度安排，另一方面是农民工本身流动性大，本人与用人单位普遍缺乏积极性。

表2-5　G市农民工生病治疗措施

单位：人，%

治病情况	样本数	百分比
到药店买点药吃	770	38.97
去正规医院看病	616	31.21
去个体诊所看病	447	22.63
用土办法治	85	4.28
不管，拖着	33	1.69
其他	24	1.22
合　计	1975	100

在对2/3不上正规医院看病的农民工调查时了解到，不上正规医院看病的主要原因，一是费用太高；二是没有去医院看病的习惯；三是没钱看病。对于一个农民工家庭来说，一场病就可以拖垮一个家庭甚至毁了孩子上学的机会。

案例6　患病的父亲让小家更飘摇

今年上初一的13岁女孩安金婵，和同龄的女孩一样，喜欢漂亮衣服，喜欢各种课外读物。然而，贫困的家庭甚至无法满足她买一件60元新衣的生日愿望。在父亲被确诊为胆结石之后，这个原本就不富裕的家更是举步维艰。因为没钱支付手术费用，父亲选择了保守的中药治疗。父亲生病之后几乎丧失了全部劳动力，家庭的重担落在了母亲和哥哥姐姐的头上，为了减少负担和为父亲支付药费，安金婵的二姐已经辍学，和母亲一起在附近的酒店做清洁工作。

4. 文化精神生活状况

和普通城市人能够较自由地支配时间不同，迫于较低的工资收入和需养家糊口的压力，农民工自身不得不捆缚在超长的工作时间与超负荷的体力劳动之上。对于他们而言，最迫在眉睫的就是解决生存问题，休闲文化生活不仅稀少而且简单。

但文化开支占全部消费的比重，其分量不亚于恩格尔系数，也是衡量全面小康和现代化进程的重要指标。笔者认为在调查中农民工所谈及的诸如"打麻将""睡觉""外出逛街""电视广播报纸"等等，看似丰富的业余生活，其实只是满足了低层次的精神需求，却远离了城市的时尚。同时依然有不少怀揣梦想的青年民工没有放弃自己的文化追求，如音乐如文学，虽然条件艰苦却依然苦中作乐。这关键还是与农民工自身收入水平有密切关联。笔者在走访农民工聚集地的过程中，曾对农民工业余生活情况进行调查提问，罗生财（男，28岁，已婚，和妻子一起在G市打工，做背篼）对笔者这样说：

> 我们打工没有啥娱乐活动，来到城市人生地不熟，除了干活就是回家跟家人在一起，其他的业余生活没有想过也不敢想，因为出去玩需要钱。我们每天挣的钱很有限，如果有钱就会选择去玩。但是现在城市的业余生活不适合我们这些农民工，我们也从来没有想到去融入城市的主流生活中去。

从这个朴实的农民工身上折射出农民工在城市生活的一些现状，他们并不是不想融入这个城市社会，然而工作待遇低、工作时间长、工作环境恶劣等造成了他们与城市生活的隔离，也减少了他们融入社会的机会。

业余生活单调乏味是农民工城市生活中遇到的主要问题之一，而在城市中所遭遇到的歧视、凌辱甚至遭受殴打等往往又造成农民工心理问题尤为突出。在生活中遭受城市人的排斥、歧视等，使得他们在心理上对城市产生不了归属感，更多的是孤独感和自卑感，甚至仇恨感，从而加剧了与城市生活的隔离，成为"夹缝人"或"被边缘化"，甚至走向偷盗、抢劫、扰乱社会秩序等犯罪的不归路。在调查中，被问起"您是否经常感到被城市人歧视或排斥"一题时，有1662人选择"经常遭受歧视或排斥"，达到调查样本总数的84.15%。其实这种排斥不仅赤裸裸地呈现在农民工面前，也隐形在城市生活之中。笔者在走访调查中，曾发现一个很有趣的现象：如果农民工经常去一个餐馆吃饭，城市的市民就会慢慢远离这家餐馆，他们会选择其他的餐馆吃饭。可以说，这是市民对进城农民工强烈排斥的一种间接反映，也是农民工没有办法去争取融入城市的原因之一。这种城市市民与农民工之间的相互排斥，不仅加深了两者之间的误会和隔阂，也导致农民工难以融入城市生活，最终对社会稳定和治安造成不良影响。

5. 权益保障状况

近年来，尽管 G 市市政府陆续出台有关维护农民工合法权益的政策和措施，并开始筹划建立健全针对农民工的社会保障体系，然而现实的情况是：农民工工伤保险参保率低，医疗、养老保险空缺，后顾之忧难以解决。在调查中，当被问到农民工是否与用人单位签订过劳动合同时，在1975 名回答该问题的农民工中仅有 263 人是签订过劳动合同的，占13.32%，而另有 1512 名农民工根本没有签订劳动合同，还有 200 人不清楚。没有签订劳动合同，那么单位有没有为农民工投保呢？有 86.22% 的农民工表示单位从来就没有为他们买过保险。而针对发生工伤情况所在单位是否提供医疗费用的问题，有 26.21% 的农民工表示不太清楚，有1.02% 的农民工认为单位会提供全部费用，有 10.70% 的农民工认为单位会提供大部分费用，11.33% 的农民工认为单位会提供小部分费用，但有50.74% 的农民工认为所在单位不提供费用。

从调查问卷中，笔者不难发现，在遇到疾病和困难时，农民工处于极端劣势地位，其权益很难得到保障。农民工对劳动法、工伤保险条例、职业病防治法等一系列与自身利益息息相关的法律并不了解。有32.65%的农民工对其是一知半解，41.73%的农民工只是听说过，而更有25.62%的农民工竟然从未听说过。

因此，当自己的权益受到侵害时，有 45.97% 的农民工选择了沉默，选择了自认倒霉，近 21.64% 的农民工会找老板理论或者是找有关的劳动部门投诉，但真正意识到要拿法律武器维护自己的正当权益的还不到 5%。

6. 社会关系状况

社会关系是社会中人与人之间关系的总称，人的本质是一切社会关系的总和。意思即为社会关系源于人，因为有了人类，人与人之间便产生了各种复杂的关系，这些关系就统称为社会关系。从关系的双方来讲，社会关系包括个人之间的关系、个人与集体之间的关系、个人与国家之间的关系。进城工作的农民工在处理以上社会关系的时候面临很多问题。

（1）农民工与城市居民之间关系紧张。农民工由于工资收入低，全部收入绝大部分都用于解决温饱，并无多余的钱花费在衣着装扮上，而且在个人卫生方面也并不太注意，"脏""乱""差"已然成为农民工给人的印象。在城市中，农民工大多从事着废品回收、清扫、工地搬运等既脏又累的工作，为城市的建设贡献着一份力量。然而，正是由于工作性质的原因，也使得城市居民对农民工"另眼相看"。由此造成的结果是，农民工不仅不能与城市居民建立良好的交流共存关系，反而得到的是排挤和鄙视。

由于工作机会的争夺，多数农民工与城市居民关系趋于紧张。一部分城市居民认为是农民工抢夺他们的饭碗，多数人认为正是由于农民工的大量进入城市，才使得他们失去更多工作机会。正是由于以上各种因素在城市人心中深植等级身份、高低贵贱的观念，导致城市居民以居高临下的姿态对待农民工，使得两者之间更多的时候呈现对立状态。

从农民工自身来看，他们从农村走出来，新奇、独特的城市生活和新鲜事物，是他们过去在农村不曾见过或是尝试的，由此而在其内心产生潜在的距离感和畏惧感，阻止他们去尝试或是改变。这其中包括农民工不愿主动尝试与城市居民建立良好的关系，自认为低人一等，进而在心理上形成一种自卑感和孤独感。所以农民工与城市的居民之间并无过多接触，两者关系疏远紧张。

（2）部分农民工小团体之间关系紧张。以 G 市的背篓为例来说，他们一般都是一个个的小团体散落在 G 市的各个角落，为了能让有着利益关系的小团体成员揽到活儿，农民工团体之间的竞争也较为激烈。例如，在面临同一件承包任务时，两个或两个以上团体的背篓为获得机会可能会吵架，甚至是斗殴。由于利益的争夺，同工种的农民工之间、农民工团体之间的关系很紧张。

（3）与邻里间关系也时有紧张。性格直爽、勤劳朴实是游走在城市建设各个角落农民工的共同写照，而在这背后，地域差异与知识文化水平较低，以及在生活习性和风俗习惯上的差异，又常常使得农民工与邻里之间的关系趋于紧张，甚至是恶化。就笔者调查了解其中一个农民工居住院落为例，居住在此院落的3户人家都以收废品为生，其中一家住户常年占用公共院落堆放自己回收的废品，其余两户对此意见颇大，时有争吵，3户人家之间关系日渐紧张。不久之后，更因为占用院子而大打出手，邻里关系恶化。由于一些利益上的分配和争夺常常使得农民工的邻里关系极为紧张。另外，由于缺乏安全感，还有部分农民工认为，出于对个人隐私和家庭安全的考虑，并不太愿意与他人往来。

案例7　我们很少和邻里交流

在G市某建筑工地干体力活的张习贵来自织金，一家三口租住一间二十几平方米的简陋出租屋。孩子在G市X学校就读，成绩一直排名全班前几名。张习贵生活比较节俭，日子相比孩子比较多的农民工家庭要好得多。对于居住附近的邻居，张习贵一直都很少往来。他认为，邻居多是和自己一样来G市打工的外地人，而且住户又不稳定，人员繁杂，出于对家人的保护，他很少和邻里之间有往来。

（4）农民工与社区之间关系紧张。社区居民委员会作为一个基层组织，是国家维护基层稳定的重要一环。作为基层管理组织，多数社区扮演着管理者的角色，为维护社区安全和稳定，常常将农民工列为重点的管控对象。而农民工自身觉悟和素质都较低，对于各种规章制度并不会自觉主动遵守，更有甚者是产生强烈的抵触情绪。由此，两者之间矛盾重重、冲突不断，其造成的结果就是社区的政策变成空话，农民工会按照自己的方式来做事情，很少与社区建立良好的关系。笔者在走访调查中，X社区居委会的李主任（男，45岁，专科学历）曾对笔者说：

现在的农民工由于受到社会媒体的影响，胆子越来越大，我们居委会有时下发的政策文件，他们理都不理，不在乎你说什么，也不管你做什么。尤其是对他们的计划生育管理，我们可是伤了脑筋，计生委员跑断了腿，他们就是不配合我们的工作，有的时候我们计生委员去采集流动人口信息，只要看到我们，把门一锁，就没有人了，导致我们的工作没法开展。另外，我们有时在社区开展卫生大检查，他们也不参加，也不管。

有时候因为一些管理的细节问题，也会加深两者之间的矛盾。作为社区居委会，对于社区成员应一视同仁，不能有等级观念，更不能区别对待。正是对社区居住的市民和农民工截然不同的态度，使得农民工感觉被排斥和边缘化，这也是两者关系紧张的重要原因。

综上，农民工在城市中生存问题较多，社会关系较为紧张，种种未加以协调的矛盾暴露出来导致农民工在遇到问题时所产生的排斥、无助甚至对社会的愤恨都会给社会安定带来一定的隐患。

总之，根据马斯洛的需要层次理论，大多数 G 市农民工只能满足低层次的生存生理需要，对安全安定需要的满足程度亦较低，而对社交和爱的需要、自尊与受人尊重的需要、自我实现的需要等高级层次需要的满足程度则更低。

第二节　农民工子女的需求 *

一　进城农民工子女的基本状况

(一) 农民工子女入学情况

据资料显示，G 市目前有外来务工子女近 12 万人，其中，70% 来自省

---

* 本部分采用配额随机整群抽样方法，于 2009 年 3 月~2009 年 6 月对 G 市 MK 村所辖的两所民办农民工子弟学校——G 市 X 学校、G 市 Y 学校就读初中的在校学生分别发放《贵阳市农民工子女需求调查问卷》500 份，回收有效问卷分别为 489 份、491 份，问卷有效率分别为 97.4%、98.2%，然后进行了统计分析，以下数据均来自于此。

内各地市州，30%来自外省；39%在公办学校就读，61%在民办学校就读。

1. 农民工子女受教育数量

目前 G 市 M 村有农民工子女大约 6000 人，处于义务教育阶段的有 3500 人，其中有 80%的农民工子女在校学习，有 20%左右的农民工子女辍学在家或帮助父母做生意。在这 80%的在校就读学生中，大约有 1700 人在民办学校就读，占在校读书学生总数的 60%。

2. 民办农民工子弟学校的性别比

通过对 X、Y 两所民办学校统计数据可知，在校男生比女生要多 20%左右，这与过去大多数有关农民工子弟进城读书的调查结果是一致的。这主要是由于女童在获得流动机会中处于明显劣势，农民工在进城务工的过程中，更加注重对男孩的教育，缺少对女孩教育的关心，其根源是受到重男轻女观念的影响，致使许多女孩即便被父母带进城市中生活，也不是代替父母尽照顾弟妹之责，就是跟随父母做工，养家糊口。

案例 8　重男轻女的家庭

15 岁的卢红有兄弟姐妹 7 个，全家生活来源全依仗卖菜的父母。每天父母早出晚归，父母上午在田里做完农活后，母亲就挑着蔬菜到菜场去卖，父亲则在附近找临活。

卢红的 4 个姐姐已经辍学打工或是结婚成家，目前读书的就只剩下她和哥哥、弟弟 3 人。卢红每天中午放学后，给哥哥弟弟做好饭，还要到菜场给父母送饭。卢红承担着家里的所有家务活，比如做饭、洗衣、打扫卫生等。而由于父母重男轻女思想根深蒂固，尽管卢红成绩优异，远远超过哥哥和弟弟，也同样难逃初中毕业之后就外出打工的命运。

重男轻女的观念是造成农民工家庭多子女的原因之一，使得女孩在家庭中所承担的责任和劳动远远大于男孩。当家庭无力负担时，被迫做出牺牲的还是女孩，这非常不公平。

3. 不少农民工子女转学、辍学频繁

农民工从事的是流动性较强的临时性工作，有不少人经常变换工作地点，他们的子女就跟随其不断"迁徙"流动。转学对于农民工子女来说稀松平常。调查显示，X、Y 学校的学生转过两次学的占 22%。另外，绝大多数农民工子女学费都来源于父母的打工收入，由于收入来源的不稳定，许多农民工子女常因交不起学费而被迫辍学。调查结果显示，有 27% 的农民工子女有中途辍学的经历。笔者在走访调查中，也经常遇到这样的案例。

案例9 因经济窘迫而辍学的男孩

官伟，男，12 岁，和父亲、母亲、哥哥一起在 XG 村居住。官伟的学习成绩不错，尤其是数学，常常是班级第一名。但由于父亲两年前患腹水病，至今未能康复，不能工作，只有靠母亲一人卖菜养活全家，为了治病已经负债累累。一年前官伟的哥哥辍学，到一家餐馆打工贴补家用。官伟目前也因为家里的经济压力被迫辍学，由于年龄较小，平时只能卖报纸、捡塑料瓶和纸壳来贴补家用。

农民工子女经常转学、辍学，这不仅不利于农民工子女的学习，也对他们性格造成一定影响。这一问题的解决需要政府和教育部门做出有针对性的调整与改变，也需要民办学校积极配合。

（二）在家表现、兴趣爱好及社交情况

1. 近一半学生做家务

从问卷和访谈来看，X、Y 学校学生回家后要帮父母亲干家务活的人数分别占总样本的 56% 和 53%；X、Y 学校学生回家后可以学习的分别为 36% 和 28%，所占比例并不高。

2. 较少上网和看课外书，知识面窄

X、Y 学校学生经常上网的分别只占 6% 和 12%。从上网内容看，排在首位的是"玩游戏"，上网主要目的就是娱乐玩耍；排在后面的依次为"聊天""看电影"和"看书"。可以说，贫困导致农民工子女有被现代信息技术边缘化的危险；同时，由于缺少家长的管制，他们可能会染上网瘾和网恋等一些不良恶习，影响其健康成长。由于条件的限制，农民工子女获取上网、读书的资源有限，使得他们的知识面较城市学生窄。据调查，

"觉得自己知识面比城市学生狭窄的"X、Y学校学生分别高达85%和83%。

3. 交友更看重感情

从交友情况看，X、Y学校学生把"对我好"作为交友第一条件，其次才是"学习好"。从"城市孩子对你的态度"这一问卷结果看，X、Y学校学生认为城市同学对自己态度友善的比例分别占14%和17%，这说明城市孩子严重歧视农村来的孩子，已经对农民工子女的心灵造成了一定伤害。

（三）家庭关系和受教育方式

1. 沟通交流与教育方式影响成绩

调查显示，X、Y学校学生认为自己父母感情很好的分别占55%和44%；X、Y学校学生选择"父母亲经常吵闹"这一项所占比例分别为12%、16%；X、Y学校学生选择"父母与我几乎不交流"的分别有36%和33%；选择"不知如何交流"这一答案的比例分别为42%、56%。以上数据可以看出，家庭关系的和睦、与父母的沟通等在很大程度上影响着农民工子女的学业和心灵的健康。

另外，父母对孩子教育方式在很大程度上影响着孩子的学业。据调查统计发现，X学校学生的成绩评价要比Y学校高6%，主要原因是"父母经常与老师联系"的比例，X学校要比Y学校高15%。运用暴力手段教育孩子的父母在X、Y学校分别为13%、18%。笔者在走访调查中，也经常碰到类似的案例。

案例10　用打骂来督促孩子学习

何家兴，男，37岁，小学文化，黔西人。他们居住的房子是自己在垃圾池附近的空地上占地搭建的。夫妻俩靠捡垃圾为生，3个孩子都在Y学校读书，学习成绩中等。何家兴认为自己之所以捡垃圾，就是因为没有文化，有文化了才可能离开垃圾山，因此将自己所有的希望都放在3个子女的身上，平时所有的家务都不要孩子做，他们只需要好好学习。对于孩子并不优秀的学习成绩，何家兴只能用打骂的方式督促孩子要好好学习。

从这个案例可以看出，这是一个非常看重孩子学习的家庭，"知识改变命运"是这位父亲的口头禅。孩子并不理想的成绩和父亲的高期望之间形成了巨大的鸿沟，父亲只能用藤条来鞭策孩子向前进。但这样鞭策的结果是什么？它容易导致孩子心理问题、暴力倾向和人格障碍等精神问题，甚至会造成家庭悲剧。

2. 父母期望值很高

据调查显示，X、Y学校学生父母期望自己孩子上大学的比例分别占89%和83%，这说明农民工都希望自己的子女努力读书，通过知识来改变命运。笔者在走访调查中，绝大多数父母都是"望子成龙、望女成凤"，希望孩子能跳出"农门"，改变家庭命运。

案例11 父亲对子女的期望

李心青，女，12岁，家住大吉巷。李心青的父亲李靖十几年前高考因两分之差落榜，家里地少，他便开始在G市打工，将年迈且多病的爷爷奶奶留在老家。因为妈妈没有文化，前几年以卖菜和爸爸共同维持生计。

李心青与弟弟李心忠分别就读于Y学校小学五年级和四年级。和其他同样来自农民工家庭的孩子一样，李心青也需要承担一部分家务劳动，在母亲和姐姐到山东打工之后，这一担子几乎全都落在李心青身上。李心青说："爸爸不让我们过问家里的经济开销，他只是说希望我们都能学习好，不要像他一样。我们都很明白爸爸的心。"

案例12 希望孩子比自己强

袁吉军，38岁，小学文化程度，原籍贵州黔西。1999年来G市，现以捡垃圾为职业，由同乡介绍，夫妻两人都在大吉社区、M村搞卫生。家里的两个孩子是龙凤胎，都在附近的民办学校读书。

对于贫困的黔西老家，袁吉军脑海中常常出现这样一些景象：没日没夜的农活，没有自来水，没有电，茅草房子，泥巴路。对于城市，袁吉军有害怕和新奇掺杂的复杂情感。袁吉军说："刚来到G市这座城市，不太熟悉，听同乡说车费很高都不敢来，以前去黔西10块钱车费，现在要20块钱。来到G市，觉得G市很好，是大城市，什么都方便，吃的也比在老家好得多，在老家一个月能吃两斤菜油都算好了。"

已经快 40 岁的袁吉军目前最大的愿望就是希望孩子能好好读书。他说，生活就这样了，小孩一定要比自己强。觉得自己现在的工作还是挣钱太少，但是自己没文化也从事不了什么工作了，希望在这里赚钱，回家可以盖房子。

很多农民工家庭都把改变命运的希望放在了自己孩子身上，而窘迫的经济现状却又很难保证孩子有个很好的学习环境和条件。这种矛盾，这种无奈，个中滋味只有他们体会得最真切。

（四）在校表现

1. 缺乏自信，渴望改变命运

从问卷统计结果来看，X、Y 学校觉得自己成绩优秀的学生百分比分别为 4% 与 1%，可看出农民工子女大部分对自己的学习成绩缺乏自信。在回答成绩好的原因时，X、Y 学校学生都把"自身努力"放在第一位，"父母的关心"放在第二位，"渴望通过知识改变命运"排在第三位，然后依次是"父母的辅导和督促""家庭环境好""请了家教"。由此可看出，农民工子女学习的主要动力在于想改变自己和家人的命运。

2. 自主性学习要求强烈

农民工子女学习主要依靠个人努力，外部资源和支持力度少于城市孩子。调查显示，对于"父母能辅导自己学习"这一问题，X、Y 学校的学生"回答是的"分别有 75%、82%。在笔者的走访调查中，许多农民工子女想通过自己的努力，温习功课，提高学习成绩，以此来改变家庭的窘迫状况。

案例 13　妈妈，我会很用功的

陈丹，M 村 X 学校小学五年级的学生，由于家庭条件困难，得到农民工服务站的资助，而重获读书机会。小陈丹在学校读书非常用功，而且学习成绩一直都很不错。

现在陈丹的家中只有她和母亲相依为命，父母因为感情不好，常闹着离婚。陈丹的哥哥在老家跟着叔叔生活，由于家庭的种种矛盾和变故也没

有读书。陈丹的妈妈殷世容一直身体不好，只是间隙做些零散活。对陈妈妈来说，女儿认认真真学习给了她很大安慰。

3. 需要外部的认同与肯定

调查显示，X、Y学校"经常发言"的学生比例分别为65%、58%，而"基本不发言"的学生比例都低于10%。但选择"经常得到老师表扬"这一选项的比例，X、Y学校分别为14%、11%。可见，这些学习基础弱、家境贫困的流动兼留守儿童最渴望的就是老师和同学的关心与激励，而目前农民工子弟学校在这些方面做得还远远不够。

（五）对老师的评价

调查显示，X、Y学校学生中分别高达81%和75%的人喜欢自己的老师，认为"老师很关心学生"的在X、Y学校所占比例分别为87%和80%。

（六）对未来的思考

从问卷调查的结果来看，想过自己未来的X、Y学校的学生比例分别达91%和90%。在对未来职业憧憬中，农民工子女对职业的选择具有多样性，与大多数城市的孩子没多大差别。但是，X、Y学校学生选择当老师的比例最多，其次是白领和做大官，排在第三位的是老板或企业家。X、Y学校还有学生写到未来想做工人、志愿者，也有的想当爱心大使或义工。

二　进城农民工子女的需求

根据对农民工及其子女状况的描述，进城农民工子女作为弱势群体中的弱势，承受着由父辈身份带来的这样那样的一些不利因素影响，如住房拥挤、受歧视、人际冷漠、童工现象等，并由此产生了一些他们特有的需求。

（一）教育方面的需求

1. 农民工子女对当前学校教育的期望：平等与接纳

大部分农民工认为城市为他们子女提供的教育环境比农村优越；城市

的科技、信息和人文资源也有利于其子女开阔视野，增长知识；同时将子女带在身边，可以满足子女对亲情的需要，有利于孩子的心理健康，使孩子能够得到更好的监护。然而，如何能让孩子接受教育，同样成为这些农民工父母所头痛的问题。目前，G市学龄期的农民工子女入学主要有两种途径：插班到接收农民工子女的公立学校或是进入农民工子弟学校。但在调查中笔者发现，在农民工子女入学、收费状况、小学升初中和初中升高中以及参加高考的资格等方面，存在较为普遍的问题。例如，由于户籍制度的限制和父母工作种类，以及公办学校接收能力的限制，G市70%的农民工子女在民办学校就读，短期内难以实现"以公办学校为主"的目标。在调查中，在X、Y学校分别有91%、95%的学生"希望能到公办学校去读书，与城市孩子有相同的受教育待遇"。这也反映出农民工子女强烈希望得到社会、学校的接纳、认同，如城市的孩子一样生活、学习。在笔者的走访调查中，农民工也都希望自己的子女能到公办学校去接受良好的教育。

案例14 我想把孩子送到"正规学校"

宋德举，现年40岁，小学学历，原籍黔西谷里。来G市打工已经23年了，现在以补胎为职业，来G市主要因为老家地很少，生活难以维持。在他看来，G市比老家好得多，方便很多，可以挣到钱。之前在老家什么都买不起，老婆想买衣服也买不了，来了G市之后，宋德举感觉好了很多。

宋德举最大的希望就是小孩能多读点书，要有文化，只要能考取学就会供她读书，不能让她早早打工。对于期望，宋德举说："最想找一个正规学校让孩子读书。"

案例中的主人公显然很重视子女的教育，甚至当前最大的一个希望就是想让自己的孩子进入一个正规的学校，可见其背后的良苦用心。为什么他想找个正规点的学校呢？这从一个侧面反映了民办农民工子弟学校的教学条件落后，而农民工子弟学校教学的改善其实可以承载起更多农民工家庭的希望。尽管G市市政府出台了一系列补贴政策，给在农民工子弟学校就读的农民工子女每人每学期补贴 100 元学费，对部分达到标准的民办学校提供一定的补贴支持或实施少量贷款的优惠政策，但是 M 村片区的民办学校大部分都缺乏足够的政府财政支持，在这样的情况下，学校只能租用简陋的校舍，各项硬件设施无法与公办学校相比，甚至没有基本的操场、实验室等场地，教室面积普遍较小。更为重要的是，这些学校安全、防火不达标，对学校学生的人身安全造成潜在威胁。

2. 对学校期望：温暖与和睦

由于在民办学校就读，农民工子女不能够享受到和公办学校一样的师资、基础设施和管理等优质教育资源。通过访谈和观察发现，85% 的农民工子女认为现在学校的环境很糟糕，尤其是学校收费、受到歧视等问题。许多农民工子女希望学校把他们看作城市中的孩子，不要把"脏、穷、差"等放在他们身上。在笔者走访调查中，曾有一个上初中的农民工孩子对笔者说：

> 作为农民工的孩子，我一点儿也不快乐，每天背着书包去学校，上完课就回家了。爸妈都在外面做工赚钱，家里面就我一个人，感觉挺孤单。在学校里老师上完课就走了，从来没有关心过我们。学校也不会组织活动，如唱歌、跳舞、运动会啊，其实我们挺喜欢这些的，可是学校都没有，感觉在学校也挺没有意思的，感觉不到学校给予我们的温暖，对我们的关心。有的时候，放学了许多同学就在操场里打架，学校也不管，感觉学校不安全，同学之间关系不融洽。

从案例中笔者感觉到一个农民工子弟对学校在管理体制上的一些期望，实质就是希望学校能真正地接纳他们，给他们一个温暖和睦、有安全保障的学习环境。

3. 对老师期望：关爱与支持

从访谈中得知农民工子女对民办学校中科任老师的教学水平和质量评价相对较低。他们从自身情况出发，指出许多老师的教学水平还需进一步提高、教学方法还需进一步改进。那么他们认为理想中的老师应该具备哪些条件呢？从被访者的描述中可以看出，农民工子女关注较多的是品行要好、关心学生、温和亲切、以理服人，而对老师的专业素质、学识见闻关注不多，如图 2 - 6 所示。通过观察和交谈，笔者发现他们喜欢平易近人、乐于关心学生和敬业的老师，他们对老师的期望是多给他们关爱和支持。

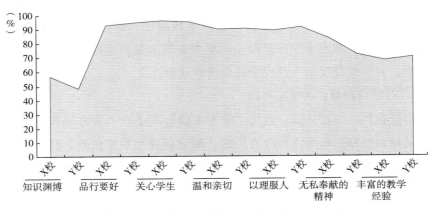

图 2 - 6　理想中的老师应该具有哪些条件（可多选）

4. 对同学期望：友好与尊重

马斯洛的需要层次理论认为：当生理需要、安全需要得到满足以后，归属与爱的需要就成为人们强烈的需要。如需要朋友、爱人和孩子，渴望在团体中与同事有深厚的友谊。[①] 从被访者言行中可以看出，他们对同学的期望也比较简单，主要是互相帮助、体贴人、不歧视，他们期望本地同学尊重他们并友好地对待他们。在观察中发现，对农民工子女特别友好和特别不友好的本地同学都是少数，少数不友好的本地学生影响了农民工子女的心理感受。由于各种原因，农民工子女有时也不是很接纳本地同学。总的来说，农民工子女在与城市同学的交往过程中渴望得到尊重和友谊。

（二）丰富课外娱乐活动的需求

城市中的儿童放学后或假期的时间安排主要是学习、运动和玩耍。由于 M 村片区的农民工的家庭收入处于低水平，因此这些家庭的子女很少甚至从来没有机会参与各种兴趣班或特长班的学习，他们的娱乐场所主要是在家里或街上跳绳、打弹子等。有的孩子还需要放学后帮家长承担主要的

---

① 徐愫：《人类行为与社会环境》，社会科学文献出版社，2003，第 66 页。

家务劳动、带年幼的弟弟妹妹，甚至帮家长做生意、赚钱，比如送盒饭、卖报纸、捡垃圾等。据调查显示，仅有21.36%的农民工子女在看书、温习功课，有48.89%的做家务和父母一起打工赚钱，有13.85%的看电视或上网，有11.20%的和小伙伴一起玩耍，有3.72%的逛街或去公园。在走访调查中曾有一个孩子对笔者说道：

> 放学后我特别想出去玩，可是家里有活要干，如果不干爸爸会生气，但等活干完了，天也黑了。

家庭收入常常成为制约农民工子女课外娱乐活动的关键因素，而另一方面，学校、社区、如少年宫、图书馆等较少关注农民工子女课外娱乐生活，也在一定程度上影响他们全面、健康地成长。

案例15 没去过公园的孩子

董定林，男，12岁，Y学校五年级。老家在黔西县，全家来G市4年，父母每个月的收入大都用于生活费和房租费等费用，很少有剩余的，很少给孩子买新衣服。

董定林三兄弟放学回来后分担家务——董定红洗菜、董定林煮饭、董伟洗碗，等父母下班回家后则可以直接炒菜吃饭。大多时候父母吃了饭就休息了，三兄弟则看书做作业。三兄弟跟着父母来G市4年了，从没有去过公园，他们说他们很想去，但是父母一是没有时间，二是没有钱带他们去。

孩子的梦想简单而纯粹。作为生活在G市4年的孩子，没有去过公园、没有享受过任何的公共服务，与城市里的孩子同在一片蓝天下，却是完全不同的境遇。可以说，如何获得平等的、丰富的课余文化生活，成为农民工子女的另一重要需求。

（三）心理需求

农民工子女正处于心理和行为发展的关键时期，很容易受到外界环境的影响，特别是对于在农村文化和城市文化之交叉中适应生活的他们来说，心理方面的问题和需求成为许多研究者所关注的焦点。

有关农民工子女心理需求的研究，大多数着眼于展现他们与城市儿童，或者农民工子弟学校和公立学校的农民工子女之间心理特征上的差别。笔者在走访调查中发现，农民工子女的心理问题，尤其是内化问题行为比较突出，存在更多的焦虑、抑郁、孤独等情绪问题，以及在环境适应方面有不良的行为表现。

案例 16　孩子成长的阴影

陈安碧，女，35 岁。2006 年 8 月，孩子玩火造成老家房屋毁于火灾，没有留下任何东西。加上老家地少且贫瘠，在农村辛苦种地，收入还不够糊口。因此为了能够重新盖房，一家人毅然决然到 G 市谋生。

夫妻俩只有一个儿子，负担较轻，儿子目前在 X 学校读小学五年级。但儿子成绩一直不好，不爱说话，甚至反应有些迟钝。陈安碧认为是因为那场火灾给孩子留下了阴影，虽然夫妻俩也没有过多地责怪孩子，但是孩子仍然很自责。陈安碧认为，现在他们的生活环境好了，温饱不成问题，那么孩子也就逐渐不会为了他所造成的家庭困境而感到内疚。

此外，研究发现农民工子女心理素质普遍低于城市孩子，主要表现在自信心和效能感、自尊发展水平、自我概念、孤独感与抑郁感以及外向性、宜人性、谨慎性、开放性、乐观和掌控感等正型人格特征方面。[①] 这主要是由于受到其成长环境的影响，孩时的成长经历或遭遇，对农民工子女在心理上产生很大负面效应，甚至在成人之后都对其有一定的影响。笔者在走访调查中，曾遇到这么一个案例。

案例 17　踏入社会的年轻人

龙先灏，男，22 岁，未婚。现在是 G 市一家保险公司的员工。他觉得自己不敢和别人讲话，尤其是工作的时候，不敢和陌生人说话，总害怕人

---

① 王瑞敏、邹泓：《流动儿童的人格特点对主观幸福感的影响》，《心理学探新》2008 年第 3 期。

家拒绝，自信心很低，改变的欲望很强烈。

目前和一个弟弟生活在一起，来 G 市有两个多月，平时虽然在保险公司里，但和同事没有很多的交往。这两个月从来没有出去跑过业务，主要怕被人拒绝，有时很想去，可一想到别人拒绝，就不知道怎么办，经常很矛盾。为别人做事情总害怕自己做得不好，经常会想很多，很想和同事一起出去跑业务。与家人沟通也不畅，在社会交往方面缺乏足够的自信，因为担心遭拒绝而不愿接触外面的世界。很少与其他人联系，比较孤僻。

青少年在成长过程中遇到来自各个方面的影响，而心理和社会两个不同方面的影响最大。青少年在成长过程中遇到的困难，实际上是他们心理和生理以及社会因素影响的结果。笔者在走访中，碰到这样一个案例。

案例 18 渴望温暖

小桃，12 岁，父母是黔西人，家里有四姐弟，两个姐姐已经到外地去打工了。父母关系也不好，父亲很爱喝酒，母亲于去年被父亲打后离家出走至今没有回家。小桃与父亲和弟弟居住在 M 村的一个出租屋，房子里光线不好，而且潮湿，里面放着很多东西。因为父亲不给她出学费不让她上学，所以她才自己出去打工。邻里之间交往不多，对于这种家庭环境，多数邻居敬而远之。身上穿的衣服大都是好心人送她的，还有老师送给她的，有一些是餐馆阿姨送给她的。父亲对她的态度总是很冷淡，这让小桃感觉自己很"多余"。

从这个案例可以反映出，农民工子女出现不良行为和情绪的内部原因是家庭成员、邻里之间缺乏关爱与温暖。

可以说，相对于城市儿童而言，农民工子女有着较为严重的心理问题，尤其应引起社会各界重视。如果社会不为他们创造一个宽松公平的环境，童年的经历会对他们将来的发展造成诸多不利影响，这些孩子长大后很可能逃避社会，或可能"报复社会"。因此，农民工子女心理问题的解决和有效介入成为他们最为重要的需求之一。

（四）社会融合的需要

尽管从农村到城市的迁移为农民工子女提供了更多的发展空间，但是仍然有一些因素制约着他们身心健康的发展，社会歧视就是其中之一。

农民工子女感受最强烈的是同伴交往中的歧视，曾经有一个农民工子女这样描述自己的遭遇：

> 他们瞧不起我们，不和我们玩，尤其是看我们没有他们穿得好。他们住的是楼房，我们住的地方那么破，就能看出我们是外地的，他们的家长就不让和我们玩。

另外，很多农民工子女也提到书店、小区户外运动器材等公共场所有时也不许他们进入，即使进入也会对他们有诸多的限制。服务站最初的活动室就设在普通居民小区中，一些前来参与活动的农民工子女常常反映小区的保安总是阻挠他们进入，而小区居民也多次向居委会抱怨这些孩子太吵、太脏、不讲卫生等，阻止他们的小孩参与社区活动，认为农民工子女会"带坏"他们的孩子。这样的社会排斥对于长期生活在城市，甚至出生在城市的农民工子女来说有可能会产生归属感的丧失、自我评价矛盾冲突等问题，以及由此带来的对社会的不满甚至仇视的心理问题，这些都成为社会的不和谐因素。

所以，让农民工子女能够更好地融入社会，不仅需要从源头上消除阻碍农民工子女融入城市的体制、机制上不公平、不合理的因素，而且需要提升农民工子女自身的心理素质以及社会的接纳度、包容度，还需要全社会认真倾听他们的声音，重视他们的需求。

（五）多元化社会支持的需求

大部分农民工子女获得的关怀和帮助相当缺乏。一方面是因为家长忙于生计，与孩子沟通较少，使他们的情感需求得不到满足。另一方面是进入城市后，同伴和亲人少了，农民工子女的社会交往需要不能得到满足。据所调查的农民工子女反映，来到城市后同龄的朋友少了，亲戚也少了，城市里人际冷漠，社区安全状况很差，再加上家庭的生活负担、家务负担，致使很多融入社会的活动他们都无法参加。

案例19 一个无法顾及孩子的家庭

蒋大巷，45岁，来G市谋生已有4年，家里共有5口人——父亲、妻子、两个女儿。84岁的老父亲患有严重的高血压，每天必须服药控制。蒋大巷和妻子无固定职业，靠跑摩的以及补鞋为生，两个人每月收入1500元左右。大女儿在省内一所高校读书，小女儿就读于X小学，学习积极努力，生活穿着朴素。全家靠租房子居住，两间房子约80平方米，室内潮湿，摆设较差，家里厨具简陋，吃饭时因室内狭小而在走廊里就餐。父母由于工作或自身文化程度，对孩子的学习情况不太关心，基本不过问孩子学习方面的事情，一切全靠孩子自觉。

案例20 融入城市生活很难

朱琴，女，14岁，父亲朱西军与其母王秀兰均在G市打工，相当繁忙，虽在此打工多年却无当地朋友。家中还有一个姐姐，姐姐朱静今年18岁，在外工作，小弟弟朱雨随父母在G市。之前随奶奶与叔叔在老家一起生活的朱琴，现同父母一起在G市居住。由于学校同学对来自农村的朱琴轻视，加之其自尊心和自卑感都比较强，所以她不大喜欢与同学交流思想和玩耍，与多数同学比较疏远。她集体活动表现一般，不愿意为大家做好事，班主任李伟军对她的评价是"学习一般，性格内向，交往不够"。

农民工孩子在家庭、学校和社会等环境中受外界各种影响，同时他们自己思想内部经过接纳与不接纳、认同与不认同的矛盾斗争，形成了与城市同龄儿童的差异。由此可以看出，农民工子女交往需要不能得到满足，会影响其社会技能的发展。

另外，学校老师对农民工子女提供的支持较少。在农民工子弟学校内，因为学校自身条件、工资待遇、学生状况等不利因素，教师流动频繁；多数教师以完成基本教学任务为主要目标，不能给予学生足够的关心和支持。加之学校师资力量短缺，没有配备专门做思想政治工作的老师、辅导员等能够关注学生心理、情绪方面的专职老师，也造成老师对学生的发展状况不清楚。而且，相当一部分家长认为赚钱更为重要，对于学校开展的一些活动，如家长座谈会等，嗤之以鼻，很少参加，也造成了学校教育得不到家庭的配合，学校教育与家庭教育脱节，使农民工子女的教育需求得不到足够的支持。

面对农民工子女纷繁复杂的需求，满足或解决不能仅仅依靠某一方面的力量，而是需要全社会的共同努力，搭建一个社会支持的平台和网络。但面对这些需求，要如何做呢？如何介入？这将是下面我们力图要回答的问题。

第三章

介入：社会工作支持模式

社会工作是 20 世纪兴起的一项专业的助人工作，它是以一定的价值理念和科学精神为指导，综合运用专业知识和科学的实务方法，帮助在社会生活中遇到困难和问题的群体摆脱生活窘境的专业的助人服务活动。很多人认为社会工作主要从事的是补救性的工作，像消防员一样哪里有火就扑向哪里。但其实社会工作除了为弱势群体解决问题之外，更有预防性和发展性的功能。

农民工社区服务站自 2006 年成立以来，一直致力于协助农民工及其家庭解决在城市生活、工作中遇到的问题，并提供其所需的服务，缓解农民工及其家人的生活困境与压力。同时，服务站也希望运用自身的专业优势和专业团队，运用社会工作的方法，对进城农民工子女提供补救、预防和发展的全方位服务。

第一节　驻校社工

服务伊始，服务站工作人员考虑到农民工子弟学校内集中了片区内大部分农民工家庭的子女，考虑到学校在他们心目中的神圣地位，如果能够得到学校的支持，那么便能通过学校联系到学生，最终走进农民工的家庭，与他们建立稳定、相互信任的关系。事实证明，这个介入点的选择是正确的，达到了事半功倍的效果。

在最初的三年里，服务站主要是通过学费资助、助学金、在校内开展一些大型活动，以及邀请学校学生、附近的农民工子女到儿童活动室参与各种类型的服务，来实现我们的项目目标。在服务过程中，发现来活动室的儿童基本上来自社区内三所农民工子弟学校，年龄从3岁到16岁不等。从和他们的接触中发现，他们身上或多或少存在着自我认知、行为、情绪等方面的问题。如：自控能力不足、自我评价低、自信心不足、缺乏生活目标、易受周围环境的影响、自主学习能力偏低；说脏话、偷窃、打架、沟通能力缺乏；易怒、自卑……

在开展服务的过程中，我们发现对农民工子女所提供的经济或物质支持、各种不同类型的兴趣班、社会工作小组服务（情绪、社交技能、团队合作等主题），仅仅能够满足一部分人（主要是前来服务站活动室参加活动的儿童以及农民工子弟学校报来的贫困学生）的部分需要，而且就整个服务区域来说，这只是所有农民工子女中的一小部分。周边社区中仍有大量的农民工子女从未参与过活动室的活动，而要解决农民工子女的上述问题，并不能单纯依靠农民工社区服务站活动室所提供的社会工作专业服务。必须将好的行为、理念等贯穿于他们的日常生活中，必须从他们最常接触的学校、朋辈入手，通过不断重复才能获得有效的改善。

因此，我们将服务的场所从活动室扩大到了校园内；从偶尔的社工服务，到长期驻校社工服务。运用全方位的学校社会工作模式为农民工子女提供全方位的社会支持，将学校服务变成我们最重要的服务项目。

所谓学校社会工作，是社会工作者运用专业的理论、原则与方法，致力于改善学校学习环境和条件，帮助学生解决问题和促进学生成长，为学生、家长、教师及相应的学校环节提供服务的一种专业活动。其主要目的是通过学校、家庭以及社区三者之间的联动，协助学校形成"教"与"学"的良好环境，引导学生寻求个性化和生活化教育，建立社会化人格，提高学生适应环境与解决问题的能力。

第一，驻校社工是需求的发现者。学校里常常存在部分遇到问题但不知如何寻求帮助的学生，而教师或其他人也未能及时发现和提供适当的帮助。此时，驻校社工必须基于专业职责，主动发现学生需求，及时给予帮助。第二，驻校社工是一个专业的指导者。协助及鼓励学生通过自己的努力去满足本身的需要，有效地运用可获得的资源，解决其在成长过程中及适应学校中所遇到的问题。第三，驻校社工是行为及情绪治疗者。协助学生深入了解自己的感受，解决成长及面对学校生活中所产生的行为及情绪问题，提高学生应对困难问题的能力。第四，驻校社工是社会教育者。驻校社工常被期待能就其专业素养提供专门的信息、知识和工作方案给学生和家长，协助学生和家长接受正确的社会价值观念及学校行为规范，增强其社会责任感。第五，驻校社工应是关系的调解者，通过加强学生、家庭、学校及社会之间的联系，深化相互的了解，使其相处融洽，为学生提供良好的成长环境。

学校社会工作的"驻校模式"优点是显而易见的：社工在短期内可以深入学校体系，与学生、老师的关系比较密切和深厚；可以评估和介入学生、家庭、社区以及学校系统，从而真正实践社工的精髓理念——"人在情境中"。尽可能地理解农民工子女所处的情境，并为其提供量身定做的服务，带动整个"学校系统"发生良性转变。另外，农民工子弟学校师资队伍的流动性以及农民工子女本身的流动特性，让农民工子女对安全感、稳定感的需求十分迫切。与"校外资源支援校内需求——由外而内的服务提供模式"的随机性相比，驻校的工作模式更能给孩子们带来安全感和稳定感，这是一种由内而外的服务。

驻校社工属于"外派"身份，与学校体系不存在利益冲突，是合作的关系。与学校自行聘请社工、教育主管部门派驻社工的模式相比，这样的模式既有利于工作的顺利开展，又有利于保持社工的专业独立性和服务质量。

在学校层面的服务中，服务站的专业社工采取社会工作的不同专业方法和技巧，面对农民工子女的各种问题和需要，提供从补救到预防，再到发展的不同目标服务。

一　个人及家庭层面的介入

思想政治工作一直是学校处理学生思想问题的一种重要工作手段，公办学校有专门负责此项工作的教师，目前也有一些公办学校开设有心理咨询室，为有需要的学生提供心理辅导。但是这一切在条件简陋的农民工子弟学校则是一种奢谈。据我们调查，M村片区没有一所农民工子弟学校设有心理咨询室提供相关服务，甚至在大部分学校没有专门的老师负责学生思想政治工作。对于学生，"只要在学校内不出关乎人命的大问题就好"。这是学校普遍的态度。

但是，农民工子女在成长的过程中，存在着大量的心理需求得不到满足，以及人际交往、情绪困扰等方面的问题，若不予以及时的专业帮助，有可能会影响其个人的成长和社会化等。因此，提供微观层面的个人介入是服务站面对农民工子女需求最直接的服务方式。

我们运用个案工作方法进行介入的对象包括在学校中由于各种原因，在学业成绩、行为表现、人际交往、心理健康、师生互动等方面产生障碍，使自己身处边缘，处于被贬损、被漠视的不利处境和地位的农民工子女个体。主要包括三种类型：一是学习困难的学生，表现为没有学习兴趣、学习状态欠佳、情绪消极，有厌学情绪，缺乏正确的学习目标；二是行为差异的学生，表现为对外界产生相悖的心理反应，经常有反社会行为的出现，如打架、偷窃；三是有心理障碍的学生，表现为在学校不愿与老师、他人交流，出现焦虑、过分敏感、易怒、自我评价消极、抑郁等状况。这些学生都是学校和家长比较头疼，需要及时介入的群体，我们将他们列为我们个案介入与跟进的服务对象。

（一）个案一：我的理想是当背篼

1. 个案描述

卢小江[①]，男，13岁，小学六年级。3岁时随父母从黔西来到G市，父母都是背篼。7岁时因为家庭经济原因，父母离异，母亲远走他乡。他和哥哥卢大江（16岁）跟随父亲留在G市生活。哥哥卢大江小学毕业后，便辍学和父亲一起背背篼。

卢小江的学习成绩差，经常逃课、上课不听讲、不做作业，还经常在课堂上捣乱。除了在校长的课堂上较为认真，校长所教的数学能勉强及格

---

① 为确保服务对象的隐私，本书中所有服务对象姓名全为化名。

外，其余各科均不及格。但他与同学关系良好，同学们都认为他很聪明，常常会有很多很好的游戏建议。

服务站支教志愿者在给六年级进行学业辅导时，发现卢小江很喜欢参与互动游戏环节，但每当志愿者开始讲课时，他要么在后排捣乱，要么干脆跑出教室，等到做活动时才进来参加。志愿者通过校长、老师和周围的同学了解了他的情况之后，与他逐渐熟悉。在一次关于"我的理想"的讨论中，他告诉志愿者"我的理想是当背篼，而且我小学毕业就去"。这让我们的志愿者很吃惊，当问他为什么时，他说是他的爸爸这样说的，他爸爸说现在连大学生毕业都要去卖猪肉，找不到工作，读那么多书有什么用，不如早点出来赚钱。而且背篼很自由，没有人管，背够了生活，就可以休息，是一份好工作。而他哥哥也是这样生活的。因此，卢小江认为读完小学，能识字、会算数就足够他今后使用了，不想继续读书。支教志愿者经过一段时间苦口婆心的劝说后，卢小江"勉为其难"地答应至少读完初中后再去做背篼。

无奈之下，支教志愿者把他作为一个特殊的个案转介给了服务站专职社工，希望社工能够帮助卢小江认识到读书的重要性，重新规划自己的目标，继续读书。

2. 社工介入

首先，社工找到校长和卢小江的班主任及科任老师，详细地了解了他的情况。因为卢小江是活动室的"常客"，因此和部分志愿者比较熟悉，社工也和这些志愿者进行了交谈。

其次，社工利用卢小江到活动室下五子棋的机会，和他进行了第一次接触。这一次的接触很顺利，社工发现卢小江是一个健谈的孩子，而且对于社工给予他的"优待"也表示感谢，认为社工"很看得起他"，建立了比较好的关系。

第一次接触后，社工利用卢小江参加周末学习辅导班的机会，与他进行了第二次面谈，主要目的是了解卢小江选择做背篼的理由，以及他如何看待他的这个理想。社工用较为轻松的语气说出了自己"无意中听到的"关于他的理想的话题，并没有对他的理想采取批判的态度或说教的方式，而是赞扬他很有目标，能够在这么小的年纪为自己定下一个清晰的前进方向和人生选择。在这样的气氛下，卢小江也很愿意和社工分享他的理想。

通过两次的交谈，社工发现由于卢小江的家庭教育中弥漫着浓重的"读书无用论"，他所接触到的人都是小学或初中毕业后从事背篼这一职业，因此他理所当然地认为自己也应该走同样的道路。此外，由于他的学习成绩不好，老师总是批评他，在学习中无法取得必要的成就感，因此更加不愿意读书，并认为"读书是一件痛苦的事"，这更强化了他尽早离开学校的念头。但因为校长和志愿者对他都很照顾、"很看得起他"，他才愿意继续"混"到初中毕业，对这些人能有个交代。

3. 介入方式

由于卢小江的问题与家庭教育有着重要的关系，社工尝试与他的父亲、哥哥面谈，但由于种种原因，不得其所。因而，社工仍将重点放在卢小江身上，对他的问题采取了不同方法和手段。

第一，安排专门的支教志愿者利用学习辅导的时间，为卢小江制订适合他的学业辅导计划，运用他所愿意参加的互动游戏的方式，辅导其学业，提升他的学习兴趣。

第二，通过校长，与卢小江的班主任、科任老师进行沟通，希望他们在课堂上给予其更多的正面鼓励。

第三，邀请卢小江和社工一起进行一项职业调查。① 由社工带领卢小江一起走访社区内从事不同职业的农民工，包括背篼、拾荒者、建筑工人、小贩、清洁工、理发店洗头工、餐馆小工、家电维修师傅、保安、流水线工人。走访调查每一个职业后，社工会和卢小江一起讨论每种职业的长处和短处。

通过近一个月的时间，卢小江逐渐接触到不同的职业，在社工的引导下认识到不同职业的长处和短处，拓宽了眼界。社工此种介入方式的目的是通过服务对象自己的亲身经历，让他了解人生的不同道路和不同选择，重新思考自己的目标定位。另外，学业辅导上取得的少许进步和老师的正面鼓励，也增强了服务对象的自信心和成就感。

---

① 社工提出由于卢小江对社区的熟悉程度和良好的沟通能力，所以请他帮忙了解社区内存在的不同职业的状况，以此吸引他参与。每个周末参加完学习辅导班之后，他利用空闲时间与社工一起完成这项工作。

4. 介入效果

整个辅导过程，社工并没有按照传统面谈的形式进行，而是采用亲身体验的方式，通过打开服务对象的眼界，促进其进一步地思考，以改变服务对象只能延续父辈同样道路的想法；同时提升服务对象的学习兴趣，增强其在学习方面的成就感，减少学习困难的问题。此后，社工连同支教志愿者对卢小江进行了长期的跟踪服务，对他在学习中所出现的困难给予及时的帮助。尽管社工没能抹去"读书无用论"在卢小江心目中的印象，他在初二时还是选择离开学校，进入一家发廊做学徒，但是他在离开时和社工谈到他的理想时，有了更加明确和长远的目标——他希望从学徒做起，然后开一家自己的理发店。

（二）个案二：我想要变好

1. 个案描述

张延，男，15 岁，初中二年级。小学毕业后，被父母从老家接到 G 市生活。父亲开摩的，母亲在一家餐馆打工，张延还有一个弟弟（9 岁）和一个妹妹（4 岁），均与张延在同一所学校读书。

据父母说，张延过去寄住在农村的亲戚家里，学习成绩一直很好。考虑到寄住亲戚家不是长久的办法，而且父母也无力照顾两个年幼的子女。因此，将张延接到城里与他们同住，一方面可以一家团圆，另一方面张延也可以帮忙照顾弟弟妹妹。刚到 G 市生活的第一年，张延每天放学后，会接上弟弟、妹妹一起回家，并在家里做好饭菜，照顾弟妹，有时还会将饭菜送到父母工作的地方。尽管养育 3 个孩子比较吃力，但是父母认为只要他们能好好学习，再苦再累都没关系，而且父母也尽可能地满足 3 个孩子在学习方面的需要。

张延学习成绩中等，不太爱说话，由于放学后需要照顾弟妹，因此与班上同学并无过多来往，同学们都认为他很酷，也不愿主动与之交往。在老师的心目中，他算是一个不让人操心的学生，不是特别优秀，也不调皮捣蛋。

进入初中二年级之后，张延迷上了网络游戏，开始逃学到网吧玩游戏，没有钱时宁可站在一旁看别人玩，也不愿去学校上课。老师将这一情况反映给他的父母后，张延被狠狠地打了一顿。父母严格控制其经济来源，使其不得不停止去网吧。但是，没有坚持多久，张延又开始频繁流连于网吧，并在网吧结识了一群辍学的农民工子女，偶尔参与他们的一些偷盗、抢劫活动。

2. 社工介入

服务站从 2009 年开始，在农民工子弟学校内长期开展"天使在身边"义工培训活动，从农民工子女中培养出一批具有服务精神的"小义工"，参与在学校内的各项服务以及为有需要的同学提供朋辈支持。

张延报名参加了第二期的"天使在身边"培训，在一次分享活动中，分享每位参加者参与项目的原因时，张延提到他希望通过参加这个活动结识一些好的朋友，让自己变好。尽管当时他没有更为具体的讲述，但社工仍感觉到他是一个需要特别跟进的服务对象。因此，社工主动找到张延与他进行了面谈。

通过第一次的面谈，社工主要达成了以下结果：一是在义工培训的基础上，进一步加深与张延良好专业关系的建立。二是了解张延目前的状况以及需要。通过社工的耐心聆听和引导，张延表露了内心真实的想法，他知道自己上网吧和不良的朋友在一起是不好的，他不是很喜欢，也让父母伤心，但又无法抗拒诱惑。所以他希望能够找到一个方法让他回到以前的好孩子状态。三是了解张延的家庭关系情况（尤其是亲子关系）和社会支持以及朋辈关系等信息。

面谈结束后，社工一方面提出希望张延继续参加"天使在身边"的项目；另一方面希望和张延继续保持面谈，希望他不要去参与偷盗、抢劫等违法活动，并教了他一些拒绝的技巧和方法。

3. 社工评估

张延具有较强的改变动机，这是他最大的优势；他的问题产生的原因一方面是由于进入城市后的不适应，以及朋辈关系差和不被"亲社会"朋辈接受；另一方面，由于父母过于严厉的管教方式以及过度的家务压力，让他对家庭产生不良情绪，很少与父母沟通，造成他需要在网络中寻找支持和关心。

此后，社工一方面在"天使在身边"项目中给予张延更多的空间，发挥他的能力，协助他在项目中担任领袖的角色；另一方面每周与张延进行一次面谈，并制定了面谈的目标：第一，减少张延的焦虑和不安，通过各种支持技巧与他建立信任关系以便能积极地参与辅导过程；第二，降低张延"人与环境"系统的功能失调，如尽量疏远不良朋辈的关系和降低他们的影响，增强学校老师和同学对他的了解和接受，增强父母的沟通和照顾等；第三，增强张延的自我适应技巧，提供学习辨别是非、控制情绪的机会，增强自控能力；第四，减轻张延的家务压力，提供足够的与良好朋辈交往的机会。

经过长达一个学期的辅导之后，张延与不良朋辈断绝了交往，一定程度上减少了去网吧的次数，与班上同学的关系有了一定的改善，实现了辅导的部分目标。在张延的同意之下，社工与张延的父母进行了两次面谈，主要是向其父母介绍张延的努力和改变，同时对亲子关系的改善提出了一些建议性的方法和措施，使父母意识到对于孩子的关心，不仅仅是严厉的管教和物质的支持，同时还需要与子女有效的沟通和交流。

（三）个案三：我不要当女孩

1. 个案描述

老穆在老家曾经有一份稳定的工作，但由于重男轻女的思想，为了生儿子，不断超生，结果被开除。为躲避计划生育的束缚，一家人从老家来到 G 市，靠拾荒维持生计。老穆共有 8 个子女，其中 7 个都是女孩，只有一个男孩。目前，仅有较小的穆媛媛（初中一年级，15 岁）、穆婷婷（小学六年级，12 岁）两个女儿以及儿子穆帅（学前班，5 岁）留在身边。其余 5 个女儿都先后前往广州、江浙一带打工。由于养育负担重，老穆一家住在垃圾山附近一个自搭的简易房屋里。

由于老穆家的 3 个孩子都是农民工子弟学校的困难学生，学校向服务站申请学费资助，因此社工前往老穆的家里进行家访调查。在家访过程中，让社工吃惊的不仅仅是老穆家众多的子女数，同时还有老穆非常严重的重男轻女思想。社工看到，穆帅衣着干净整齐，有自己的书桌板凳；而两个女儿衣着破旧，趴在房间外面的地上写作业。在和老穆的谈话中，社工了解到要付清 3 个孩子的学费的确存在很大的困难，因此他打算让已经上初中的穆媛媛辍学，减少家庭开支，确保儿子穆帅的学习费用。

当得知服务站可以资助其中一个女儿继续读书的情况时，老穆对穆媛媛说道："要好好读书，把握机会，多亏有人出钱帮你，要不你就要去你姐那里打工啦！"社工从孩子的眼里，看到了深深的不满和委屈。在社工与老穆的交谈过程中，穆帅总是指挥两个姐姐干这干那，甚至让其中一个姐姐趴下当马骑，而对此情景，老穆一副"很正常"的模样，丝毫不觉得任何不妥。

2. 社工介入

社工认为在这样的家庭环境中成长的孩子，在心理上会产生很大的阴影，需要特别关注。因此，回到学校之后，社工主动找穆媛媛两姐妹面谈。

面谈中，社工了解到两姐妹认为没有家庭温暖，父母只喜欢弟弟，不喜欢她们。例如，她们每天放学回家要做很多家务，周末要去街上捡塑料瓶、易拉罐、报纸。如果不做，父亲就会生气，会打她们，甚至威胁不让她们读书。而弟弟完全不用做任何事，还常常打她们。对于这种情况，父亲总是站在弟弟一边，不允许她们还手，否则也要被父亲打。从她们那里，社工了解到，她们的几个姐姐都没有读完初三就被迫辍学，外出打工，以减轻家庭负担。但姐姐们出去后就再也没有回来过，尤其是最大的 3 个姐姐已经联系不上了。两姐妹认为姐姐们之所以这样，完全是因为父亲对她们不好，没有把她们当成自己的孩子，只喜欢弟弟一个人。两姐妹也认为，她们现在的状况完全是因为她们是女孩子造成的，女孩子是不受欢迎的、是没有用的、是最不值钱的。从她们的谈话中，社工深感她们对自我的评价极低，而且对自己的性别相当不认同，这对于她们今后的成长会产生不良的影响。因此，社工决定为两姐妹提供心理辅导以及直接支持。

3. 介入方式

开始阶段，一方面服务站减免了两姐妹的学费，并且与老穆协商，放学后，两姐妹参加学习辅导班，完成作业后再回家，得到了老穆的同意；另一方面社工每周与两姐妹面谈一次，进行心理方面的辅导。

辅导的初期，社工运用绘画等形式协助两姐妹宣泄受伤害、受排斥的感受，给予她们情绪上的支持，鼓励她们建立更完善的朋辈支持系统；辅导的中期，主要集中在对自我的正确评价以及对女性性别的正确认识上，通过辅导提高她们的自信心和自尊感，认同她们作为女孩的性别角色；在辅导的后期，社工主要集中在与两姐妹讨论如何面对家庭压力，如何在家庭环境中恰当地维护自身权益以及如何寻找外界的支持。

4. 介入效果

尽管老穆重男轻女的思想难以改变，但是两姐妹在辅导过程中逐渐学会了如何面对自己、如何调节自己的情绪。同时，社工还安排两姐妹参加"我们是女孩"的小组，帮助她们找到与自己有类似经历的同伴，建立自己的朋辈支持网络，并对两姐妹提供持续的学费支持，直到她们完成初中学业。

上述 3 个典型的案例，只是服务站个案介入层面的一角，还有很多的农民工子女存在着这样或那样的学习、行为、心理的问题和需要，造成他们这些问题的原因不仅仅是个人，还有家庭、社会环境甚至整个社会制度的因素。如果这样的问题得不到解决，需要得不到满足，那这些问题就会像"定时炸弹"一样伴随他们成长，随时危害到他们自身、家庭，甚至整个社会的和谐。

家庭环境是造成农民工子女问题非常重要的因素，同时也是缓解、消除农民工子女问题的重要支持系统。如果能够取得家长的支持，助其改善家庭环境、家庭关系，那么对于农民工子女很多心理问题的解决有着非常重大的意义。但在实际工作中我们发现，由于农民工忙于生计，无暇关心子女的心理和精神生活，加之较为落后的家庭教育方式，要让他们加入是比较困难的，需要社工作出更多的努力。

总之，个人与家庭层面的介入对于深入解决农民工子女的问题和需要有着不可替代的重要作用，但需要社工具有较强的辅导技巧和临床经验，且较为耗费资源。因此，需要与其他不同的介入方式一起，共同为农民工子女搭建综合性的支持网络。

二　群体介入

社工介入农民工子女学校开展的群体服务，主要包括成长小组、兴趣小组、学习小组、小义工培训、暑期系列活动以及透过课程形式开展的综合实践课程等。几年来，结合学生实际需求，我们在服务范围的三所学校开展了一系列的群体教育、发展活动，得到了学生、老师以及家长的认可。

服务站的社工在了解了学生的成长需求后，在校内先后开展了"成功远航"青少年自我认知与自我规划小组；"沟通无极限"儿童人际交往小组（案例一）；"我的情绪我做主"青少年情绪管理小组（案例二）；"温暖你和我"青少年成长支持小组；"感恩的心"青少年社会责任感培养小组等。小组活动在一定程度上帮助成员解决了成长中的困惑，并为其成长起到了教育影响作用。据学校老师反映，小组对于学生的成长具有很大的帮助。这些成长中的教育与陪伴让学生们及时改正了成长中的小错误，一批小组成员在学校里有了比较大的变化，上课讲话的情况少了，在班里的凝聚力变高了，而且学习也比以前更认真了。同时，社工的介入，给学生们带来更多的资源，让他们有机会得以大开眼界。

服务站成立几年来，在农民工子弟学校开设了音乐兴趣小组（案例三）、美术兴趣小组、体育兴趣小组、书法兴趣小组，为农民工子女丰富业余生活、拓展兴趣爱好。兴趣小组主要由高校有特长的志愿者组成，每周利用周六、周日的时间开展活动。每个学期结束的时候不同兴趣小组的学生还会进行学习成果展示，例如组织歌唱回报赛、书法绘画展、体育竞赛等活动。

学生的学习状况始终是服务站提供服务时所关注的。为此，服务站组织招募了一批大学生志愿者作辅导老师，并在农民工子女学校中招募了一批学习方面需要帮助的组员，将他们分为两个班，一个是平时班（周一～周四，17～18点），一个是周末班（周六～周日，9～12点）对他们的功课进行辅导。

每年的暑假，服务站将会联络大学生志愿者为农民工子女提供诸如功课辅导、课外图书阅读、游戏、文娱活动等系列服务，让他们有一个快乐充实的假期。如2008年暑假开展的以"认识 G 市"为主题的暑期活动，通过带领农民工子女们到 X 社区附近的学校、书店、体育场、公园参观、走访，增进他们对城市的了解，拓宽眼界。与此同时，香港明爱的社工也利用暑假不定期组织农民工子女开展社工嘉年华拓展训练活动。

图 3 - 1 在校园内的小组活动

自 2008 年上半年起，我们借鉴香港学校社会工作、新公民学校社会工作、其他农民工服务机构的经验，提出以社会工作者承担一门副科（综合实践课）的形式进入学校，与学生建立稳定的关系，在每周固定的时间里结合这门课程的内容，带入社会工作的专业服务。我们选择与 Y 学校合作，尝试性地进行这项计划。结合课程和学生的需要，我们先后开展了针对七年级的学习方法指导课程、针对八年级的促进学习能力提高课程、针对九年级的人生规划教育课程。课程通过提出一系列的问题，引发学生的思考，进而社工使用一些专业的方法协助他们增强自身技能，以达到兼具教育性与发展性的目的。

同时，我们不断增加校园社工活动室内儿童读物、玩具的数量，使其逐渐发展成阅览室、游戏休闲室；每日固定向农民工子女开放，供其阅览、玩耍。我们力图在不影响农民工子女学习和正常工作（很多学生利用假期帮助家里挣钱，赚取下学期的学费及生活费）的情况下，尽可能多地开展一些娱乐性的活动。

案例一：农民工子女人际交往小组——沟通无极限

（一）小组基本资料

名称：沟通无极限

性质：成长小组

对象：X 学校 5 年级和 6 年级学生

人数：12 人

节数：6 节

（二）小组缘起

通过调查研究及走访，我们发现，X 学校（该学校为农民工子弟学校）的学生普遍存在沟通技巧欠佳的状况。这些学生不知道怎么表达自己的需要，遇到事情比较急躁，常常会出现因为说不过就动手打人的情况，也就导致学校中以大欺小的状况时有发生。为帮助学生处理同学关系，学会基本的沟通技巧，改变以往的交往模式，我们决定在学校五、六年级的学生中开展人际沟通小组活动。

（三）小组目标

1. 引导组员认识人际交往的重要性，从而为寻求良好的人际交往进行积极的自我探索和行为认知。

2. 在活动过程中增强和改善组员的沟通交流能力，积极运用各种交往技巧。

3. 鼓励组员积极地进行良好的人际交往，在此过程中学习、反思、提高和成长。

（四）小组理论依据及设计理念

1. 问题分析

人际交往是人们社会生活的重要内容之一，自我的发展、心理的调适、信息的沟通、各种不同层次需求的满足、人际关系的协调，都离不开人际交往。每个人都希望善于交往，都希望通过交往建立良好的关系，这些良好的关系可以使个人在温馨怡人的环境中愉快地学习、生活和工作。而在农民工子女中，人际交往却成了有些人的困惑和难题，通过观察和总结，这部分人大致可分为以下几类。

（1）缺少知心朋友。他们通常能正常交往，人际关系也不错，但感觉缺少能说心里话、肝胆相照、配合默契、同甘共苦的知心朋友，因此他们不免感到孤独和无奈。

（2）与个别人难以交往。他们与多数人交往良好，但与特定个人相处不良，可能是室友、同学或父母等特定他人。由于相处不好，常会影响其情绪，成为一块"心病"。

（3）与他人交往平淡。这类同学交往面比较宽，但都是浅层次的交往，没有影响力，彼此缺乏必要的沟通和了解，并没有产生友谊。这种人际关系难以满足要求，所以他们多会感到空虚、孤独和失落。

（4）感到交往有困难。他们渴望交朋识友，但由于交往能力有限、方法欠妥以及本身个性缺陷和交往心理障碍等原因，致使其交往不尽如人意，感到苦恼，希望改变。

（5）社交恐惧症。这类同学对人际交往过于敏感、害怕，极力回避与人接触，交往中有紧张、恐惧、面红耳赤、心跳加速等现象出现，常陷入焦虑、自卑中，这严重影响其正常生活和成长。

（6）抵制交往。前几类都有交往的愿望，而这类同学则比较缺乏这种愿望和动机，他们故意自我封闭、孤芳自赏或存有怪癖。

农民工子女正处于青春期的初、中阶段，其性格日趋成熟和稳定，其价值观、世界观基本形成，在很多问题上都表现出自己独特的观点和立场，并且易趋固执。因此，他们在人际交往中需要一种宽松和自由的环境。农民工子女在具体交往中表现为以下特点：以人格平等为基础；交往对象、范围、内容、方式的开放性；较单纯的精神性；期望值与理想较高；交往中的主动性及合作意识较强。一部分同学由于很少融入一些实际活动中，导致其不能形成合理的自我评价，对自己在所处环境中的地位与角色不能正确认识，因此在具体的交往活动过程中便出现了各种"交往不适症"或"交往综合征"。各种酸甜苦辣的心理感受，给他们心里留下阴霾，严重者心灵扭曲，精神紊乱，甚至自伤或他伤，给自己、他人、家庭、学校、社会都造成不可估量的伤害。

我们设计和即将实施的这个小组，就是让组员在小组活动过程中认识自我和他人，了解和学习人际交往的原则、理念和方法，体验人际交往的感受，与他人友好互动，从而解决自身在人际交往中存在的困难和问题，增强自信心和对集体的认同感和归属感。

2. 理论架构

根据马斯洛的需要层次理论，如果个人生理和安全的需要都得到满足了，那么就会出现感情、友谊和归属的需要，如渴望父母、朋友、同学等对其表现爱护和关怀、温暖、信任、友谊以及爱情等。他们还渴望自己有所归属，被人承认和认同，成为集体中的一员。交往动机是个人交往行为的内部动力，是引起交往活动的直接原因，而交往需要又是交往活动的基本动力，是动机产生的基础。同时斯普兰格（Spranger，1924）将青年期形容为"第二次诞生"。在这一时期，人的社会生活领域不断扩大，人际关系不断复杂起来。人也开始学会深化体验人际关系的内涵，并希望能熟练掌握与人交往的艺术。

美国心理学家舒茨在《人际关系三维理论》一书中，提出了人际交往的三种基本心理需求倾向是包容、情感和言行，并在人格特质观点的基础上阐明了这种人际交往的三维倾向，呈现主动型人格特质的行为表现和被动型人格特质的行为表现。人际交往的心理基础包括认知、情感和行为。认知是人际交往的前提，人与人的交往首先通过感知、认识、理解才能建立一定的关系。情感是人际交往的调控因素，如满意、厌恶等。言行是人际交往沟通的手段，即通过言、情、姿、行等达到交往的目的。在小组活动中，小组成员在工作人员的引导下，注意理解和把握人际交往的相关理论，加深对自我的认识，改正自身人际交往中存在的缺点，学习并掌握一些人际交往的艺术技巧，以提升认识，学会与人沟通，改善人际关系，表达自我，完善自我，超越自我。

3. 介入策略

（1）成长性小组。小组介入体现"成长"这一目标，小组过程中的共同探讨、经验分享、归属感及组员相互的技巧演练、回馈，可激发小组成员的学习和探索能力。

（2）学习作用。通过学习沟通技巧，可以使服务对象在校期间的不良行为减少；同时通过练习，使其能在生活中运用这些技巧，拥有较好的人际关系，更好地适应学校及社会生活。

（3）小组进程。小组分6节，共有6次聚会，每次聚会两个小时。

（4）组员选择方式。学生自愿报名与老师推荐相结合，选择在日常生活中迫切需要人际交往改变的学生。

（五）小组内容及流程

第一节 嗨，你好

主题：小组的形成和组员间的相互认识

活动时间	地点	目标	内容	所需物资
（Ⅰ）3分钟		工作者和组员间的认识	工作者进行自我介绍	
（Ⅱ）20分钟		组员间有初步认识和了解	1. 分两个人一组进行自我介绍 2. 组与组间进行交流 3. 游戏"我是"和"我知道"规则：第一个拿球的人介绍自己："我是×××"然后将球传给另一个人，并说出他的名字："我知道他是×××"	气球两个，细线少许
（Ⅲ）5分钟		澄清组员的疑问	1. 工作者介绍此小组的内容和目的 2. 回答组员的提问	
（Ⅳ）15分钟		制定小组规范，使组员产生信赖感和安全感	工作人员与组员共同商量制定小组协约	A4纸一张，彩笔若干
（Ⅴ）7分钟	活动室	使组员感受小组的凝聚力和团体合作完成任务的过程	游戏"踩报纸"规则：要求组员在规定的时间内按要求全部站到叠成16开大小的报纸上（组员的身体的其他部位不能触地）	报纸一张
（Ⅵ）20分钟		展现个人能力和小组的整体合力，提高组员合作精神	游戏"图画接力"（所有组员共同完成一幅画，并讲述其含义和意境）规则： 1. 组员轮流在纸上循他人的笔调继续追随或自创内容丰富的作品 2. 依次讲述自己的内容含义和意境	大画纸一张，彩笔若干
（Ⅶ）5分钟		使组员意识到"这个小组"已经是"我们的小组"	要求组员用最简单的话真切地描述我们的小组	
（Ⅷ）3分钟		让组员间加深印象，同时让他们意识到记住别人的重要性	作业：要求组员回去后，记录今天所认识的朋友和他们的一些特征（可用文字描述或作图）	

第二节　认识我，走近你（一）

主题：自我探索与分享

活动时间	地点	目标	内容	所需物资
（Ⅰ）15分钟	活动室	认清价值观，修正信念	游戏"价值拍卖"规则：用小卡片列举一些人们在社会生活中比较重要的东西，模拟拍卖会，组织组员进行竞价抢购	纸片若干
（Ⅱ）10分钟		自我公开	游戏"生日快乐"规则：要求组员四处走动，找出同月出生的人，按此分组，然后让他们按先后顺序说出自己的生日	
（Ⅲ）20分钟		鼓励组员开放自己	1. 自画像，并在旁附上自己的特征说明 2. 把画像打乱分发，让其寻找画的主人 3. 向大家说明自己的画	纸和彩笔若干
（Ⅳ）20分钟		1. 释放自己，自我公开 2. 加强组员之间的信任度	游戏"我的秘密"规则：1. 让组员写出自己需要改正和发扬的特点，并大声念出来 2. 其他组员对其缺点提出建议，与大家共同分享	纸笔若干
（Ⅴ）15分钟		增强组员之间的相互了解和交流，寻找相似处	1. 每个组员寻找一个自己想了解的组员进行自由交谈 2. 作业回馈：与上次比较有什么新的认识和了解	
（Ⅵ）3分钟		了解自己在别人心中的印象	作业：收集别人对你的印象	
（Ⅶ）10分钟		让组员表达对这次聚会的感受并分享，工作者记录并改善	让组员自由发表对这次聚会的看法和感受	

第三节　认识我，走近你（二）

主题：自我行为的认知和人际交往过程中各种行为的认知

活动时间	地　点	目　标	内　容	所需物资
（Ⅰ）15 分钟		自己了解自己，让别人了解自己，让自己了解别人	作业反馈：别人对我的印象	
（Ⅱ）10 分钟		鼓励组员进行积极的、主动的人际交往，走出人际交往的第一步	1. 让组员列举不同的见面方式 2. 对其进行表演	纸笔若干
（Ⅲ）15 分钟		人际交往中的各种行为的感性认知	1. 列举在日常生活中喜欢或讨厌的行为或词语 2. 按感情色彩从重到轻进行排序	纸笔若干
（Ⅳ）30 分钟	活动室	引导组员面对自我、肯定自我	游戏"重点轰炸"规则： 让每一位组员到组中接受别人对其前几次小组活动中的行为表现的评价，被评价者不能回话。然后工作员带领组员讨论其自己的真实感受	
（Ⅴ）20 分钟		鼓励组员勇于表达自我，并了解组员的真实感受	游戏"我在想什么"规则： 1. 让每一位组员写出或画出自己现在的真实感受和心理状态 2. 工作者请每位组员发表自己对每幅作品的看法和理解 3. 原作者表达自己的真实创作意图	纸笔若干
（Ⅵ）2 分钟		鼓励组员积极主动地进行人际交往	作业：认识和结交两个新朋友	

第四节　假如我是你

主题：同理心探讨——学习从他人的角度思考各种人际关系问题

活动时间	地点	目　标	内　容	所需物资
（Ⅰ）15 分钟	活动室	让组员认识更多的朋友，促进其社会交往	作业反馈：介绍认识的新朋友	
（Ⅱ）10 分钟		感受不同的人对同一事物的不同理解	游戏"撕纸"规则： 1. 每位组员拿一张纸放在身后，按工作者的口令撕纸 2. 分享：为什么每个人撕出来的都不一样？	纸张若干
（Ⅲ）10 分钟		让组员感受同种行为的不同表达方式，鼓励组员自我表现	游戏"路过"规则： 1. 全部组员站成一排，让排头的组员以自己的方式从队伍前经过，轮流进行 2. 组员表达自己的感受并分享	
（Ⅳ）30 分钟		增强同理心	游戏"角色扮演"规则：组员按准备好的几种情境（角色冲突和角色互换）分配好扮演的角色，并将此情境展现出来	描述情景的小卡片若干
（Ⅴ）15 分钟		训练组员处理问题的能力	针对前面的游戏增加其他情境，用"大脑激荡法"鼓励组员想出解决方法	
（Ⅵ）2 分钟		自我探讨	作业：找一首自己喜欢或适合自己的歌曲	
（Ⅶ）5 分钟		了解组员的感受	组员简单陈述对此次聚会的感受	

第五节　心之桥

主题：学习各种交往技巧（信任、合作、沟通、理解等）

活动时间	地点	目　标	内　容	所需物资
（Ⅰ）15 分钟	活动室	了解组员所思所想	作业回馈：请组员演绎自己的歌曲	
（Ⅱ）10 分钟		培养对小组和他人的信任	游戏"扶倒实验"	
（Ⅲ）15 分钟		体会沟通的重要性和团队的合作精神	游戏"巧解千千结"并分享感受和体验	

续表

活动时间	地 点	目 标	内 容	所需物资
（Ⅳ）15分钟		让组员在游戏过程中体会竞争和合作的意义	游戏"夹球赛跑"规则：两个人一组，背对背夹住一个气球，按口令赛跑，未犯规且用时最少者获胜	气球、小礼物若干
（Ⅴ）10分钟		加强组员的人际交往，培养默契感	游戏"盲人拾物"规则：两个人一组，A用布蒙住眼睛，B在某处置物，A仅需在B的语言引导下拾起该物，结束后分享体验	布 和 小物体
（Ⅵ）15分钟		反思和成长	请组员说出其他组员在参加小组前后的改变和收获，并质证	
（Ⅶ）5分钟		活动总结	工作者介绍一些关于人际交往的书籍或资料	
（Ⅷ）5分钟		处理离别情绪	1. 提醒组员小组已接近尾声 2. 通知下次户外活动相关事宜	

第六节 和你在一起

主题："结业典礼"和祝福

活动时间	地 点	目 标	内 容	所需物资
2~3个小时	活动室	巩固情感和友谊成果，结束小组活动	户外烧烤或郊游：互相评价和鼓励；探讨人生规划和前程；彼此赠送写有祝福语的小卡片和小礼物	

（六）小组评估及检讨

（1）方法。观察、访问、面谈。

（2）目标达成情况。小组的主要目标是让成员学会一些人际沟通的基本知识，并将这些知识运用到日常的生活及学习中，从成员在小组中的参与度和成员间的交往来看，小组基本达到了预期效果。

（3）组员评价。有些参加的小组成员体会比较深刻，向社工表达了自己在日常生活中的行为，哪些是好的，哪些存在不足，并希望能改正。但是也有极少数成员，没有认识到这些，只是觉得参加活动是一件有趣的事情。

（4）存在问题。主要是活动秩序的维持，因为参加人员大都是5、6年级的学生，比较好动，容易注意力不集中，而且存在成员流动性较大的问题。

（5）工作人员角色。工作人员与小组相处的时间较多，与小组成员一开始便建立了信任关系，在游戏或是讨论的过程中能比较容易地引出成员们的想法并得到他们的支持。社工在小组活动中承担了引导者、教育者、协助者、组织者的角色，总体表现不错。

7. 反思与建议

（1）活动内容与组员配合程度。由于小组成员都是小学5、6年级的学生，所以小组活动多以活泼的方式例如游戏、参与活动等展开。这虽然适应了这个年龄段学生的发展特点，但是在具体操作上，小组活动编排顺序还有待思考。应通过改变小组活动内容的顺序达到对活动程序的把握，而不至于常常停下来维持秩序。

（2）小组的开放性。由于小组成员全部都是小学生，且活动以自愿参与为前提来开展，所以小组成员流动性比较大。小组活动相对开放，这对于小组工作的进程造成一定的障碍。

案例二：农民工子女情绪管理小组——我的心情我做主

（一）小组基本资料

名称：我的心情我做主

性质：成长小组

对象：G市Y学校初中一年级学生

人数：10人

节数：4节

（二）小组缘起

现在的初中生尤其是农民工子女，父母给予的关心不够，学业和成长的压力不断增大，情绪方面需要得到更多的关注。在调查研究及走访中，我们发现，Y 学校（该学校为农民工子弟学校）的学生普遍存在情绪问题。学生之间常常因为情绪问题闹别扭，情绪的困扰使得学习成绩起伏不定，有的学生甚至因为情绪问题而逃学旷课。根据这一情况，工作人员试着在学校中开展小组工作，以提高学生的情绪控制与管理能力。工作员设计各种类型的小组活动内容，使成员在有关情绪的几个方面的能力得到提升，进而更好地促进其学习与生活。

（三）小组目标

（1）加强成员的情绪控制能力，促使学生正确地面对遇到的问题。

（2）促使成员更加深刻地认识自己、给自己一个正确的定位，更好地适应环境，塑造健康完美的人格，顺利度过青春期生活，为将来更好地走向社会做准备。

（3）利用我们的专业所学，为构建和谐情绪、构建和谐人格、构建和谐校园出一份力。

（四）小组理论依据及设计理念

1. 理论架构

（1）弗洛伊德精神分析理论——人格理论。弗洛伊德将人格分为本我、自我、超我 3 个层次：本我（生理）——快乐原则，存在于潜意识层面；自我（心理）——现实原则，协调本能与外界的关系；超我（社会）——道德原则，代表理想。

一些极端的情绪，无论是积极的还是消极的，很多情况下都是本我或者叫做真实自我的情绪表现。摆脱那些消极的情绪，就要处理好三者之间的关系，加强对本我的控制，加强对自己情绪的控制。

（2）西方心理学家艾利斯的"ABC 情绪理论"。A 代表诱发事件（Activating events）；B 代表信念（Beliefs），是指人们对 A 的信念、认知、评价或看法；C 代表结果（Consequences）。艾利斯认为，并非诱发事件 A 直接引起结果 C，A 与 C 之间还有中介因素——人们对 A 的信念、认知、评价或看法，即信念 B。这理论不但说明了人类情绪及困扰的原因，也阐释了消极情绪及行为困扰的心理治疗之道——D（Disputing intervention），指劝导干预；E（Effect），指治疗或咨询效果；F（new Feeling）指治疗或咨询后的新感觉。

（3）积极情绪的拓展——塑造理论（Broaden-and-build theory）。这是由弗瑞克森提出来的。他认为某些积极情绪如快乐、兴趣、满意、自豪和爱，虽然表现出来的现象不同，但它们都有拓展人们短暂的思维行动倾向的功能。这些积极情绪都以某种方式提高思维的创造性与灵活性，对环境的处理方式更为积极，人际关系也得到相应的改善，从而给人们带来间接的、长期的适应价值。

2. 设计理念

通过学生的互助自助活动，讨论学生中较有代表的案例，增强成员对不良情绪的了解，并学会如何驳斥非理性想法，形成合理的想法，改善不良情绪状况。通过小组工作这一团体辅导的方式，让学生提高对情绪的科学认识并学会科学管理情绪的方法。

3. 介入策略

（1）教育性与发展性小组。小组立足成员学习、生活中出现的情绪问题，在小组中通过游戏、经验分享、演练、回馈等方式，帮助组员在认知上以及情绪自控力上获得提高。小组目标侧重教育性多于成长经验，但尽量关注组员的感受，真诚分享个人的体验。

（2）小组进程。小组分4节，共有4次聚会，每次聚会两个小时。

（3）组员选择方式。学生自愿报名与老师推荐相结合。

（五）小组内容及流程

第 1 次活动：相互认识，引入情绪

时　　间	地点	目　　的	活动内容	注意事项
2008 年 3 月 10 日 下午 3：00 到 4：30	Y 学校 社工室	1. 让小组成员了解小组的运行机制、目标，并听取反馈意见，以便进一步完善小组工作计划，更好地开展活动； 2. 让组员了解活动的组织者，增强成员对我们的信任，了解他们的期望，促	◆开场白： 1. 工作者作自我介绍 2. 告诉组员我们的目标与承诺 ◆游戏"我们的故事" 目的： 作为热身活动，让小	★告诉成员小组的性质，即教育性与发展性小组；告诉大家在小组活动中，人人平等，可以自由地表达自己的想法，并得到积极的回应，保证活动有效顺利地进行。 ★阐明有关时间安排上的承诺；取得怎样的效果和目标；我们的工作原则与伦理。 ★这个游戏比较新颖、活泼，可

续表

时　间	地点	目　的	活动内容	注意事项
		进组织者与组员之间的沟通和了解； 3. 正式建立小组团体，增强组员的归属感，加强团队的凝聚力； 4. 大体了解关于情绪及情绪控制方面的信息，包括情绪的分类、重要性、情绪控制的必要性； 5. 让组员对自己的情绪状况有一个大致的了解	组成员彼此了解和熟悉，消除陌生感。 内容： 在小组内自由进行自我介绍，组员之间彼此熟悉后，从所有组员的名字中各取一个字。经过大家的讨论，把这些字编成一句通顺的话，或者一个有意思的小故事。选出一位小组长，代表大家说出自己组的故事。 ◆ 通过事例引入情绪概念，让大家畅所欲言，谈一下自己对情绪及情绪问题的认识与了解。 ◆ 总结	以很快调动成员的兴致，使气氛一下子活跃起来，消除紧张感和陌生感，为后面的活动做好充分的奠基准备。 ★ 注意时间把握。 ★ 事例是一些名人或一些比较典型的与情绪有关的例子，可以使成员从一个比较形象的角度来把握情绪管理与控制的有效信息。 ★ 复述一下这次活动的整个过程；总结其中的优点与不足，以便下一次吸取教训与经验；提出对每一个组员的期待，并且鼓励组员把对每次活动的感受以书面的形式写出来，为我们的下一次活动提供有价值的参考

第 2 次活动：熟悉自我，寻找问题并予以解决

时　间	地点	目　的	活动内容	注意事项
2008 年 3 月 17 日 下午 3：00 到 4：30	Y 学校 社工室	1. 加强组员间的沟通与了解，增强彼此的信任； 2. 增强小组成员的自我认识能力，使其及时有效地认识自己情绪方面的特点，并且发现自己在情	◆ 开场白 组织者送给每一个成员一个气球。 ◆ 游戏"捉虫虫" 1. 小组成员两个一组（尽量一男一女），面对面站好，将双手伸出。 2. 主持人念一段故事。每当读到"的"字或其同音字时，组员必须保证自己的一只手要牢牢捉住对方。与此同时，还要注意另一只手不要被对方捉住。 3. 主持人选择新的故事，重复以上两个步骤。（选读故事见附录2）	★ 气球上印有话语，内容多为积极的情绪。 ★ 此活动作为本次的热身活动，目的在于活跃成员气氛，缓解紧张气氛，以便更好地开展后面的活动。 ★ 使成员更加科

续表

时　间	地点	目　的	活动内容	注意事项
		绪方面的优点、不足或存在的问题； 3. 使成员能够相互信任，进行充分的交流、互动与共享	◆猜表情 1. 成员分成两组，其中一组朝一个方向排成直线，可坐可站，不能回头。另一组观摩。 2. 队伍末的成员抽出一张关于表情的纸片。思考片刻轻拍前面成员的背令其回头，并以身体语言传达字条的意思，但不能发出任何声音。 3. "表情"一直传到最后一位，让他选择答案，看其是否能猜中所传表情的真正意思	学的认识自我。 ★注意把握猜测的难易程度，避免出现僵局

第 3 次活动：焦虑情绪及其控制

时　间	地点	目　的	活动内容	注意事项
2008 年 3 月 24 日 下午 3：00 到 4：30	Y 学校社工室	1. 使组员对焦虑情绪的现状有一定的认识。 2. 让组员进行自我反思，检查自己有无焦虑情绪的表现，若有的话，其程度如何；并让组员主动地探讨产生这种情绪的内在因素与外部环境因素。 3. 为组员提供一些疏导焦虑情绪的方法	◆让组员谈自己的焦虑情绪状况，并对其进行原因分析。 ◆小组游戏"快乐动物园" 目的： 体验情绪在问题解决中的强大作用。训练幽默和乐观的情绪。 内容： 学动物园里动物的叫声。 下面这些决定你要学的动物是什么：你的姓氏汉语拼音的第一个字母 动物名称： A～F：狮子 G～L：海豹 M～R：猩猩 S～Z：热带鸟 选择一个伙伴（最好在这些朋友中挑一位不太熟悉的人作为伙伴）。彼此盯着看，目光不能转移，同时用嘴大声学动物叫，至少 10 秒钟。 分享： 在这个简单的游戏中，你的感觉如何？你是否感到既幽默有趣又有些尴尬？这个游	★组织者和组员要坚决遵守保密原则，没有当事人的允许不得将信息透漏给团体外的人员。 一开始的时候，工作人员可以做一下示范，起一个带头作用。 ★这个比较新颖独特的游戏，调节了现场气氛。通过亲身体验，团体对情绪有更多的了解，同时增强团队精神与集体意识，促进相互间的关系

续表

时　间	地点	目　的	活动内容	注意事项
			戏尽管开始时会让人感到不舒服，但很可能结束时已是笑声满堂。也许不管你模仿的动物是什么，最后你的表现都是"傻驴"一头。 你是否注意到好玩和幽默的情绪会有助于你在这个游戏中创造性的发挥？可能会使你灵机一动，模仿出种种令人意外的叫声，获得满堂喝彩，或者逗得大家捧腹大笑？在游戏中，尴尬的感受会使你羞于开口；但假如你有幽默感，学动物叫就更容易开口。 正确乐观的情绪是创造力的催化剂。因此，在最困难的时候，不要忘记幽默可以使你保持乐观。 ◆介绍情绪调节的方法	

第 4 次活动：总结自我，告别仪式

时　间	地点	目　的	活动内容	注意事项
2008 年 3 月 31 日下午 3：00 到 4：30	Y 学校社工室	1. 希望对于情绪的探索，不只是单纯地局限于 4 次小组活动，而是使之渗透到现实的生活、学习与工作之中去。 2. 分享前 3 次活动的感受，进行自我反思。 3. 讲解如何正确地消除消极的情绪，保持良好的情绪，避免极端和冲动的情绪。	◆活动介绍 ◆游戏"优点与缺点" 目的： 令每个参与者在无任何威胁的情况下，对其他人的优点与缺点进行点评。让参与者之间相互反馈自己在成员眼中的优点与缺点。 内容： 1. 令每个参与者都知道他们将有机会对团队里的每一个人的优点与缺点进行反馈，也就是说，你喜欢或不喜欢某人的哪一方面。 2. 告知每个人这是一项保密的活动，没有人被告知写他的优点与缺点的人是谁。 3. 给每个人一张写"优点与缺点"的纸条并告诉他们每人为其他人至少写出一条喜欢或不喜欢的理由。 4. 收集每张答卷，混合到一起并对每个人念出写给他们的意见，但首要先从自己的名字念起。	★告诉成员这次活动主要是评估性的，同时还会提供很多有效的控制情绪的方法。 ★这个游戏的时间需要 30 ~ 50 分钟。 ★主持人提问： ①参加这个小组活动，你希望在其中得到些什么？ ②在这几次活动中你觉得哪个游戏最有收获？为什么？ ③请大家对我们在这几次活动中的表现做一个

时　间	地点	目　　的	活动内容	注意事项
			分享： 1. 所有的意见都正确吗？ 2. 有没有互相矛盾的意见？ 3. 现在是否有人不愿意别人和自己同在一组？ ◆发给每个人一张纸，回答组织者提出的问题，写下自己的真心话	评估。 ④请大家对我们小组总体进行评估

（六）小组效果评估及检讨

1. 方法

工作人员以观察、访问、面谈的形式并辅以学校老师的观察。

2. 目标达成情况

第一次活动的主要目的是大家相互认识了解，同时也接触到了关于情绪的一些信息，对情绪有了一个大致的了解，大家气氛比较活跃。第二次活动涉及了青少年困惑的问题，引发成员关于自我认识、人生观、价值观的思索和共鸣，说明这些是小组成员所感兴趣的问题，能使得全体成员都参与到活动中来。第三次活动，首先，时间安排比较妥当，基本让人满意；其次，小组活动的人员组成结构比较完整，使我们在探讨比较深刻的问题时，能够更加全面、从不同的角度给出自己的观点；最后，这次活动的内容比较丰富，有专业知识的传递、分享等多种形式。在提高活动内容多彩性的同时，也提高了活动的可信度和科学性。第4次活动是前3次活动的回顾、提高与升华。活动中通过分享与总结可以发现，成员在不同程度上有所提升，特别是在认识自我与客观看待他人方面，相信这将是鼓励成员改变与正确处理不良情绪的契机。

3. 存在的问题

首先，在时间方面把握得有些不好，有些失控，且人数较少。原计划的一些游戏只能及时调整，幸亏有第2套方案，弹性比较大，有调节的余地。

其次，组员向我们指出，活动做得比较浅，不是很深刻。建议我们引入一些现实发生的比较深刻的案例，大家一起分析，一起探讨，分析其中存在的情绪问题，汲取其中的教训，探索解决的方法，进而探讨防患于未然的方法与措施，提高自己在情绪控制方面的能力。

再次，关于认知疗法，基本上是由主持人一个人向大家介绍有关理论的东西，然后，大家根据自己的经历谈一下自己的感受和感悟等。所涉及的专业性知识比较多，这就需要主持人在传达信息的时候注意方式，尽量使用通俗易懂的语言，而且要辅之以适当的实例说明。

最后，在准备策划的时候，要注意所选场地的限制。如果关于行为治疗的很多方法都不能现场操作，将使活动的效果大打折扣。

4. 工作者的角色

工作者是小组的组织者、带领者以及教育者，在活动中工作者的角色、位置处理得比较合理。工作者处于催化员的位置和边缘位置，提供团体自我管理、自我引导的机会。在运用工作技巧方面，工作者采取了引导和鼓励表达差异性的方法。因此，在活动中，成员没有感到被领导或言论受到限制。

（七）反思与建议

1. 合理的小组目标

在农民工子弟学校初一年级开展小组活动是十分必要的，但小组目标不宜设定太高。正处在青春期的他们会更多地表现出一些情绪问题，这些问题有的会随着年龄的增长自然消失，所以小组的目标既要有教育的意义，又要兼顾到发展性。

2. 活动设计的重要性

小组活动的游戏设置要具有趣味性，因为处在这一年龄阶段的学生喜欢玩，要让他们在游戏中学习到技巧和积累经验。如果活动缺乏趣味性，他们会很快失去兴趣，降低参与性，这样就谈不上小组目标的达成。同时小组活动内容又要兼顾教育意义。因为小组的时间所限，小组要力图用最少的时间完成较多的教育目标。

案例三：农民工子女兴趣小组——我爱"1、2、3"

（一）小组基本资料

名称：我爱"1、2、3"

性质：音乐兴趣小组

对象：G 市 Y 学校的农民工子女

人数：15 人

节数：12 节（每周六上午 10：00～12：00）

（二）小组缘起

参与兴趣班的孩子多为家庭贫困或是没有条件进行其他综合素质方面的学习培养的农民工子女，为进一步拓宽孩子们的视野，丰富他们的课余生活，我们开设了音乐兴趣班。

图 3－2 兴趣班的志愿者与学生

（三）小组目标

丰富参加者课外学习生活，培养他们的综合能力，让他们了解、学习到更多音乐方面的知识，提高个人素质。

（四）小组内容及流程

（1）每节课复习上周的音乐学习内容，巩固知识。

（2）上课期间，多鼓励学生站起来勇敢地演唱及表演，提高其表现力，培养他们的自信度。

（3）串讲一些音乐常识，并在合理的范围内教授一些好听的新歌。

（4）学知识固然重要，但是学会做人是重中之重。上课时，加入一些最基本的做人的道理讲给孩子听，让其具备最基本的道德素养。

（5）通过一些音乐游戏加强对孩子们的了解，进行深入交流，处理好双方的关系，以利于教学。

（6）关注学生的考勤状况，音乐课同时利用不同的形式与美术、舞蹈课融合。

（五）小组评估及检讨

（1）工作人员自评工作过程中的表现。

（2）透过与组员的交谈来了解他们对小组的感受及意见。

（3）举办歌唱比赛。

案例四：青少年生涯规划教育

（一）小组基本资料

名　称：青少年生涯规划教育

性　质：小组工作与综合实践课程相结合

人　数：初二、初三年级（共60人）

时　长：一学期（2009～2010学年度）

（二）小组缘起

在个案辅导与学校老师的交流中，工作员发现这一阶段的青少年对自己的生活、人生没有规划、憧憬，处理问题的方法也只考虑眼前。这一方面与他们缺少人生规划教育有关，另一方面还与他们对社会的了解、对职业的了解比较有限有关。他们共同的情况是：对未来比较迷茫；不知道自己以后可以做什么；对学习没有目标、对人生没有规划。与此同时，他们普遍希望能拓宽自己的视野、生活圈子。于是，工作员评估了他们的资源优势和不足。他们的优势包括：时间充足，学校社会实践课可用来开展此活动；参与的主动性较强。不足包括：长期松散的学习生活习惯；父母没有时间管教子女，家庭环境较差。针对这一群体共同的问题，我们运用课堂教育及小组讨论的方式引发青少年的关注与探讨。

（三）小组目标

针对他们的需要、优势与不足，考虑到可以运用的资源，最终小组的目标定为：

（1）丰富初中生的生活；

（2）引导思考其自身的优势和不足，正确地看待自己所生活的社区，并初步规划自己的人生；

（3）协助他们实现互助与自立自强。

（四）小组理论依据及设计理念

该小组将发展性模式与互惠模式结合，并加入马斯洛需求理论以及优势视角理论，采用美国联邦教育署的人生规划教育模式，组织活动内容。该小组的重点在于对人生职业规划及人生目标设立的讨论。通过工作员的讲解及学生的亲身体验达到教育的目标。

该小组的独特性有两个方面：其一，部分环节有组员带领，强调过程中的参与性。其二，结合社会资源，满足组员需要。如工作员联络到社会资源，可以免费让学生观看一场励志电影。

（五）小组内容及流程

小组为期一学期，每周二下午开展一次，利用学生综合实践课时间开展活动。大致内容如下。

第一节　课程介绍及导论

主要内容：相互认识，介绍课程安排，交流兴趣爱好。介绍自我形象、自我价值与自尊的概念。分派小团体讨论这些概念与教育及职业规划的关系。从这些团体的讨论中，归纳出一张清单。

第二节　自我认知：能力一"对正向自我概念影响力的认知"

主要内容：描述为胜任不同生活角色所必需的个别技能；描述自己的行为会如何影响他人的感觉与行动；确认环境对态度、行为与形象的影响；要求学生使用 Holland 的分类系统，完成一张标准化或原创性的个性量表，要求学生将个性特质与工作环境相关联；要求学生列出他们擅长与不擅长的课程；要求学生将所学技能与他们的个性特质、特色及兴趣关联在一起。

第三节　自我认知：能力二"和他人互动的技巧"

主要内容：展现对他人的尊重；展现对人们之间类似与差别的欣赏；展现容忍度与弹性；展现有效的团体活动技巧；展现有效的社会技巧；要求学生讨论不同的特质在不同工作目标下的重要性，完成一张工作及与其有关的特质清单。

第四节　自我认知：能力三"对成长和变化之重要性的认知"

主要内容：确认透过重要经验所产生的感觉，确认内部与外在压力的来源；示范处在压力下时，响应他人的方式；描述发生在个人生理上的、心理上的、社会的与情感发展上的变化。

第五节 教育与职业的探索：能力四"教育成就的达成，生涯发展机会的认知"

主要内容：描述学艺和职业技能在工作世界中的重要性；确认如何在各种职业中应用在学校科目中所学习到的技能；描述学校科目中的个别长处与不足；描述为增加基本教育技能的行动计划；描述为了调整多变的职业条件所需要的技能。

第六节 教育与职业的探索：能力五"了解工作与学习间的关系"

主要内容：示范有效的学习习惯与技能；示范个人的技能与态度对工作成功的重要性；描述个人的态度、信念、能力与技能和职业的关系。

第七节 教育与职业的探索：能力六"定位、了解与使用职业生涯发展信息的技巧"

主要内容：确认职业被分类的各种方法；确认可探索的一些职业团体；示范使用学校与社区资源的技巧，以学习了解职业团体；确认获得有关职业信息的主要来源，其中包括自由职业团体；确认职业间可转移的技能。要求学生写出他们对自身类型的看法，对活动的偏好，本身的长、短处，以及他们对未来生涯发展渴望的描述，并加以讨论。

第八节 活动课：职业大调查（一）

主要内容：通过街访、网络或其他途径，学生分组调查社会上存在哪些职业。要求学生拜访社区中的一个机构，观察工作者如何专注于其感兴趣的生涯发展中。要求学生呈现他们的观察，诸如工作的类型、工作状况，或是交通工具。

第九节 活动课：职业大调查（二）

主要内容：对上一节课调查到的职业进行分类，思考这些工作需要什么样的特质才能做好。各组派代表分享自己组两周以来的成果。要求学生列出一些与他们自己的兴趣和能力有关的职业，并加以讨论。

第十节 教育与职业的探索：能力七"对寻找并获得工作所需技能的认知"

主要内容：示范获得与保有工作所要求的个人条件（例如，可信赖度、时间观念，以及与他人的相处）。描述有利于就业机会与状况的条件与概念。要求学生列出一张学校科目的清单，讨论这些科目对生涯发展成功的人是否必要。

第十一节　教育与职业的探索：能力八"对工作如何与经济、社会需求及功能相关联的认知"

主要内容：描述工作对社会的重要性；描述工作与经济及社会需求之间的关系；描述社会的、经济的，以及科技的变化，对职业的影响。

第十二节　活动课：观看电影《当幸福来敲门》

主要内容：观看电影，思考主人公的奋斗史。要求学生对一些职业所需要的准备做研究（思考），要求他们确认出每一职业准备的相似点与差异点，并加以讨论。

第十三节　生涯规划：能力九"做决定的技巧"

主要内容：描述个人的信念与态度；描述为何生涯规划是一个持续的历程，并伴随着一连串的选择；确认决定后的可能结果；描述他人的期望将如何影响生涯发展计划；确认一些方法，并阐明在这些方法中，教育和工作的决定与其他主要的生活决定有关；确认高中与高中后计划的需要。

第十四节　生涯规划：能力十"对生活角色相互关系的认知"

主要内容：确认在家中的工作角色如何满足家庭的需求；确认个人的目标如何透过工作、社区、社会与家庭角色的结合而得以满足；描述各种生活角色选择的优缺点；描述家庭、职业与休闲之间的相互关系。

第十五节　生涯规划：能力十一"对不同职业中男/女性角色变化的认知"

主要内容：描述进入非传统性职业的优点与问题；描述性别刻板化、偏差，以及歧视行为，讨论这些行为如何限制男性及女性从事特定职业的机会。

第十六节　生涯规划：能力十二"了解生涯规划的历程"

主要内容：示范生涯探索历程与计划的认知；描述各种职业所需要的技巧，包括自由职业；确认管理个人资源（譬如，天赋、时间、金钱）的策略，以达成试探性的生涯发展目标。

第十七节　结课与分享

主要内容：学生们分享这学期在此课程中的收获。

（六）小组评估及检讨

1. 方法。

（1）在小组最后一节，组员将被安排完成评估问卷；

（2）在每节活动结束时，组员的分享及意见；

（3）工作员在小组进行时的观察及分析；

（4）透过家访组员的谈话来了解他们对小组的感受及意见。

2. 目标达成情况。

基本实现预期目标，自我探索、正确对待教育与职业的关系、初步的生涯规划这几项效果明显。另外，一定程度上调整了他们的自我认知，提升了自我价值感和自信心。

透过活动过程中的交流，组员与工作员的认识加深。工作员对他们的需求有了更确切的了解，如交友、生活、兴趣、休闲娱乐等。这些有利于今后活动计划的实施。

（七）反思与建议

1. 活动内容配合组员特性

组员提供的一些意见十分有用，如增加外出活动，可让形式更为多样，且能满足他们的需要。对于人生规划方面过于理论化的内容，学生理解起来比较困难，这就提醒工作人员需要将理论的东西具体化，以故事或案例的形式呈现出来效果较好。

2. 小组过程的控制

有些讨论环节组员发言多，场面容易失控，工作员应加强控制技巧，在活动准备时要加以细化，做好充分准备。活跃的组员容易引起工作人员注意，争取到的资源较多；沉默的组员则容易被误认为没有意见，而他们其实更应该成为工作员关注的对象。活动中，工作员时刻提醒自己，要鼓励他们，提供机会给他们，但也难免疏忽，今后类似活动需要多注意。

在活动过程中，由于资源有限，工作员提供的物质支持实在不多，只是不断注入积极正面的生活信念，不断给予组员肯定、欣赏及鼓励。在目前的条件下，这些精神支持是十分重要的，有助于他们自立、自强、自助。在服务过程中，小组只是一个引发组员对自己人生思考的起点，组员

图 3 - 3　参加学习辅导班的农民工子女们

们更多的改变应该通过小组平台延伸到生活当中。社工播撒下种子，无论对耕耘者、收获者还是服务对象自己，都是"助人自助"的意义所在。

三　学校其他层面介入

社工在介入学校社会工作的其他方面还做了以下的努力。

在学校设施改善方面，主要是 Y 学校的设施改善。Y 学校在辖区内的民办学校中，设施是比较差的。服务站工作人员多次在 Y 学校做活动时发现教室内的玻璃、黑板、课桌多已破损，电路也有老化的情况。冬季来临，很多学生衣着都很单薄，在没有玻璃的教室内上课很不利于学习。所以，在和学校商定后，由学校在学生家长中寻找会木工、玻璃安装的人，服务站提供材料（玻璃、木料、辅件）和劳务费，由他们负责施工安装。同时，每个班级都开展一次班会，讨论如何保护班级财产。在学生放假后，服务站以同样的方式继续为 Y 学校修补破损的黑板和课桌。

在改善师生关系方面，服务站的驻校社工通过长期在学校中的观察，了解学校以及学生的需求，然后根据需求开展一些服务。如加强学校老师与学生的沟通，透过心里话信箱和服务站的 QQ 群，让学生把想对老师说的话、建议和意见，由驻校社工转达到老师那里；也将老师对学生的意见和建议及时透过小义工传达给各班学生。通过增进双方的沟通，搭建不同类型的沟通平台，改善师生关系。

在资源的获取与扩展方面，农民工服务站工作人员做的工作，主要是联系蒲公英助学会和贵州和立社会发展研究所，为贫困学生提供学费资助。

在稳定教师队伍方面，农民工服务站所做的主要是危机处理。有一次，校长与一位英语老师发生了严重的分歧和肢体冲突，英语老师在学期中途愤然离校，导致整个学校无人上英语课，社工在三天时间内帮助学校找到了代课的英语老师，保证学生的正常学习。由于此事在学校内部造成恶劣影响，学生和老师对此有很多猜测和不满情绪，社工及时和其他的老师谈心，了解事件真相，化解矛盾；同时，利用小义工在班级、校内的力量，安抚学生情绪。

第二节 社区服务

一 院落服务

2006～2007 年服务站开展了多次青少年小组服务；2007 年下半年尝试开展了社区活动，但因为参与者居住较散，服务是否有长期效果并不容易评估。而且，我们的服务基本上都是邀请农民工及其子女到活动室或指定地点参加，这样会导致有一部分人因为路程原因不愿前来。

因此，2008 年 4 月我们计划走进农民工家庭居住的院落，在他们的家门口开展一些活动，有关亲子关系、卫生、安全、增进沟通等方面。一方面，能够接近农民工生活的环境，增进对他们的了解；另一方面，更方便他们的时间。院落服务的目的是希望农民工之间能够形成很好的邻里关系，建立邻里之间的支持网络。

服务站工作人员和院落服务核心志愿者一起，通过前期充分准备和探访，在 XG 村选定了 3 个院落作为我们的服务场所。3 个院落都拥有各自的特点，一个是低龄无人照管儿童居多的院落；另一个是背篼较为集中的院落；还有个是工作相对稳定的农民工集中的院落（院落硬件条件较好）。

图 3 - 4 院落亲子活动

我们根据每个院落的特点分别设计他们的服务，每周固定的时间到院落提供服务，包括儿童照顾、儿童游戏、学生功课辅导，成人服务包括法律知识普及、健康知识普及、家庭亲子关系。

2008 年上半年，我们主要尝试的仍然是针对农民工子女的院落服务，在他们的家里进行一些团队合作、分享活动。下半年至今，我们则将目标定位于青少年和成人的结合，从增进亲子关系入手，进一步增进邻里关系、邻里互助。由于农民工特有的性格特点，院落中成人参与的活动是比较难进行的，需要工作员和他们建立良好的信任关系，他们才会尝试性地参与。就目前我们所开展的几次院落服务来说，都是在做前期的热身活动的时候，首先通过娱乐性的活动让他们熟悉我们；通过孩子的参与接触到成人，让孩子带领家长来参加，让成人逐渐信任我们，关注我们的活动，才有可能进行更深入的服务。

2009 年的服务除了儿童娱乐活动之外，还针对成人普及法律知识。除了贵州省高院的书记员王政之外，中东法律服务所的罗律师也成为我们的长期志愿者，深入院落向农民工宣传法律知识，主题不仅包括农民工关心的拖欠工资、工伤赔偿，还包括婚姻法、未成年人保护法等。通过法律知识的宣传，树立他们正确的法律观念和法律意识。其间，院子里一位姓张的农民工的工伤没有得到应有的赔偿，在罗律师的帮助下，转介到云岩区法律援助中心，利用法律手段，维护了合法权益。

2009 年下半年，由于甲型 H1N1 的流行，再加上农民工居住院落人员集中、卫生条件差，很容易出现病毒传播的现象，我们邀请红十字会的工作人员到院落里宣传防治甲流的知识，并且将宣传单和宣传海报发放到每户人家，发放口罩和感冒药给院落居民。除此之外，我们还与 G 市疾控中心合作，在院落里向妇女宣传女性卫生保健知识，并免费向她们发放避孕套。

我们分别在 2009 年和 2010 年组织以"和谐院落你我他"和"其乐融融一家亲"为主题的系列活动，丰富孩子们的业余生活，增进亲子沟通，同时吸引了周边区域的家长与孩子的观看与参与，深受孩子和家长的欢迎。

图 3 – 5　院落联欢会

我们希望通过这两个院落活动的尝试，总结出一些方法，形成院落之间的互助关系。这对于整个社区的各方面状况（如卫生、治安等）都会有所改善。

二　低龄儿童的照顾

农民工家庭一般孩子较多，家长外出工作的时间从上午 7 点到晚上 20 点之后，他们未上学的子女大部分是独自在家（也有爷爷奶奶照看的，为数不多）或托管到邻居、房东家，而上学的子女从学校回来后也是独自在家，稍大一点的孩子回家后还要做很多家务。因此，在社区中常常有儿童走失、被拐卖、遭受意外伤害的情况出现。

图 3 - 6　院落低龄儿童照顾服务

（一）社区儿童安全知识活动

根据调查中反映出来的上述问题，在服务站实习的社会工作专业的 6 名学生，开展了社区儿童安全知识宣传活动，分别在 Y 学校和 X 学校的学前班至初三年级开展。此次活动实习生们针对不同年龄段的儿童可能遇到的安全问题以及他们自身的理解能力，设计了不同层次的宣传方式。对低年级的儿童，他们通过游戏的方式宣传交通安全（识别红绿灯、独自在家时的各种情境、紧急电话的使用、雷雨天的应对方式等），对高年级的孩子则采用知识讲座、知识竞赛的形式。整个活动参与学生共 900 多人（Y 学校和 X 学校的全体学生），每周进行一个年级的安全活动，两所学校同时开展。

（二）活动室的开放

活动室是服务站除办公室之外的主要的开展活动的场所之一。2005 年 3 月～2008 年 12 月，服务站租用居委会的一套房屋作为活动室，周一至周五下午 16∶30～18∶00，周六、周日全天开放给农民工子女进行阅读、文娱活动、学习辅导等。2009 年 3 月，我们在 Y 学校租用一个房间作为新的活动室。开放时间为周一至周五 12∶30～13∶30 和 15∶30～17∶00 两个时段，为学校的学生和周围的儿童提供图书、文娱用品等娱乐活动。由于活动室较小，为保证儿童安全，每次接纳的人数为 25 人（人数满了之后，则有工作人员安排其余儿童或学生在操场进行游戏，待有人离开后按顺序入场）。周六和周日则全天开放给所有学生和儿童使用。

活动室给学校附近的儿童提供了一些阅读的机会，同时也给儿童提供了一个比较安全的活动场所。

（三）　院落活动的辅助

由于院落中低龄儿童很多，因此在院落服务中，我们在低龄儿童无人看管较严重的院落中主要开展儿童游戏、儿童照顾等活动。通过活动的宣传，院落邻里关系、互助关系有所改善，相互帮助照看儿童的现象如今普遍存在，这在一定程度上缓解了农民工家庭的压力，同时也有利于儿童的安全保障。

三　辍学、失学青少年的照顾

7～16 岁的青少年本该在学校里接受九年义务教育，可是有一些青少年既不接受学校教育又没有固定工作，经常出入娱乐场所等，游离在社会控制之外。服务站开展此项活动的尝试主要是基于某个事件的启示。

初二学生（小王）因为玩网络游戏和父亲闹矛盾，被父亲打后，离家出走已经三天，一直混迹于社区内。小义工知道情况后，及时向社工反映情况，社工和小义工们一起到各个网吧寻找小王并劝他回家。与此同时，社工还到他家协调父子关系，并给予个案辅导。为避免小王在城里挡不住网络的诱惑，他的父亲执意让他回老家读书，小王被送回老家之前，和父亲的关系稍有缓解，并且已经回到家中。

从这一案例社工开始意识到失学少年问题的严重性，并探索这一群体在社区中的"不良表现"的缘由。①由于初来城市，自卑心理严重；②学习成绩较差，没有学习兴趣；③抵挡不住娱乐场所特别是网吧、游戏厅的诱惑；④缺乏朋辈和家庭的支持等。同时社工在多次深度访谈后发现，他们的问题尽管表现为学业问题、情绪问题，但追其背后的根源都来自家庭关系问题，而其中缺乏家庭的支持是最重要的原因之一。许多青少年来到城市，失去先前朋友的联系，家庭内部沟通欠缺，尤其是新到城市的那部分人感觉自己孤立无助。我们在与一些农民工家庭的接触中，也了解到农民工子女来到城里之后学习、社交、情绪和心理上都会出现危机，厌学和逃学现象比较严重。有些家长对于孩子辍学、声称去当背篓赚钱的想法是无奈的，但同时也是赞同的，毕竟家中孩子较多，自身收入较少，支付多数孩子的学杂费对他们来说是比较吃力的事情。

离家出走、辍学打工这样的事件在学校以及社区里常有发生，社工的及时介入对于避免事态恶化、问题的解决都有着积极的意义，而单凭社工偶尔的介入提供应急服务是无法从根本解决问题的。很多青少年的问题不是单纯用小组或知识普及等类型的服务就能够解决的，还需要个人辅导的服务，需要社工常驻学校，与全校师生建立良好的关系，从而及时发现问题、处理问题。当然也可以设计一些能解决此类问题的新型服务项目，让家庭的支持成为最重要的支持系统。

同时，社工也意识到，单纯地希望辍学、失学青少年重回学校读书是不理智的。读书被普遍认为是必需的，但我们不可否认，有些青少年对学校厌恶，或许对他们来说离开学校也不失为一件好事。社工最重要的工作是帮助这些青少年找到人生的目标和方向，帮助他们意识到人生理想的重要意义，同时协助他们树立自信。

第三节　能力建设

一　义工精神培训

从 2008 年下半年起，我们参与了南都基金会"天使在身边"项目，重点在培养农民工子弟学校学生的义工精神和社会责任感。这个项目也是服务站一直在策划的内容，要想实现"自助"的目的，志愿者团队离不开农民工子弟学校学生的大力支持，而小义工角色的定位给我们的活动带来了诸多方便。

（一）培训

在学校招募 30 余名学生参与小义工的第一期培训和活动，由于学生家庭的流动以及个人原因，在 2008 年底有一部分学生退出了此项目。因此 2009 年 3 月 1～10 日，我们又在 Y 学校和 X 学校初一至初三年级招募小义工，从 11 日起分别对报名的学生进行个人面试和小组面试。通过对每个学生的两轮面试，筛选出 40 名小义工（两所学校各 20 名），并于 3 月 23、25 日分别对两所学校的小义工进行了第一次的培训（主题：相互认识、义工大联想）。培训过后，我们邀请小义工们重新布置我们的活动室，安排活动室的物品摆放、空间划分；同时和他们一起商议活动室的管理规章以及义工在活动室的工作职责。此后，周一至周五活动室的开放以及管理基本由小义工们轮流负责，工作员仅负责督导工作。

4 月 13 日，我们邀请明爱的李志成先生和蔡慧冰女士，在活动室对小义工进行了团队培训，促进他们之间的合作，同时教授他们一些图书管理的方法和技巧。

4 月 18～19 日，我们借用××小区居委会的青少年活动室，对小义工们进行了为期两天的培训。主题包括：促进两校义工的融合、认识自己与他人；沟通技巧、解决问题的能力；关爱与义工精神；助人者的压力与动力。

4 月 25 日，在××小区青少年活动室又进行了一天的培训，主题是：服务的真意、信念和盼望。同时，工作员和小义工们一起讨论，可以开展什么样的服务，回馈社会、传递义工精神。

（二）实践

经过几次培训后，小义工们利用每周五下午活动室工作总结的机会，一起讨论服务内容，最后确定了校内环境卫生服务、同学关系促进服务，同时参与我们的打工者街头和院落服务计划。

借助小义工的帮助，我们从 2009 年 5 月开始，每个月在 Y 学校开展不同的主题活动。到目前为止，我们已经开展了"劳动最光荣""六一快乐""神棋"（棋类比赛）、"妙笔"（作文比赛）、诗朗诵比赛、讲故事比赛等主题活动。所有的这些活动，从设计到招募、组织，都是小义工们在工作员的督导下完成的。以"妙笔"作文比赛为例，小义工们和工作员一起商议作文的主题、比赛的分组（小学组、初中组）、评委的选择，然后他们再到每个班级组织宣传活动，收集作文，一直到最后的颁奖。另外，小义工们在 11 月底校庆活动上承担了组织开展加强教师、家长和学生关系的互动摊位游戏活动；12 月在我们工作员的引导、支持和协助下，在校园内策划、组织、开展了"我的校园，我的家"校园卫生知识宣传活动以及"牵手"校园安全互助活动。同时，小义工们还与贵州大学"七音符"志愿服务队一起组织开展了环保创意活动，其中小义工们负责招募并组织学校同学参与此次活动。

尽管活动设置、安排组织中有很多不足，但是这批小义工表现出了很大的主动性和积极性。在这样的锻炼中，小义工们各方面的能力都有所提高。从最初不敢、不知道如何站在讲台上说话，到现在的流畅自如，虽是一个艰辛的过程，却有了喜人的变化。

二　团体活动

农民工子女普遍存在自卑、社会交往面窄、缺少人生规划、城市适应性差以及亲子沟通少等问题，这些问题的存在对于我们开展学校、小组、社区等服务项目有一定的阻碍，在某种程度上影响活动进程以及活动目标的实现程度，因此开展针对农民工子女自身能力提升的团体活动显得非常必要。

每年服务站都会接受来自贵州大学和贵州师范大学社会工作专业的实习生，针对农民工子女开展的不同主题的团体活动因此井然有序地进行，包括：人际沟通、团队合作、自信心提升、人生理想、社会适应、亲子沟通等。2008 年以来，共计 11 个小组，服务人数百余人，实习生人数86 人。

这样的团体小组活动对于提升农民工子女的自信心、荣誉感、团队意识都有着重要的作用。活动开展至此，我们的小义工团队不断扩大，综合素质得到提高，而且很多已经成为班级甚至学校的干部。

第四节 社区行动

一 快乐假期系列活动

寒暑假一般是学生们比较向往、比较自由的时期。但是，由于农民工子女所处的农民工聚集区条件较差、农民工子弟学校关闭，孩子们大多处于闲暇状态，每天也多在家里、社区中玩耍，没有合理利用假期的意识和习惯。再由于父母忙于生计，缺乏必要的照顾以及社区内环境的复杂性，假期容易形成安全隐患。因此每年的寒暑假，服务站的活动室招募大学生志愿者为前来的农民工子女提供功课辅导、课外图书阅读、游戏、文娱活动等服务，让他们拥有一个快乐充实的假期。

2007年8月，来自明爱坚道社区中心的义工和服务站的志愿者在服务站和X学校进行了志愿服务交流、农民工家庭家访、嘉年华晚会系列活动。经过持续3个小时的交流，双方志愿者都对彼此的专业计划及志愿服务的内容有了一定的了解。之后内地与香港义工分组进行农民工家庭家访，邀请农民工朋友参加在X学校举办的嘉年华晚会。活动采用摊位游戏的方法，现场异常火爆，孩子和家长们都称收获很大。

图3-7 快乐假期活动之一——黔灵公园游园

2008年的暑假刚开始,我们和贵州大学社会工作专业的大四实习生一起,开展以"认识G市"为主题的暑期活动,通过带领农民工子女到X社区附近的学校、书店、体育场、公园参观、走访,增进他们对城市的了解,拓宽眼界。

以拓宽孩子们的视野、丰富他们的课余生活、培养他们的道德情操为主要目的的兴趣班从2008年开始在寒暑假定期开展,主要包括美术、体育、绘画、音乐、舞蹈等,主要由贵州大学、贵州师范大学社团招募多才多艺的志愿者,在XD社区、Y学校开办暑期班。

同时,在活动室中,安排游戏,读书小组,围棋、象棋、跳棋活动,动画片和影片观看分享活动,图书朗诵活动,讲故事比赛,舞蹈和歌唱小组,绘画比赛,角色扮演等活动,让他们在游戏中学习,提高自信,改善交际能力,加强自我意识和学习能力。另外,在活动室外,组织学生野外游玩活动。

在"G市晚报"记者的协助下,我们与沃尔玛超市共同开展农民工子女快乐暑期系列活动。2008年7月25日,沃尔玛的员工来到服务站活动室,组织农民工子女开展了一系列的游戏活动和聚餐,并向我们捐赠了一批图书和玩具。这是我们第一次尝试与企业合作开展活动。8月12日沃尔玛的员工主动联系我们,再一次组织开展活动。

图3-8 快乐假期活动之一——大学校园行

图 3 - 9　快乐假期活动之一——聚餐

在暑期和沃尔玛的两次活动中，企业的主动性和积极性让我们很受鼓舞，所开展的活动也很受孩子们的喜爱，同时也为我们提供了图书、玩具等资源。沃尔玛的外联部主管表示，之前他们并不知道我们所做的事情，了解之后觉得很有意义，表示会继续和我们合作，为这些孩子尽一份力。这让我们感到应该更多地加强与外界的联系和对外宣传。

图 3 - 10　快乐假期活动之一——科技之旅

2009 年 7 月，我们志愿者与香港明爱义工进行了为期 5 天的交流、服务，其中活动主题包括：志愿者经验分享、团队培训、学校服务和家庭服务。

二　健康卫生

X 社区为城乡接合处、外来务工人员聚集区，社区卫生状况差，饮食夜市摊点、菜场分散，人员成分杂、素质低、流动性大，重点场所多，治安难度大，是人们眼中"脏、乱、差"三不管地带。健康卫生关系到农民工的切身利益，社区的现状存在诸多不足，因此服务站在 4 年的社区活动中持续关注，运用宣传健康卫生知识的方法向社区居民普及卫生知识，不断提高农民工的防病意识和自我保健能力，使农民工在日常生活细节上实现"自助"。

（一）社区卫生宣传活动

我们从居委会了解到，社区清洁工人（3 名市政环卫和 7 名社区外聘环卫）工作很辛苦。由于属于临时工性质，所以很多店铺的店主对他们的劳动成果不以为然，常常破坏卫生环境，贬低、辱骂他们。鉴于此，我们邀请了一些志愿者、这批清洁工和居委会的书记、主任一起商量在社区内进行一次社区卫生宣传活动，这次活动的宣传内容将由这批清洁工负责。服务站负责提供相机；居委会负责展出活动的安排；大学生志愿者负责教会清洁工人使用相机和制作海报，协助清洁工制作展板；清洁工人负责用相机记录下社区内不文明的行为和卫生状况，记录他们自己的工作过程。

图 3 – 11　"五一"劳动节街头宣传

经过一个星期的准备，活动在各方的共同努力下顺利展开，在社区居民中产生一定的反响。尽管这次活动对于社区卫生状况的改善没有多大的帮助，但是参与活动的清洁工们对此却有很多感触。他们没想到自己能用相机，没想到自己拍的照片能在街头展出、能得到社区领导的表扬，甚至路人的赞赏。有位清洁工说道："我感觉我做的是最低贱的工作（打扫卫生），但我今天的照片却被展览出去，其他很多人都做不到嘞！"

同时我们也有诸多感触，我们似乎常常把农民工当成"弱者"去"助"，却忽视了社会工作中最关键的一个概念——"增权"。也许这次活动并非真能"增权"，但这些清洁工人的反应给了我们一个很好的提醒，我们的服务应更多地包含"自助""增权"，尤其是在成人的服务中。

（二）甲流预防知识宣传

2009 年，由于甲流的流行和传播，G 市的一些小学停课。农民工的居住地往往是人流较集中、卫生状况较差、容易发生疾病传染的地方。因此，我们在下半年集中一个月的时间在 X 社区和 XG 村集中宣传预防甲流的措施，提醒农民工家长注意自己孩子的健康状况，出现问题及时就医。我们不仅在摊位上摆放宣传展板、海报，宣传简单的预防知识和方法，尤其是学校的学生如何预防甲流；同时还走街串巷，进入农民工的家里发放宣传单以及口罩。为了吸引他们的注意，我们在活动现场设有甲流知识问答，回答正确的有礼品和宣传册赠送。同时，在现场由志愿者示范正确洗手的方法，使围观者除了看宣传单外，能更直观地了解预防甲流的简单方法。

（三）卫生保健知识宣传

我们利用 G 市全市整脏治乱行动的机会，向农民工宣传一些日常卫生保健知识，同时发放一些卫生、清洁用品，呼吁他们一起行动起来改善生活环境的卫生状况，了解保持居住地附近的环境卫生对自己的重要性。但这项宣传活动响应者寥寥无几。我们在分析原因的过程中意识到农民工对现状的漠视和无奈，他们关注的重点在于在不改变现状的情况下如何增加收入，而卫生保健知识似乎与己无关。

图 3 – 12　卫生保健知识宣传活动

2009 年冬季，我们和红十字会一起在 X 社区和 XG 村开展包括防艾、防冻、防甲流为主题的冬季保健知识宣传。通过宣传海报、宣传册、有奖问答等形式，向农民工宣传如何防治冬天常出现的疾病和一些基础的保健知识。在宣传的过程中，我们的工作人员和志愿者主动与农民工聊天，了解他们冬季的生活情况，以及马上要到来的新年的安排等。

（四）社区卫生传染病宣传防治工作

大学生志愿者在参与服务站的家访活动后，主动申请针对社区卫生方面开展一些宣传活动。针对季节转换期间传染病高发的状况，确定了进行传染病知识的宣传防治活动。项目工作人员与 G 市几所医院、防疫站联

图 3 – 13　街头冬季保健知识宣传

系，搜集相关资料，在街头将传染病预防的宣传单发放给农民工，并进行简单讲解。项目工作人员在活动前走进农民工家庭进行宣传，并邀请农民工（成人）参与讲座。

我们邀请 G 市疾控中心的工作人员两次到 Y 学校对农民工讲解如何在日常生活中预防流感、肺结核等传染病，如何预防艾滋病，活动过程中穿插提问、知识抢答等环节。每次活动都限定为 30 户，但大部分家庭都会带至少一个孩子同来。参与活动的家庭反馈较好，很多人都说："这种活动又能学东西，又能领礼品，肯定愿意来参加。"

三　法律服务

经过服务站一位志愿者的牵线搭桥，服务站与 G 市中东法律服务所达成协议，由中东法律服务所每周固定时间派律师到服务站值班，为农民工提供免费的法律咨询，由服务站提供办公地点。中东法律服务所在司法厅取得了进行法律援助的许可，因此可以根据我们转介的当事人的实际情况提供法律援助或低收费法律服务。此外，他们为我们开展的法律宣传活动提供专业的指导，这也是我们为服务站扩充网络资源的第一步。

服务站与 X 社区居委会携手，定期在 X 社区开展外来务工人员法律知识街头宣传活动。就农民工常见的法律问题（如拖欠工资、工伤等）、如何保护自己的权益，以发放宣传单、播放录像、展板、街头咨询等形式进行讲解。同时志愿者们通过家访、邀请的形式，对农民工家庭进行宣传，并邀请他们定期参与在 Y 学校举行的"农民工维权意识短片宣传活动"。主要在活动中播放由贵州电视台拍摄的"农民工法律知识宣传片"（该片以不同的故事的形式讲述了农民工常遇到的法律问题，以及如何解决。贴近生活，通俗易懂），并邀请在法院工作的志愿者进行现场解答。

法律维权知识，一直是我们外展主题服务的重点之一。每周我们都请高级人民法院书记员、专业律师以及法学专业的志愿者到活动现场，随时解答前来咨询的农民工所提出的各种有关法律方面的问题。我们发现，在这样的活动中，在校大学生存在经验不足、只懂得用书本上的知识回应问题、难以提出实际可行的解决方案等问题，而农民工更喜欢找有实际经验的法院工作人员和律师咨询。这也提醒我们，单纯依靠大学生志愿者是不够的，我们需要一些具有社会经验的人加入我们的团体中。

图 3 − 14　街头法律知识宣传

在农民工咨询法律问题的过程中，我们的社工也时常在旁边听取问题，并时不时给予同理心的支持，这样对缓解当事人的心理有一定的作用。同时，在结束咨询时，社工会与咨询者交谈，询问收获和感受以及对这一形式的看法。另外，在此过程中，社工会秉承社工理念、运用社工技巧同咨询者沟通，了解他/她的家庭、子女等情况，建议需要者留下其联系方式，并跟进访谈。这一过程充分体现了社工的价值—社工运用手中的资源，使出现危机的案主能够解决问题，并能看到案主自我的成长，这也是我们个案介入的一种方法。

四　社区融合

（一）Y 学校紧急服务及"我们是一家人"融合计划

2008 年 10 月，我们一度服务的 Y 学校因为校长的离职、学校法人经营不善等原因，被教育主管部门取缔。根据教育主管部门的安排，原 Y 学校的学生被统一安排到 X 学校上学。在学校被取缔的当天，我们的工作人员就积极和原 Y 学校教务主任联系，落实原 Y 学校学生人数和基本情况。

当原 Y 学校的学生陆续到 X 学校报到后，我们积极协助 X 学校清点学生人数，并到未准时报到的学生家进行家访，以确保每一位学生都能到校上课。

由于原 Y 学校所用部分教材与 X 学校不同，而教育部门迟迟未能落实这部分学生的教材，全部使用全新教材所需费用又较大，因此，我们与其他民办学校和公办学校联系，采取收集相同的"二手"课本或复印练习册等方式，解决了学生们的教材问题。

此外，原 Y 学校学生在进入 X 学校读书后，由于教学进度、教学方法的不同，出现了学习适应困难等问题。对此我们联络贵州师范大学"爱心家教"协会，请他们帮助有学习困难的同学补课，以使其跟上 X 学校的教学进度，不至于出现成绩大面积下滑的局面。

由于原 Y 学校和 X 学校一直存在着竞争关系，两校学生之间也有很多矛盾。当原 Y 学校学生进入 X 学校后，一部分学生被孤立、被排斥，无法融入群体之中。鉴于此种情况，服务站组织贵州大学社会工作专业三年级的学生，从 11 月起，在 X 学校各班级内以"我们是朋友"为主题，根据各班实际情况分别开展不同的小组活动，以促进学生的融合。

（二）"与国同庆　构建和谐社区"国庆联欢活动

2008 年 9 月，服务站与 X 社区居委会一起，在 X 社区一处居民楼的院子里，举行了国庆联欢活动。这次活动由服务站策划、提供资金和大学生志愿者，居委会提供场地、组织社区的普通居民和辖区内外来务工人员参

图 3 – 15　"与国同庆　构建和谐社区"活动现场

加。这也是我们第一次尝试将组织参与工作交给社区居委会，让社区居委会不仅仅是"挂名"，而是实际参与到活动和服务的过程中来。这次活动的目的主要是加强社区居民与外来务工人员之间的联系，通过表演和摊位游戏，为他们提供一个交流的平台，同时也通过介绍让外来务工人员认识和熟悉居委会的工作人员，消除双方的一些误会。

尽管活动的地点比较偏僻，不太容易找到，但在居委会的组织下，活动当天有近百名居民、外来务工人员及其子女参与。可见，居委会的工作人员有非常强的组织和号召能力，这对于今后我们工作的开展是一个非常强大的资源。

第五节　　直接支持

一　学费资助

对于教育救助，我们主要是对家庭贫困的学生进行学费减免。减免的依据以我们的家访信息为准，减免的数额标准一般是成绩优异、家庭特别困难者首先考虑；每家减免人数最多不超过两个；以女孩子为首要减免对象，目的是防止父母的男孩偏爱思想造成女孩辍学。

工作步骤：首先由学校提供贫困学生名单，或由我们的工作人员/志愿者在家访过程中发现贫困学生。然后，根据贫困学生居住的不同区域组织志愿者分批进行家访，我们要求每户家访次数不低于两次，必须与家长、孩子分别进行面谈，尽可能和邻居面谈一次。家访之后，每位志愿者必须填写家访登记表、撰写家访情况报告，并对救助内容提出初步的建议和意见。

2006年，教育救助两批，共75人，共计补贴学费14540.00元。

2007年，两所学校（Y学校和X学校）共有申请减免学费的家庭近400户。我们组织了40名家访调查员，在培训之后分别进行入户调查，并填写调查登记表和报告。经过初次筛选后仍有109户，我们的工作员再次进行走访调查，于9月学校开学时，减免2007年秋季学期Y学校20名学生（19 户）。

2008 年，由于服务方向的转变和经费紧张等原因，我们较大比例地减少了给服务对象的现金和实物的资助，仅针对特别困难或处于危急状况的服务对象才提供此类救助。为 13 名因 Y 学校倒闭转入 X 学校的学生提供书本费资助。

2009 年，对 8 名学生给予全额学费资助。

2010 年，对 10 名学生给予部分学费资助。

服务站成立初期的大力资助，在一定程度上缓解了部分农民工家庭的经济负担，对于学生的继续读书以及学习动力的推动都有着一定的激励作用。但是这同时也已经在无形中造成了很多农民工个人、家庭和单位的依赖心理，依赖我们所提供的资金、救助，造成了申请学费的家庭激增、部分家长恶意拖欠学校学费的情况。因此，2007 年之后我们严格控制现金的资助，对有需要的人群尽可能提供实物的资助，并且对每一户可能的资助对象进行多次家访、调查，以确认我们所付出的资源能够用到最需要的地方，能够真正帮到有需要的人。同时，我们为社区的农民工提供的多项服务中，也从最初的现金资助为主，到现在减少现金资助，以实物资助为主。

二　优秀学子奖学金

每年通过家访调查和 X 学校的推荐，服务站对该校的贫困农民工子女进行评选，评选出品学兼优、家庭贫困的农民工子女，颁发奖学金，以资鼓励。在颁发奖学金时，邀请获奖的学生家长参加，同时在评选出的学生的班级里进行公开表彰。尽管奖学金的数量并不多，但这对其他学生起到了一个很好的激励作用，对获奖学生的家长也是鼓励和安慰。我们在活动中也向家长多次提出学习成绩对于学生今后发展的重要性。

三　疾病救助

医疗救助主要针对的是一些患有突发性疾病、顽固性疾病、意外受伤的农民工，以及留守农村的年迈的农民工父母等。

2006 年 10～12 月总共用去医疗救助费用 541.50 元，主要用于儿童患病治疗（20 元）、癫痫病患者治疗（161.50 元）、医疗救助费（60 元）、老年人病患治疗（300 元）。

2007 年救助癫痫病患者 1 人。

2008 年数据统计，有 13 户家庭接受药品救助（主要包括 6 户独居老年农民工、3 户单亲家庭以及 4 户主要劳力患严重慢性病的家庭）以及紧急医疗救助（3 人因意外伤害而造成严重后果）。

2009 年至今，持续对 3 户独居老年农民工给予粮油和少量药品的资助。

四　生活必需品救助

我们根据调查得知，一些农民工家庭生活相当困难，有的基本上是有上顿无下顿，这样的家庭不是因为家中劳动力的年龄大、赚钱不容易，就是因为家庭人口多、负担过重。所以我们决定给他们一定的生活必需品补助。

（一）食物救助

2006 年，我们根据农民工家庭各自的情况，定期/不定期地提供生活必需品的资助，这样在能保证他们基本温饱的基础上，鼓励他们通过自己的劳动赚取收入。共计提供生活必需品救助 300 余人次，主要是提供大米、菜油等生活用品。

2007 年，向社区中的 6 位老年家庭定期提供食品和生活必需品，解决他们生活的压力，维持其日常生活需要；医疗救助、生活物资救助等共计400 余人次。

2008 年，12 户居民接受长期生活必需品救助，包括老年农民工家庭、单亲家庭以及缺乏主要劳动力的家庭。

2009 年至今，跟进之前的救助对象，进一步提供救助。对社区中的农民工空巢老人家庭定期给予日常生活必需品的救助和帮扶，保证他们的日常生活能够维持。

（二）衣物救助

衣物救助主要针对贫困的农民工群体，而筹集的衣物多以御寒的冬衣为主。

图 3 - 16　冬衣捐赠仪式

2006 年，我们与高校社团举行了大型捐赠仪式活动，募集衣物 1000 余件，为孩子购买或募捐学习用品、书籍、随身听、书桌等共计 300 多样（件）。在 11 月 14 日举行的以"爱如春风、情暖冬日"为主题的农民工社区服务站冬季物品捐赠仪式后，陆续有人来办公室随意挑选衣服、书包、鞋子等，到年末共发出去衣服 600 多件，裤子 300 多条，书包 50 个，鞋子 70 多双；铅笔、圆珠笔、自来水笔、钢笔、圆规、三角板等学习用具若干。除此之外，根据求助人的申请以及我们的调查，我们还给几户特别困难的家庭购买了新棉絮。

2007 年，获得捐赠衣物共 421 件、复读机两台，并有志愿者和工作人员一起将募捐来的衣物分发给有需要的农民工家庭。

2008 年 11 月中旬，XD 街道办事处和 X 社区居委会主动联系我们，提出由于受金融风暴影响，大批农民工提早返乡，但大多数人都留在 G 市找工作，而不是返回老家。所以希望和我们一起建立一个长期的冬衣捐赠点，由他们组织辖区的居民将不用的冬衣、被子等过冬物资捐献出来，由我们发放给有需要的农民工家庭。之后就有居民络绎不绝地前来捐赠衣物，接受衣物赠予的农民工家庭有百余户。

图 3 - 17　冬衣发放现场

2009 年 11 月，我们与社区居委会一起向 X 社区和 XG 村的贫困农民工家庭和个人发放冬衣 400 余件，其中善心人士直接捐献给服务站所设捐赠接收点的有 100 余件，其余均是捐赠到居委会办公室。

2010 年 1 月和 12 月初，服务站两次倡议冬衣捐赠。据统计，1 月份募捐并已发放冬衣 400 余件；12 月已收到衣物 600 余件，将启动捐赠仪式，发放给有需要的农民工家庭。

第六节　资源整合

社会工作者以资源的整合者著称，他/她依靠可以运用的资源来帮助服务对象解决问题、实现自我价值和社会价值。社会资源的整合对于农民工这一弱势群体来说更是不可缺少的环节。农民工本身就缺乏资源，而服务站存在的意义关键就在于寻找资源、连接资源、确认资源、利用资源。作为一个 NGO 组织，农民工社区服务站可以整合的资源主要包括志愿者、媒体、社会组织、社区居民、政府部门以及其他的 NGO 组织。

一 志愿者

志愿者可以说是服务站工作的主要推动力，而志愿者的能力也会影响对服务对象需求的判断和所提供服务的质素。因此，对于志愿者的培训一直是我们的常规工作之一，以期让志愿者清楚地认识自己、了解自己，提升他们对环境、对服务需求的敏感度。增强策划、执行能力等是我们培训的重点。我们会定期在不同的学校，对不同的志愿者提供与他们所要进行的志愿服务相应的培训。随时给予他们各种支持、鼓励，通过一些志愿者活动促进交流、相互学习。

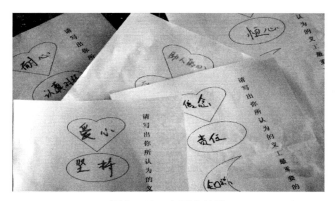

图3-18 志愿者精神

2006年，服务站参加服务行动的义工达到1000多人次，他们有的只来过一两次，但绝大多数成了我们长期的支持者。据记录的固定人数有60多人，都参加了我们全年所开展的所有活动。共对志愿者进行了6次集体交流或培训，包括自我认识、访谈技巧、小组带领技巧、儿童心理、工作心得交流、工作总结和计划。

2007年，我们依靠志愿者开展了大量的工作和活动，项目的成功进行有着志愿者们很大的功劳。但是志愿者由于来自不同的学校、不同的专业、不同的背景，他们在家访调查和提供服务时出现了较大的差异性。因此，2007年我们提供了大量的志愿者培训，期望通过培训弥补差异性所造成的问题，并形成稳定的志愿者队伍。

培训内容包括针对家访中的相关问题、专业小组的问题和督导，主要是对志愿者的志愿服务精神、沟通能力、合作能力等方面进行一系列的训练和提供。

图 3-19　服务站志愿者与香港志愿者在一起

2008 年，除来自贵州大学和贵州师范大学两所学校的志愿者外，我们还在贵州省其他高校、不同专业招募志愿者，同时吸纳了一些非学生的志愿者加入，如司法部门、企业界的热心人士、本社区普通居民、社会爱心人士。长期在服务站参与各种类型志愿服务的人数有 132 名（90% 以上是从服务站成立至今一直参与服务的）。共为志愿者提供培训 12 次。

图 3-20　志愿者培训活动

2009 年，我们在贵州省 7 所高校招募志愿者（包括：贵州大学、贵州师范大学、贵州民族学院、G 市学校、G 市医学院、贵州财经学院、G 市中医学院），主要招募兴趣班、教学辅导班、心理辅导、社会调查以及法律、医学等主题活动的志愿者。同时也利用 QQ 群招募社会热心人士。通过面试和一天的工作坊，筛选了 100 名志愿者参与本年度的志愿服务，根据他们的特长和需要，将他们分为学校服务、外展服务（主题活动）、心理辅导、社会调查、培训 5 大类，从事不同类型的服务。向志愿者提供培训 9 次，每月底举行一次志愿者经验交流会（分组交流和全体交流相结合），以提高志愿者的服务精神和能力，搭建沟通和合作的平台。

图 3-21　服务站志愿者招募现场

二　媒体及社会组织

服务站自从成立以来，得到很多单位和个人的赞许与支持。他们在服务站公益思想的影响下，也自发地通过我们向许多农民工提供帮助。

截至目前，通过我们帮助过农民工朋友的单位有贵州大学法学院、贵州师范大学文学院、贵州师范大学历史与政治学院、G 市消防支队、《贵州都市报》、G 市晚报、X 社区医务室等；还有一些不留名的个人捐来学生学习用品、衣服、棉被、食品等。这有力地推动了服务站工作的开展，极大地丰富了服务站的救助内容和方式。

从服务站开展工作至今，建立合作关系的单位有 X 社区居委会、黔林东路派出所、黔林东路街道办事处、X 社区医院、金涛医院、贵州各高校社会工作协会（学生社团）、G 市民政局、G 市救助站、X 学校等。

此外，《工人时报》《劳动时报》等新闻媒体，也曾到服务站内参观、访问；《贵州日报》曾给予大版面报道《瞧，这群爱心年轻人——记我省首个 NGO 农民工社区服务站里的志愿者们》，《贵州都市报》报道兴趣班的内容《没有舞蹈鞋和漂亮的衣服，然而她们有甜蜜的微笑——26 个小妹妹学跳拉丁舞》，以及贵州金黔在线对我们"天使在身边"项目的报道《天使进社区——让农民工子女增强自信》。

不同的单位/团体不仅给我们的工作提供了大量的支持，同时也为我们提供了不少的服务对象，扩展了我们服务的影响力，让更多的服务对象受益。

三　社区居民

每年的冬衣捐赠活动中，社区居民都踊跃参加，积极支持服务站和居委会的活动，而且还动员身边的人一起参与；在组织的国庆联谊活动中，社区居民对农民工朋友表示友好的态度，双方合作愉快，服务站工作人员和志愿者也与农民工、社区居民度过了一个祥和的国庆；在院落服务中，我们组织居民与农民工家庭共同合作完成游戏任务，双方通力合作，活动目标达成。

在与农民工的交谈中，我们了解到，农民工认为社区居民（即他们眼中的城里人）的态度大多还是比较友好的，只是由于接触较少，交集不多，也只有产生雇主与雇员关系时才说几句话。这样的状态对于社区融合计划的实现还相差很远，因此运用好社区居民的资源，对于资源的整合是比较好的切入点。

四　其他 NGO

2008 年，服务站两位社工前往北京，继续参与"天使在身边"计划的培训活动。6 月，安排社工参加在昆明举行的草根公益协力营的项目工作人员培训。

2009 年 5 月开始，组织服务站工作人员与 G 市的多家 NGO（贵州发展论坛、意气风发红十字会、和立发展研究中心、蒲公英助学会等）以及省外云南连心社区中心、云南携手等进行交流，增进了解，促进合作。12月，工作人员参与由云南连心社区中心主办的"城市流动人口社区工作研讨会"。通过不断的培训和交流，以达到增强学习、促进机构合作的目的。

| 第四章 |

社工眼中的一百个农民工家庭*

案例一　我不富裕，但我很充实

　　李成健，女，10岁，Y学校读小学四年级。老家在四川，父母常年靠种田为生，没有固定收入。随着孩子年龄的增大，供养孩子所需的学费开销越来越大（李还有一个姐姐，在四川读大学），一家人不得不迁到G市打工生活。迁到G市后，父亲每天以跑摩托车为生，收入微薄；母亲沿街做擦皮鞋的工作。

　　李成健一家租住在煤矿村的一间十几平方米的房子里。里面破旧不堪，基本上没有家具，只有一台很旧的电视机，有时都看不了。家里没有起码的取暖用具，床上被子也很单薄，只有一床很旧很旧的棉被。家里的每个人穿着都很寒酸，没什么好衣服可以换洗。生活上更是简单，早上花五元钱买菜，全家一吃就是一天。

　　即使这样的生活，李成健依然保持着乐观开朗的心境，在学校，她是个品学兼优的好学生；在家里，她又是父母的好帮手。家里贴满了她获得的各种奖状。李的姐姐也在学习之余，用自己的劳动做些零工挣些生活费。一家人在一起相处得很融洽、很和谐，与邻里之间也相处甚好。

　　社工面对这样的家庭，不应仅仅看到这个家庭所面临的经济条件差、物资匮乏等状况，更应该看到这个家庭所拥有的资源、发展的潜能、可提升的空间。对农民工家庭的帮助，运用社会工作服务的方法，例如小组、

---

　　*　为了保护案主的隐私，所有案主姓名均为化名。

个案、社区来做思路已经很清晰了，但我们在行动中应当着重思考的是如何透过服务增加农民工家庭的权能感，如何建立起他们自己独特的社会支持系统，如何从多个层次（社会生态系统理论）来介入农民工家庭的服务。

案例二　贫穷中的其乐融融

李祖龙，男，14岁，Y学校初中二年级学生。老家原在毕节黔西县。因为老家地处偏僻、山高坡陡、交通不便，加之土地少而贫瘠，生活十分困难。若遇到天灾收成不好的情况，一年的粮食只够吃8个月。因此，李祖龙的父母只得进城务工。

李家共有6口人，李祖龙上面还有一个姐姐，下面有一弟一妹。父亲李勇是一名清洁工，母亲是个环卫工人，父母每月工资800元。由于收入较少，姐姐现在广东打工，李祖龙和两个弟弟妹妹还在读小学。李祖龙母亲多病，因为顾及兄妹几个读书，所以一直没舍得拿出钱来看病。

一家人生活在两间30平方米左右的小屋里，里面除了一台电视和一台洗衣机外，基本上没有其他值钱的东西。李祖龙和弟弟妹妹做作业就只能把床当书桌。李祖龙作为哥哥，平时不但要照顾弟弟妹妹，还要帮助父母做家务。一家人日子虽然艰苦，但还是其乐融融，享受着清贫却简单的快乐。

经济问题、医疗问题、住房问题以及子女教育问题依然是摆在李祖龙一家面前的大问题。然而，困境中的他们相濡以沫，快乐清贫的日子是他们生活中最宝贵的财富。社工可以以此为突破口，一方面在心灵上尽可能地做到感同身受，默默地给予支持和陪伴；另一方面可以利用社区的资源乃至社工手头上的社会资源，去帮助这个家庭获得一些改变。

案例三　一个单亲农民工家庭

李斌，男，6岁，在Y学校读小学一年级，与姐姐和母亲相依为命。姐姐李琴，11岁，就读于巫峰永恒小学三年级；母亲何德仙没有固定工作，每天早出晚归打些零工，在建筑工地上背砖头、挑水泥，独自抚养两个孩子。

李斌原户籍在黔西，父亲因病去世后，家中所有的负担全落到母亲一人身上。为抚养两个年幼的孩子，不让他们辍学，母亲带着一家人来到 G 市，在 G 市气象局附近租到一间房子。每月的房租、电费、学费、生活费都由母亲一人承担。母亲天不亮就起床出去干活，姐弟俩下午放学回来后就自己做饭吃，然后边写作业边等妈妈回来。家中唯一的家具是一台 17 英寸的电视。

平日里，李家的所有活动，诸如做饭、吃饭、睡觉都在那间 14 平方米的房间。因为房间太小，至今母子 3 人还只能挤在一张床上睡。由于生活环境不好，房间阴暗潮湿，卫生条件差，空气不流通，人极易生病。一旦生病能不吃药就不吃药，最严重时就到附近的私人诊所买一些最便宜的药。姐弟俩学习成绩不是太好，再加上母亲忙于干活，两姐弟的衣服都较脏，家里的东西堆放凌乱不堪，显得非常拥挤。

社工的专业理念要求我们不仅要具备专业的理论和知识、熟练的介入方法，还要对案主潜在的资源具有一定的敏感度。但有一项条件可能是更基本的，那就是每一个社工都需要保有一颗关怀的心。案例中的单亲妈妈的艰辛，或许不仅仅是我们所呈现出来的这些。一位单亲母亲的压力与生活上的诸多不便是要工作人员从心灵深处去感受的。之后，才是自觉自愿地和她一起去面对和克服这些困难，自觉自愿地成为服务对象人生故事中的参与者，默默地陪伴她走过生涯中的这一段，给予她必要的力量。

案例四　父亲对子女的期望

李心青，女，12 岁，家住大吉巷。李心青的父亲李靖十几年前因高考两分之差落榜，由于家里地少，便开始在 G 市打工，将年迈且多病的爷爷奶奶留在老家。妈妈因为没有文化，前几年以卖菜和爸爸共同维持生计。他们每天早上三四点起床，晚上七八点才回家。

一年前母亲到山东打工，每年会往家里寄些钱，才能让家人勉强度日。大姐李霞（16 岁），初二时辍学到浙江打工。李心青与弟弟李心忠分别就读于 Y 学校小学五年级和四年级。自从妈妈和姐姐走后，家里所有的家务都由李心青来做。在 G 市，李心青一家与叔叔婶婶一家住在一起。李心青的叔叔只上到小学二年级，现在和婶婶一起卖菜，生活也很困难。李心青的爸爸李靖现在靠卖甘蔗供养家庭。李靖在卖甘蔗前在工地打工，但是由于时常被拖欠工资，就离开工地，自己开始摆摊卖甘蔗。但有时甘蔗和筐子会被城管队员收走，需要花几十块钱才能赎回来。

全家租住的房子共有 3 间，总共 20 平方米左右。门口旁的一叠木板是做饭做菜的地方，最外一间堆放杂物，中间一间和最里的一间住人。中间的房间里搭成的上下铺位，是他们一家和叔叔一家的栖身之所。叔叔和婶婶睡上铺，下铺给李心青和堂妹睡。最里面不足 3 平方米的房间是李靖和儿子的床铺。床下的空间作为"仓库"储存要卖的甘蔗，家里没有任何家用电器，只有两张桌子、一把椅子供姐弟学习用。李心青说："我们以前住的房子要大一些，房租大概 500 元，但是太贵了！现在我和弟弟的学费每学期加起来将近一千块了，我们不得不搬出来！我家现在离学校很远，走路要半个小时左右才能到学校。"

李心青说："爸爸不让我们过问家里的经济开销，他只是说希望我们都能学习好，不要像他一样。我们都很明白爸爸的心。"

李心青的爷爷奶奶尚在老家，但身体不太好。爷爷以前从山上摔下来后就再也无法劳动，奶奶只能种点简单的农产品。父亲李靖的腰不好，也常常会感觉到头痛。

这是一户很特殊的家庭，父亲因为高考的两分之差，使得自己的人生继续着祖辈的艰辛，所以把希望全部转移到对儿女的期待上。在介入帮助这一家庭的同时，工作人员要注意到父亲李靖文化水平相对较高这一优势，一方面帮助其提高自信、树立信心；另一方面可以为其寻找合适的培训机会和就业机会。

案例五 城里谋生其实也难

李俊，男，42 岁，已婚，高中文化程度。老家在贵州安顺市关岭。李俊在老家建新屋时，向朋友亲戚借了些钱，新房建好后，欠了一大笔钱，现在经济拮据。李俊家里 5 口人，李俊在街边做水果生意，妻子和大女儿都为了帮助家庭到外地打工谋生，但寄回来的钱很有限，除了要用于还债以外，还要帮助家庭开销，勉强能应付每月的生活支出。剩下二女儿和小儿子在 X 学校小学部读书。李俊带着一儿一女和小舅子挤在一起住，一张双层床，几张椅子桌子，一些煮饭用具。住房面积很小，最多不过八九平方米，很拥挤。

李俊的生意时好时坏，旺季的时候好过一些，可是一遇到淡季经常是入不敷出。每月的钱都用在交房租、水电费、日常必需开销等上面，每月所剩无几，有时还得向别人借才能解决，而且在街边摆摊还会经常被赶走。

儿子的学习成绩属于中等，女儿李青青的成绩较好。由于经济问题，一家人每天都得吃便宜的饭菜，孩子明显表现出营养不良。李俊患有风湿病，每到天气不好时，总是疼痛难忍。

社工介入农民工家庭提供服务，到底可以给他们提供什么样的不同于普通爱心救助的专业服务呢？怎么提供呢？我们不仅要对农民工子女进行帮助，而且要从家庭、学校、居住的社区入手，帮助其改善生存环境，建立关爱、和谐型的社区，切实保障农民工家庭的健康运转以及农民工子女的健康成长。所以我们要尽可能地发掘农民工家庭周围的资源并有效地组织利用。

案例六 团结就是力量

李发明，男，37 岁，已婚，小学未毕业，现在与妻子一起在 G 市环卫站做临时清洁工。每天工作量大，早上很早起床上班，晚上也要到深夜才能下班。每天起早贪黑，但工资却很低。全家 5 口人，3 个孩子均在读书，因此家庭负担比较重。除了正常的生活开支可以勉强承担以外，其余的花费就完全无力支付。日常消费限制在很低的水平，每天的菜只是素菜，基本以土豆、酸菜、豆米为主。

全家居住在一间 10 平方米呈梯形状的房间里，没有窗户，仅有一扇破旧的木门。屋里很暗，只有当开门时才有光线进来，门关上时屋内只能开灯照明。父母和子女睡的地方用一块破布隔开。床上有油污，因为做饭睡觉都在这一间屋里。一家人穿着都很朴素，甚至有些寒酸。因为没有钱买衣服，长期都只穿一件衣服，所以难免会脏。

令他欣慰的是子女相对懂事，除了认真学习外，还会帮父母做力所能及的事。有时候李发明不免抱怨说："孩子在老家上学学费还可以减免，但在这里来读书就得交学费了。我们这点钱哪够交啊，通常都是先交2/3的学费，剩下的学费靠以后生活上节省下来的再补上。"李家人关系融洽，正如李发明所说："本来家庭就困难，更需要一家人的团结。"

社会工作，是一项助人的工作，要帮助个人、家庭、社群或社会解决具体的问题，其实并不是一件容易的事。每一个看似简单的问题背后，可能都有相对超出我们预期的复杂的社会、心理的原因。就像李发明抱怨的"孩子在老家上学学费还可以减免，但在这里来读书就得交学费了"。的确如其所说，有时候社工面对宏观和微观的社会制度、个体的和社会的价值观、专业能力不足以及人际关系等诸多因素都感到失落和无力。有时候，社会工作所期望的改变以及所带来的影响不能立时兑现，而是需要一个过程。所以，作为社工，作为黑暗中的一点小小的烛光，我们不要停止努力的步伐，一直向前，可能当我们不经意地回头看时，那点星火已经照亮了身边那些可爱的人。

案例七　六口之家的艰辛

罗发琴，女，35岁，已婚，文盲。贵州黔西人。罗发琴夫妇均是清洁工。一家人来G市3年了，老家没有多少土地，有的都放荒了，家乡还有一个老父亲，丈夫每月都要给老父亲寄生活费。他们共有4个孩子，其中两个孩子正在上学，但还有两个年龄尚小。全家6口人，现居住在实验三中附近，只有一间大约15平方米的房子，屋子光线不太好。房子里还放着一些餐具、一个火炉、一台旧电视机。全家人生活环境很拥挤，房租每月110元。夫妇俩每月收入基本够生活费和交房租，现在虽然两个小一点的孩子还未上学，但是两个大一点孩子的学费已经让夫妇俩吃不消了。

夫妻两个每天都是凌晨出去打扫卫生，一直要到下午5点才可回家休息。小的孩子只能交给邻居或同乡代为照看，两个大的孩子放学后就把小的接回来照顾。即使这样忙碌，一家人维持生计还是有些困难。

案例中的罗女士家庭，具有典型的农民工家庭所具有的问题：经济问题、子女教育问题、赡养老人问题、社会保障问题、住房问题等。面对服务对象纷繁复杂的问题，工作者可以利用社会系统理论，从多个层面介入，如从个人、家庭、学校、社区入手，帮助其改善生活环境，改善邻里关系，让社区居民积极参与到关爱农民工家庭的行动中来。

案例八　儿子眼里的好爸爸

罗德鑫，男，9岁，Y学校二年级，成绩优异。父亲罗帮云，在煤矿村靠拾荒为生，母亲黄彩敏两年前离家出走，至今下落不明。父子两个人住在煤矿村东山脚。父亲靠拾荒来养活家庭，经济收入低且极不稳定。

罗德鑫的家是一间10平方米左右的黑暗小屋，有小柜子一个，炉子一个，床一张，电视机一台，房间十分狭窄，没有桌子供孩子学习用。房间里堆放着回收的废弃物，拥挤凌乱。父子俩衣衫破旧且单薄，由于收入低，父亲拾荒常常照顾不到家庭，孩子有时一天只吃一餐饭。罗德鑫曾被烫伤，现在手背上留有大面积伤疤。

孩子口中的父亲是一位称职的好爸爸，虽然经济窘迫，却也努力挣钱，为孩子凑学费，晚上还会辅导孩子功课。孩子也很懂事，在班上学习努力，在学期考试中名列前茅。但仅靠父亲罗帮云的收入，很难负担孩子的学费。

作为拾荒者的父亲，除了为家庭提供日常的开支外，还负担孩子的学费真是难上加难。我们要对这位伟大的父亲依靠自己双手劳动养活家庭的行为给予鼓励和肯定，他必将是教育儿子自立自强的现实典范。同时，我们可以帮助这个家庭更多地联络一些资源，如为他们提供冬衣冬被，为孩子提供免费的家教辅导，介绍一些兼职的工作以增加收入等等。

案例九　因老家土地贫瘠而进城的家庭

卢慧，女，16岁。现在X学校读初中。老家在贵州省贫困县纳雍县，因土地贫瘠，每年的收成难以支撑全家人的花销，故举家迁到 G 市。父母因为文化水平低，只能打些零工，做些粗活。母亲在煤矿村山顶租了一块地，种菜卖菜，早出晚归；父亲打点零工。一家 9 口人（爸爸、妈妈、哥哥、姐姐、卢慧以及 4 个弟弟妹妹）挤在一间不足 20 平方米的黑暗小屋内，家里的电饭锅和一台电视机是仅有的电器，一个碗柜、四张床是家里为数不多的家具。一台火炉是家里做饭和取暖的工具，条件甚差。

兄弟姐妹 7 个人，随着年龄的增长学费和生活费也是一笔不小的开销，父母所挣的钱捉襟见肘。卢慧的大哥大姐在外省打工；二姐初三毕业后就没有继续念书，准备到江浙一带打工；其余四个兄弟姐妹均在读书。卢慧的父亲初来 G 市时在工地做过一段时间，而后在工地受伤，造成听力障碍，又被人骗去了手机和一些钱，使本不富裕的家里雪上加霜。卢慧的母亲因起早贪黑地劳动积劳成疾，随着年龄的增长，理解力、记忆力和反应能力明显下降。

健康问题、经济问题以及生活保障问题，是这个家庭面临的几方面的问题。由于资源有限，社工不可能为这个家庭提供长期的直接援助，但有时一句细语的关怀、一句真心的问候、一个鼓励的眼神，都能使得身在困境中的人感到无限温暖与光明。我们要明白，只需送上一个微笑，别人感受到的可能就是很大的温暖！

案例十　好衣服舍不得穿的家庭

胡琴，女，37 岁，已婚，小学文化程度。贵州织金人，有一个女儿，在 Y 学校读四年级，学习成绩中等。丈夫是建筑工人。

胡琴一家在煤矿村租了一间不足 5 平方米的房间，一张小床睡 3 个人，冬天还凑合，夏天十分难熬。房间里十分阴暗，因为少有家具，东西放得到处都是，显得很凌乱。为了增加些收入，胡琴租了一台麻将机，但是很少有人光顾。

一家人穿着寒酸，仅有的几件好衣服都是亲戚送的，平时他们是舍不得穿的，只有走亲访友时才穿。

社工在服务介入时，要给服务家庭播下希望的种子，让服务家庭中的成员看到自己的能力，提高自信心，燃起对生活的希望。同时，社工可以充分发挥在社会资源倡导方面的作用，为农民工家庭建立更多的资源共享网络，让受助人员能够及时得到信息，令农民工的生活现状及时被外界了解。在目前的情势下，这是值得社工思考及富于挑战的工作。

案例十一　靠种菜卖菜维生的家庭

金文强，男，43岁，已婚，文盲。老家在黔西地区，3年前来G市，一家人现居住在实验三中附近的一个十五六平方米的房子里。一家5口人，以租地种菜为生。生意好的时候金文强和妻子一起卖菜，生意淡一些的时候金文强就去背背篼。因为今年雨水少，田地里的菜长得并不好，而且种出来的菜也不好卖。在城里卖菜还要经常因为城管费交掉一部分钱，全家人生活得很不宽裕。每月收入也都花费在生活日常支出和房租上，很少有结余的钱。最多的时候每月能挣到800元，刚好够一家人的生活费和房租费。房租每月100元，有时挣得少就不够用了，还要向老乡借，子女的学费常常拖欠。金文强与妻子一般要到晚上10点多才回家，也没有时间照顾孩子；由于自身文化水平的限制，孩子学业上的问题更是顾及不到。平时在家里的娱乐方式便是看电视。

农民工家庭在社会上处于弱势，这类家庭所面对的情况和问题，又岂能只是经济上的压力呢！当中还有子女的教育问题、住房问题、公平问题、保障问题等。这些问题，常常会使身处城市中的他们感觉到愈发的压抑，出现心理不平衡、自卑、忧虑情绪等，这很容易让他们感到无望。社工介入，不但首先要对家庭注入希望，而且要时刻提醒自己保持希望。个人的心态和信念的积极性对解决问题有关键性的影响。我们要让受助者因为我们的面谈、家访而重获希望，面对明天。

案例十二　夫妻两个人都做背篼的家庭

明才勇，男，35岁，已婚，小学文化程度，贵州织金县人。由于老家的生活条件比较差，明才勇举家来到G市背背篼谋生，希望能给孩子创造一个较好的学习生活环境。女儿明燕与明冰都在 X 学校读小学。明才勇老家的土地都是由家人耕种，他一般是做完农活就来 G 市打短工，在农忙季节又返回老家。

明才勇家设施简陋，除电灯外没有任何电器，就连放衣服的衣柜都没有，而是有几根绳子，几件衣服胡乱地挂在上面。家人的衣服大多数都是别人送的，基本上很少买新衣服。明才勇与妻子都做背篼，白天都在外面找事情做，无暇照顾两个孩子，晚上回家后，孩子都已经睡了。两个孩子学习成绩中等，除了学校发的课本以外，没有任何课外书。

案例中的案主家庭，与其他农民工家庭一样，面临诸如经济、住房、子女教育等诸多方面的问题。社会工作者在针对这些情况给予适时帮助时应该注意给予案主必要的机会，发展自我能力，增强案主的信心，帮助案主建立可以依赖的支持网络。同时，社工可以利用政策倡导等方式，争取为城市农民工的权益保护作出制度上的贡献。

案例十三 穷人的孩子早当家

李亚群，女，13 岁，六年级学生，和哥哥、大姐住在一起，家庭开支主要由大姐负担。姐姐今年 19 岁，在餐馆当服务员。居住环境比较简陋，没有什么生活用具，家里有些拥挤。房子租的是大概 70 平方米的套房，衣服基本是别人送的，李亚群和哥哥（初一）在 X 学校的学费都未交，每天吃的菜大约 10 块钱，除了上学之外，基本都待在家里。

李亚群在家里买菜做饭、洗衣服，负责家里的家务活，哥哥放学后会去街上捡瓶子、纸盒等，卖钱维持家里开支，一家人生活非常拮据。哥哥和她学习都很好，但是都不爱说话，有点内向，有点自卑，平时基本都待在家里，和周围的邻居基本没有来往。大姐每天早上 9 点离家到餐馆上班，要晚上 10 点左右才回家，有时还加班，但很关心她和哥哥的学习情况。现在住在东山公园旁已经 5 年了。老家是贵州省织金县的，但李亚群从来没有去过。

在该案例中，李亚群和哥哥姐姐住在一起，其经济主要源于大姐在餐馆当服务员的收入。父亲和母亲由于一些原因没有和他们住在一起，平时也很少看望他们。当提到父母时，他们似乎是在逃避，很不愿意提及。因此我们认为，案主内向、不爱说话的性格与家庭环境有很大关系，由于父母导致的家庭问题使得案主与其哥哥姐姐的学习和生活遇到很大困难。作为社工，我们在与案主开始接触时要注意其回避的问题，不要紧逼案主谈论，以防引起案主的反感。当与其建立良好关系后，再寻找突破口，深入了解，进行进一步的辅导。

案例十四　流动子女与留守子女并存的家庭

靳佳兵，男，14岁，初一学生，有两个弟弟，都在老家读书。他与父母住在一间很窄的出租房里，家中生活用品除一个电饭锅外，其余都是房东提供的。家中摆设简陋，无电视机等家用电器，租房面积大概有20平方米。靳佳兵每天放学后回家自己做饭菜，吃完后，就做作业。他学习刻苦，成绩在班上名列前茅。父母早出晚归，回来基本上是晚上11点，回家后就休息。

靳佳兵的学习用品很少，连一本《新华字典》都没有。一家人的生活条件确实太差，两个弟弟在老家由奶奶照顾。奶奶年事已高，体弱多病，父母要寄大部分钱回家，但如果把两个弟弟接到G市，高昂的生活费和学费可谓重负。两个弟弟留在老家读书，学费全部免除，能减轻家里很大的负担。

在该案例中，困扰这个家庭的最大的难题就是经济问题，家庭的基本生活需求仅仅维持在最低的生活标准上。通过描述可以看出，靳佳兵和两个弟弟就是我们常说的农民工进城之后带来的两个弱势中的弱势——流动儿童和留守儿童，他们面临的不仅仅是读书上学的问题，同时还有情感需求的满足等。这个家庭中年迈的奶奶体弱多病，仅仅凭父母打工挣钱已经不能满足家庭的需要。孩子们乖巧懂事，学习成绩名列前茅，这是唯一能让这个家庭看到希望的一面。但是由于父母忙于生计缺少和孩子的沟通，再加上生活上的拮据，这会对其今后的升学造成很大的影响。

案例十五　一个无法顾及孩子的家庭

蒋大巷，45 岁，小学程度，四川广南人，约 4 年前来 G 市谋生，家里共有 5 口人——父亲、妻子二人、两个女儿。蒋大巷的父亲已经 84 岁了，患有严重的高血压，每天必须服药控制。蒋大巷和妻子无固定职业，靠跑摩的以及补鞋为生，两个人每月收入 1500 元左右。大女儿在省内一所高校读书，小女儿就读于旭东小学，学习积极努力，生活穿着朴素。全家靠租房子居住，两间房子约 80 平方米，室内潮湿，摆设较差，家里厨具简陋，吃饭时因室内狭小而在走廊里就餐。每月房租约 250 元，水电费自理，每月约 50 元，每月开支据当事人反映约 800 元，几年前为给老父亲看病欠债约 8000 元。家庭关系和睦，社会人际关系良好。但父母由于工作或自身文化程度所限，对孩子的学习情况不太关心，基本不过问孩子学习方面的事情，一切全靠孩子自觉。父母工作回家后一般做家务或看电视，基本没有其他娱乐方式，家里除有一台彩电外，基本没有其他电器。

在该案例中，整个家庭的关系比较融洽，社会的人际关系较好，大女儿在读大学。从这几个方面看，这个家庭还是有很大优势的。最大的负担是其老父亲的医疗保障问题，而这也是绝大部分农民工进入老年期后要遇到的困难，如何加强农民工的社会保障、养老保障等是一项亟待解决的问题。

案例十六　离异母亲带女儿进城

洪梅，女，35 岁，初中文化程度，离异后进城务工，一直以来与唯一的女儿相依为命。全家消费仅由母亲夜市摆小吃摊赚取。由于收入不稳定，仅能维持基本生活。女儿李丹丹成绩优秀，多次获得学费减免。母女二人居住在一个 7 平方米的小房间里，空间十分狭小，但光线还好。她们与周围邻里的关系和睦。穿着简单朴素，可以维持保暖。家里由于一些特殊原因，曾经借债 5000 元左右，但是一直没有还完。洪梅说这是压在她心里的一块大石头。此外，女儿丹丹即将小学毕业，初中更加高涨的学费也是她心里的巨石。

一般来说，离异对一个家庭的影响不仅仅是经济上的困难，还会对当事人的心理造成很大的伤害。该案例中，母亲在离异后能够带着女儿进城谋生，可以看出这是一位非常坚强的母亲；女儿成绩优异，也是作为一个母亲很值得欣慰的事。但毕竟个人的能力是有限的，生活上的种种困难和女儿的升学问题，使得整个家庭陷入了困境。社工首先要给予这位母亲和家庭以精神上的鼓励，要让她相信人是有潜能的，是可以改变、向前发展的，一定可以渡过难关。

案例十七　父母双全的"孤儿"

何玉明，50岁，和妻子到 G 市打工已经 4 年了，亲生的儿女都在老家读书。目前和他们一起生活的两个孩子是何玉明妻子的外甥女，两个孩子的亲生母亲离家出走，亲生父亲在 G 市金阳新区的工地工作，半个月回来一趟。因此，两个孩子就和何玉明一家一起生活，父亲每个月交些生活费给何玉明。何玉明夫妇都在工地上工作，工作很累，但比较稳定，且他们自己的孩子在老家上学，免去了学杂费，所以经济负担并不算重。何玉明夫妇住在离工地不远的一间出租房内，两个孩子租住在旁边的一间房里，每天到何玉明家吃饭、做作业等，但回自己的家里睡觉。两边的住处都只有一张床、一个沙发、锅架、一个火炉、几个凳子，没有电器。何玉明夫妇只负责照顾两个外甥女的生活起居，对于两个孩子的学习、心理方面并没有精力过问。这两个孩子的家庭情况，造成她们自卑、孤僻的性格特点。

在这个家庭中，重要的不是经济问题，而是子女成长和教育问题。无论是何玉明的亲生子女还是两个外甥女，都没有在父母身边，情感上的缺失和家庭生活中父母角色的缺失，对于儿童的成长和社会化都会产生不利的影响。而这样的情况在农民工的家庭中并不在少数。

案例十八　营养不良的家庭

何家荣，女，38岁，文盲，清洁工。家中共有 7 口人，案主与其丈夫都是清洁工，每月总收入 800 元，做清洁工之前主要以做泥水工、背背篓为生，生活困难。居住的房间简陋，共 12 平方米，家中有两张床、一个炉子、一个柜子，生活环境较差。案主作为清洁工，每天早晨 5 点起床，一直工作到晚上 10 点，但这样艰苦勤劳地工作，却不能满足家庭日常开支。现家中有 4 个孩子上学，每个学期需要 1000 元的学费，今年家中孩子上学已欠学费 800 元。孩子学习成绩较好。何家荣由于过度劳累，身体很虚弱；几个孩子也因营养不足，个头比同龄的孩子要小。

多子女在农民工家庭中是普遍存在的现象。尽管父母都在努力工作，但子女数量多、负担大造成家庭沉重的经济压力，这样的压力会引致家庭一系列问题的恶性循环。多子女究竟是源于传统重男轻女的思想，还是多子多福的理想呢？案主意识的改变比直接的资助更具有挑战性、难度更高。

案例十九　因经济窘迫而辍学的男孩

官伟，男，12 岁，和父亲、母亲、哥哥一起在 XG 村居住。官伟的学习成绩不错，尤其是数学，常常是班级第一名。但由于父亲两年前患腹水病，至今未能康复，不能工作，只有靠母亲一人卖菜养活全家，家里为了治病已经负债累累。一年前官伟的哥哥辍学，到一家餐馆打工贴补家用。官伟目前也因为家里经济压力，被迫辍学，由于年龄较小，平时只能卖报纸、捡塑料瓶和纸盒等贴补家用。一家 4 口人居住在 20 平方米的房间里，家具简单而且破旧，房壁比较脏。目前，家里的经济收入除了保障全家人的基本生活之外，主要是给官伟爸爸治病。家里唯一的一台电视机，因为年代久远，已经不能使用了。平时一家人工作完后就回家休息，没有其他娱乐方式。家里除了一台破旧的电视机和两张破旧的床以外，几乎什么也没有了。

这个家庭由于父亲生病导致了严重的危机，两个本应在学校读书的儿子，不得已辍学，唯有工作来维持家庭的生存。这样的情况不仅仅发生在官伟一家人身上，农民工家庭普遍存在着低抵抗力的问题，应对危机的能力很弱，一旦家庭发生变故或危机，极有可能使整个家庭面临巨大的、不可抗拒的压力，甚至造成家庭的瓦解。面对这样的情况，提升农民工家庭的抗逆力，成了社工的工作目标。但是，这样的提升不仅仅需要农民工自身的努力、社工的引导，更需要社会各界的关爱，尤其是相应政策和制度的大力扶持。

案例二十　孩子承担家务

高家国，32 岁，电力公司上班，小学文化程度。2006 年一家人从云南迁到 G 市，一家 5 口人住在 30 平方米的房子里，屋子里光线很暗，居住环境很差。家里的所有开支由高家国一个人承担，妻子患有严重的风湿关节炎，无力外出工作，长期卧病在床。平时家务事基本是由孩子放学回来后打理。

已经是冬天，屋里没有火炉，很冷。家里除了做饭用的电饭锅、电炒锅外，没有其他电器，连照明的灯泡瓦数都小，一张桌子放餐具和剩下的饭菜，3 张床，3 条小凳子。房间里没有自来水龙头，只能用一个小胶桶到院子里的公共水龙头那里接水。所有的家具摆设都很陈旧，连餐具也看得出使用很久了，豁了嘴的碗也在继续使用。

在电力公司上班的高家国一个月只有 700 元左右的收入，要供全家衣食住行，还要给长期生病的妻子求医问药，常常入不敷出，经济条件比较紧张，平时下班后高家国会帮孩子做饭、辅导一下孩子学习，没有其他的娱乐方式。

在该案例中，高家国在电力公司上班，虽然工作比较稳定，但是收入很低，全家的负担全部由他一人承担，要供全家衣食住行，还要给长期生病的妻子看病，使得经济状况十分拮据。对于农民工家庭来说，一旦家庭成员出现疾病，整个家庭的生活状况将会严重恶化。另外，随父母进城读书的学龄儿童的学费和书费也是很大一笔开支。因此，当被问及需要时，农民工总会回答"钱"。但有了钱，是否就能解决所有的问题呢？

案例二十一　小屋也比老家好

冯友富，35 岁，临时工，初中文化程度。老家在贵州省贞丰县最偏僻的村庄，那里土地贫瘠，交通不便。冯友富年复一年地辛苦种地，但仍旧不能保证一家人都温饱。一旦遇上天灾，一年辛苦的劳作就会被无情的恶劣自然条件所剥夺。所以那里90%的农民都出来打工。冯友富一家人也随着进城务工的大潮来到 G 市，靠背背篼维持生活。

一家 4 口人拥挤在一间不足 20 平方米的黑暗小屋里，家里摆设凌乱，屋里不时发出一股难闻的臭味。家里的家具设备简陋，只有一些必要的餐具、一台电视机和一张双层床，没有什么贵重的物品。家中一儿一女都在 X 学校读四年级，学习成绩一般。

城市中大部分的农民工都曾经是生活在农村的农民，由于土地无法满足他们的温饱，迫于生计来到城市打工。尽管城市的生活不尽如人意，但仍愿意留在城市，为的是可能的机会和财富，以及城市略比家乡好的生活。农村强劳动力的流失，造成土地无人照管、农田荒废，以及留守老人、留守儿童等一系列的问题。两难的问题、艰难的选择，如何面对？

案例二十二　借钱也要供孩子读书

樊先能与妻子 4 年前从黔西县的老家来到城市打工，4 个子女均在 X 学校上学。租住的两间房屋一共 20 多平方米，一间是纯粹的黑房子，另一间稍微能有阳光的照耀。4 个孩子住在里面一间，上下铺；夫妻俩住在外间。外间除了床之外，只有一个简单的碗柜、一张供做饭和孩子们写作业用的桌子以及几个小凳子。

现夫妻俩在 G 市实验三中旁租地、种菜，到市场上卖。虽然能谋生，但家里的支出很大，有时甚至超出收入，尤其在每学期开学的时候，家里就特别紧张，有时只有先欠着学费，或者是借钱供孩子上学。几个孩子都很乖巧懂事，但是家里的学习条件差，甚至宽一点的做作业的地方都没有，而且家庭由于经济的困难没有太多的钱供孩子持续读书。因此夫妇俩都不敢抱有什么大的希望，只能是走一步看一步，能读到几年级就到几年级。樊先能有严重的关节炎，手指甚至不能伸直。家里其他人健康状况良好。一家人的关系很和谐，家庭关系良好。

一个孩子就是一个家庭的希望，一个孩子可以改变一个家庭。对于一个农民工家庭来说，孩子是最大的希望，如何让这个希望能够真正生根发芽、苗壮成长，需要的不仅仅是短期的直接支持，更需要长期的自助计划。

案例二十三　一个很活跃但成绩却很差的小孩

李涛，10岁，在X学校读四年级。父亲李杰明是一位电焊工。由于家中尚有不满两岁的弟弟，因此母亲没有外出工作，留在家中照顾小儿子。家里有电视机、电饭锅、灶具等基本生活用品。由于一家4口挤在一个小房间里，房间空间太小，几乎无多余之地。平时一家人基本上以看电视为主要娱乐，除此之外几乎没有其他的娱乐方式。

李涛成绩较差，尤其语文、英语，但在学校很活跃，几年前曾患脑膜炎。当时为了给李涛治病，家里欠债一万余元，这成为家里最大的压力。

对于这个家庭来说，最大的困难是李涛的学习问题和欠下的债。但从优势视角来看，这个家庭有它的优势所在——父亲从事的是技术性的工作，收入会比较稳定；母亲也可在安顿好小儿子的同时外出工作，帮补家用。社会工作要遵循"助人自助"的价值理念，要培养案主及其家庭自我发展的功能。此外，对于李涛的学习，可以通过学校老师和周围同学协助找出其学习方面的困难，并协调老师和同学提供帮助，提高其学习成绩。

案例二十四　两个女儿坚守的"城市小家"

黄明祥，46岁，小贩，与其家人来G市打工已有10年之久。共有4个子女，其中大儿子在G市打工，二儿子结婚后与妻子前往江浙一带打工，还有两个女儿在X学校读书——黄菲，初二；黄艳，小学三年级。两年前，因在黔西老家的父亲病重，黄明祥不得不和妻子回老家照顾父母，留下大儿子和两个女儿独自在G市生活，住在不足20平方米的出租房内。尽管父母不在身边，大哥也常常因为工作不能回家，两个女儿仍是把破旧的房子收拾得妥妥当当。

虽然现在一家人分隔两地，女儿如果回老家上学则会减轻家庭很大的负担，但是两个女儿无论如何也不愿意回到那个从没见过的"家乡"，而黄明祥也认为儿女们留在城市会有更多出人头地的机会，同样也不希望儿女们回去。

很多像黄明祥女儿们一样的新生代农民工子女，从来没有见到过自己的家乡，也从没有计划过回去。他们一方面没有乡土的"根"，另一方面却又无法融入城市，成为真正的"城里人"，在农村和城市的夹缝中努力地生活着、奋斗着。

案例二十五　并不富裕的家庭接纳了遭"遗弃"的小侄女

丁泽林，46岁，是个建筑工人，两年前由于土地纠纷不得不从 G 市城郊的老家，举家前往市区居住和工作。除了要养育自己的两个子女（10岁、6岁）外，妻子的小侄女梅鑫鑫（4岁）也因为外出务工的父母离异，母亲下落不明，父亲无力在外乡照顾年幼的女儿，而被送回老家，寄养在姐姐梅敏（丁泽林的妻子）的家里。由于孩子年纪较小，家庭又无能力承担幼儿园的费用，梅敏不得不负责在家中操持家务、照顾孩子。但丁泽林每月只有七八百元的收入，既要维持家中生计，又要供两个孩子读书，生活十分困难。所以梅敏也计划将小侄女送到学前班，自己出去打工贴补家用。

丁泽林一家 5 口人租住在 40 平方米的房子里，居住环境吵闹，屋内光线昏暗。家里有电视机、VCD、电饭煲、电炒锅等电器，还有 3 张床、凳子、桌子、一个衣柜和一个橱柜。家里设施破旧简陋，学习用品、生活用品、衣物等都很缺乏。

很显然，梅鑫鑫的到来无疑给丁泽林原本就不富裕的家庭生活带来了更大的压力。亲生父母的"遗弃"对于孩子造成的伤害是无法避免的，会对她的心理发展造成严重的影响。据相关资料显示，农民工的离婚率呈逐年上升的趋势，越来越多随父母进城的流动儿童生活在单亲家庭中，谁来关注他们的健康成长和权利？

案例二十六　不知如何才能让孩子学习好

邓华富，38 岁，与妻子何小花均从事背篼工作。由于两个人的勤奋和努力，家中每月收入可以达到 1500 元左右。但是，由于需要供 4 个孩子上学，每月一家 6 口人的生活费、房租等各项开支，常常使得入不敷出。尤其是当家里有人生病时，更是雪上加霜。

一家 6 口人租住在 30 平方米大的房间内，环境拥挤、杂乱。家中仅有少许的家庭生活用具，两口铁锅、一个温水壶、几个碗，还有一台别人送的电视机，放在整个家唯一的一张桌上。家中没有衣柜，一家人的衣服就用一个纸箱装着。父母及孩子的穿着朴素、陈旧。家里除了 3 张床和放电视机的桌子外，根本没有供孩子们学习的地方。

由于背篼工作辛苦，工作强度大，工作时间不固定，所以夫妇俩常常在晚上 7 点钟以后方能回家，回家后才给孩子们做饭。孩子们平时放学后也只能在家里，从来没有零花钱。

邓华富一家人从毕节来 G 市已经 4 年了，父母就是希望孩子们学习能够好一点，以后不要过得像他们这样艰苦。但是孩子们的学习成绩都不好，很贪玩、不爱学习。邓华富夫妻也不知道像他们这样的家庭要如何做才能提高孩子的学习成绩和学习兴趣，因为他们实在无力承担课外辅导的开支。

尽管学习环境与孩子的学习成绩的好坏没有必然的联系，但是好的学习习惯和父母在学习方面的指导对孩子的学习有着相当大的助益。在大部分的农民工家庭中，父母由于文化程度很低，所以无法辅导孩子们的功课，通常都是由孩子自己去学。另外，农民工子弟学校较低的教学质量和家庭沉重的经济负担，使得绝大部分孩子的成绩都不好，只能勉强接受九年义务教育。同样，较低的文化程度和工作能力，让孩子们长大后只能从事着低收入、高强度的工作，重复着父辈们的生活。如何才能脱离贫困复制的怪圈？

案例二十七　当爹又当妈的日子

陈天贵一家到 G 市已经有两年多了。来 G 市之前，陈先生在当地的一些煤矿里打工，因为距家近，方便回去照顾家里。在打工的日子里，他也积累了一定的煤矿隧道挖掘经验，之后有一家大煤矿请他帮忙打隧道，由于经验不足，最后出了事故，以前积攒的三万元钱全赔进去了，还欠了几万元的债务，卖了老家的一切才还清债务。妻子也因此离家出走，音讯全无。不得已陈天贵带着 3 个孩子来到 G 市背背篼，以养活自己和 3 个孩子。平均每天就 20 元左右的收入，基本没有剩余，所以不敢去给孩子买点什么好吃的和穿的。家中每月的房租 80 元，外加水电费就要 90 多元，3 个孩子都在读书，教育费又是一笔较大的支出。

一家 4 口人挤在一间很狭窄、很暗的屋里，屋里仅有一张床、一张桌子，没有电器，做饭用煤火，屋子里显得很凌乱。陈先生每天早上 7 点以前出去，要晚上六七点才能回来，每天给孩子一两块钱中午买东西吃。孩子们放学之后，就大的带小的，等父亲回来做饭。

年幼子女照顾的问题是很多农民工家庭面临的共同问题。健全家庭通常可以轮流照顾孩子，但是单亲家庭的父亲或母亲既要挣钱养家糊口，同时又要照顾子女，所承受的压力是不言而喻的。另外，农民工所居住的环境复杂，缺乏安全的儿童课余生活环境，因此子女的社区照顾也是一个亟待解决的难题。

案例二十八　子女的学费是心病

陈世奎一家 4 口人原本在农村生活，但是贫瘠的土地不能担负起家庭生活消费的所有开支，仅仅能够维持温饱。尽管农村不需要缴纳书学费，但是离家最近的学校需要步行 5 个小时才能到。舍不得孩子路途上的艰难，看着两个孩子渴求知识的双眼，陈世奎不得不另做打算。经同村人的介绍，陈世奎举家来到城市，夫妻俩靠背背篼、卖苦力来支付两个孩子的学习费用和生活开支。

由于收入微薄，有时甚至入不敷出，所以只能在山脚下租了一间昏暗的小屋。屋内布置很简单，有两张木床、一张木桌、一台电视、几张椅子，全家 4 口人整日就在这么小的一个空间里吃睡。这么大城市，这样的万家灯火中，属于他们的就只是租来的小暗屋。

值得庆幸的是，两个孩子学习都很努力，成绩很好，分别面临小学升初中、初中升高中的关键时期。但是父母无力为他们提供更好的支持，初中和高中的巨额学费成为压在一家人头顶的乌云。

尽管 G 市先后出台了一系列优惠和补贴农民工子女入学的政策，减免了小学、初中的一部分费用，但九年义务教育之后的高中、中专甚至大学的费用，对于很多刻苦努力学习的农民工子女来说，仍然是一个难以跨越的鸿沟。

案例二十九　患病的父亲让小家更飘摇

安金婵，女，13 岁，初中一年级。一家 7 口人居住在出租屋里，房间里光线昏暗。父亲安义生一年多前查出患有胆结石，因为无力承担手术的费用，只能采取保守治疗的方式，用便宜的中药来养病，也因此不能从事重体力劳动。一家人的生活费用主要靠安金婵的母亲、大姐、哥哥打工赚取，每月除了固定的生活开支外，还有父亲买药的费用以及其他 3 个孩子的教育费用，所以生活非常拮据。安家二女儿目前已辍学，同母亲一起在酒店打工养家糊口。

全家人共有的空间大约 30 平方米，有一台电视、一些简单的餐具、一个放衣服的箱子、几张桌子、一个沙发和一个做饭的炉子。安金婵每天放学回家要做饭、洗衣、照顾小的妹妹和生病的父亲。尽管生活状况很不好，但她十分好学，在班上学习也很好；因为特别听话，所以学校老师都很喜欢她。

多子女，再加上疾病的影响，让农民工家庭原本困难重重的生活变得步履维艰。有病不医、有学不能上成为他们最大的困境，社会的直接救助只能解他们一时之困，不能解一世之危。

案例三十　与城里的孩子比明天

陈贵是织金人，今年 30 岁，现一家 5 口人在 G 市。由于在乡下人多地少，陈贵被迫离开家乡踏上城市路途，现在已经离开乡土 5 年多了。虽然城市的物价高，生活辛苦，工作起早贪黑，但是比起乡下确实好得多，因此陈贵没想过回到家乡。虽然现在生活困难，整天为生计奔波，还不能融进城市生活，但是为子女，再苦再累也值得。

陈贵进城之后做过背篼、摩的司机，之后学了些疏通下水道、泥水工的手艺，帮别人干这类的活。由于工作不固定，有活就干没活就在家待着，收入也不好。妻子在煤矿村租了一个小门面，经营一个小杂货店维持家里的开销。门面前面是杂货店，后面则是一家五口人的住所。整个门面大约 30 平方米，除去放杂货的地方也就剩下 20 平方米左右。门面的租金很高，一个月大约 1000 元。

陈贵的工作按量计算，杂货店的生意也时好时坏。除了要负担 3 个子女的教育费用，每月还要给在家乡的父母寄生活费，赡养老人。因此，生活比较困苦。

尽管陈贵夫妻的文化水平低，但是他们从来没有放弃对儿女的培养，希望他们有一天会出人头地。夫妻俩经常教育儿女，不要为自己的出身而难过，开开心心地学习和生活，要与城里孩子比明天。

陈贵一家的生活似乎比其他很多做背篼的农民工要好。尽管如此，高昂的流动儿童教育费用和留守老人的赡养费，同样也是压在他们身上的两块巨石。再加上缺少恰当的社会保障体系和支持网络，他们随时会面临危机。此外，希望子女通过读书来改变命运，也是一部分农民工的心声，但对于他们的孩子来说，这是一副非常沉重的担子。

案例三十一 女大不由父？

陈昌顺是贵州织金人，来到 G 市 10 多年了，在建筑行业做小包工头。他是我们遇见的极少数只有一个女儿的农民工。2003 年，陈昌顺在 G 市买了一套二手房，约 80 平方米，家庭环境相比其他人而言要好很多。

但唯一的女儿成了他的一块心病。为了女儿能得到好的教育，陈昌顺在买房之后，上了城市户口，将在老家的女儿接到城里，安排在一所公立学校读初中。但是，女儿来了之后，陈昌顺发现管不了女儿了。女儿每天回家都不做作业，问她的话，她总是说自己已在学校完成了。进入公立学校后，女儿的成绩一直都是排在倒数几名。陈先生觉得文化程度有限，对孩子的学习没有什么帮助；再加上自己与女儿两地分离很久，感情上也生疏了很多，不知如何教育女儿才好。

陈昌顺应该说是农民工中发展得很好的一位，不仅在城市买房，也入了城市的户籍，成了"城里人"。但是，经济状况的好转并没有解决陈昌顺的问题。离家务工造成和女儿情感上的断裂，并不是用经济就能够弥补的。加之自身的文化素质和教育方法的限制，同样也会造成亲子关系的问题。所以，经济的需求不是农民工全部的需求，在提供经济支持的同时，我们也要看到他们深层次、多角度的需求。

案例三十二　孩子成长的阴影

陈安碧，女，35岁。2006年8月，由于孩子玩火，老家房屋毁于火灾，没有留下任何东西。另外，老家的地少且贫瘠，在农村辛苦种地，收入还不够糊口。为了能够重新盖房，一家人毅然决然到G市谋生。

陈安碧的丈夫目前在二十八中工地上打工，每月有1000元左右的收入，陈安碧自己则在出租房附近卖菜。现租有两间大约30平方米的房间，月租300元。家里的油盐米煤等都需要自己在市场上购买，由于物价上涨，家庭在这方面支出不断增加。

夫妻俩只有一个儿子，负担较小，目前在X学校读小学五年级。但儿子成绩一直不好，不爱说话，甚至反应有些迟钝。陈安碧认为是因为那场火灾给孩子留下了阴影。虽然夫妻俩也没有过多地责怪孩子，但是孩子仍然很自责，因此无论做什么事情都很退缩、畏惧。陈安碧认为，现在他们的生活环境好了，温饱不成问题，那么孩子也就逐渐不会为了他所造成的家庭困境而感到内疚。

因为家中只有一个孩子，所以家庭经济负担比较小，这对于家庭功能的正常发挥有着很重要的作用。经历重大变故可能在孩子的心中留下创伤后遗症。尽管家庭已经认识到这对孩子造成的影响，但却认为物质条件的好转就会减轻孩子的心理负担。由于自身能力的限制，大部分农民工对于子女生理方面的照顾十分重视，但往往忽视子女心理方面的问题和需要。

案例三十三 结构复杂的家庭

柴新黔，男，40岁，与妻子曾玲属于再婚家庭。柴新黔有两个女儿，都交由前妻抚养，每月支付给前妻一定的抚养费。曾玲也是离异，带着3个孩子，其中大女儿陈娟并不是曾女士的亲生女儿，而是她的侄女。陈娟3岁时亲生父母离异，母亲离家后音讯全无，父亲因病过世，是曾玲把她带大的，故现在她也改口叫曾玲妈妈。二女儿和小儿子是曾玲与前夫的亲生骨肉。现曾玲的两个女儿均外出打工，只有小儿子在读初三，与曾玲和继父柴新黔生活在一起。

夫妻二人靠拾荒为生，收入较低。而且柴新黔在拾荒时脚受伤、感染，被切除了大脚趾，现在行动很不便。之前看病的医药费不仅花光了所有的积蓄，还让家里欠了外债，因此家里基本无多余的钱给小儿子继续上学。

对于这个家庭来说，除了物质上的支持，还要提供心理方面的支持。在这个家庭中，每个人都是从原来家庭中分离出来，因此家庭亚系统需要重建。要强化夫妻关系，并使其成为保护孩子和满足他们需要的基本提供者；使双方子女均享受平等待遇；避免夫妻二人在经济方面或感情方面产生冲突矛盾。

案例三十四 妻子出走的家庭

曾家富，45岁，靠背背篼为生。由于夫妻关系不和，妻子抛夫弃子离家出走已经3年了。由于老家没有其他亲人，曾家富把将近70岁的父母和3个年幼的孩子（15岁、12岁、8岁）接到城市一起生活。一家6口人在煤矿村租了一间很窄的房子，屋里仅有两张上下铺的床、两张桌子、一台旧式的洗衣机、电饭锅，房间阴暗潮湿。两位老人以及3个小孩的开支都靠曾家富一个人维持。

3个孩子学习很刻苦，成绩处于中上水平。家中两位老人年事已高，健康状况不佳，需要照料。3个孩子每天放学后，要帮助做家务、照顾两位老人的生活起居，有时也到街头捡塑料瓶等卖钱。曾家富背背篓的收入很不稳定，要负担一家人的生活、孩子的学费、老人的医药费等，非常艰辛。

曾家富是一个顾家的人，为了更好地照顾年老的父母和年幼的子女，将他们带入城市生活。一家人团聚，共享天伦，但也带来了更多的负担和困难。老人和孩子都需要照顾，但却没有足够的支持网络提供这一切。单凭一个人微薄的收入，如何面对日益沉重的家庭负担？农民工随迁子女和老人的社区照顾是一个不得不去考虑解决方案的问题。

案例三十五　摇晃的床

曹明荣一家 5 口人租住在一间年久失修的出租房里，房子 20 多平方米，月租金 160 元，出租屋内狭窄拥挤，光线不是很好。屋内只有一台老旧的洗衣机和电视机，以及租房时老板放在里面的一组电视柜。床是加大了的上下铺钢管铁床，稳定性不好，在床上轻微的动作都会引起剧烈的摇晃。

曹明荣夫妇以卖米为生，20 多平方米的房间，除了要卖的米和床、电视柜之外，已经没有多大的活动地，连吃饭都得在外面的公共院子里。生意情况直接影响着家庭生活和 3 个子女的入学问题。

恶劣的居住条件、狭窄的生活空间，对于青少年儿童的成长是极为不利的因素，但这样的情况在农民工家庭中是非常普遍的。由于经济条件的限制，一家人只能挤在狭窄的空间里。日渐长大的子女长期和父母、兄弟姐妹同住一室、同睡一床，对于他们的社会化、心理健康是非常不利的。

案例三十六　拖家带口难以为继

蔡开云，40 岁，四川人，来 G 市 5 年了，平时以卖煤为生。妻子在家操持家务之余，还收废品补贴家用。蔡开云有 3 个孩子，为了减轻家庭负担，两个女儿留在老家读书，由爷爷奶奶代为照顾；只有小儿子随夫妻来到城里，现在 Y 学校读四年级。

蔡开云一家现租住在 15 平方米左右的房屋内，房内光线较差，生活用品基本上是妻子收废品时收回来的。屋内有两张床、一台价值 100 元左右的旧电视机、一个旧沙发，还有一个收回来的旧火炉以及一些餐具。

家中每月总收入在 1000 元左右，但老家的两个老人需要赡养、两个女儿每月的生活费，加上房租、小儿子的学费以及基本生活费，常常让这个家庭入不敷出，生活十分困难。

无论是留守，还是流动，都是一种无奈的选择。留守减轻了家庭经济负担，却淡化了父女亲情；流动固然能满足情感的需求，但会带来沉重的经济压力。对于农民工和他们的子女来说，这是一个两难的选择。

案例三十七　摆水果摊的家庭

包海能，男，31 岁。老家土地贫瘠，收成不好，辛苦一年却不够温饱。几年前，由于小儿子来 G 市看病，花了很多钱，欠下外债，夫妻俩逼于无奈把家里的牛卖了还债后，回到 G 市一边打工，一边给儿子治病。

包海能夫妻靠卖水果来维持生活，收入不稳定，收入好的时候每月大约 1000 元。小儿子是早产儿，先天发育不良，因此常常要到医院看病，医疗费用较高。大女儿现在旭东小学上学，学习成绩优异，也很懂事，放学后回到水果摊帮忙做生意或者接弟弟回家照顾。曾经包海能将在老家独自生活的母亲接到城里，一方面方便照顾母亲，另一方面母亲也能帮忙照顾孩子。但是，母亲到城里生活了几个月，感觉住不惯，走到哪里都没有熟人，所以一个人回老家了。

香港有一类社会工作服务称为新移民服务，主要是为了帮助新来港的人尽快适应社区的生活，了解社区的环境，协助建立与社区其他居民的关系。如果在煤矿村这个社区里有这样的服务，专门面向新到这个社区生活的人，那包海能的母亲现在是否会留在城里和儿子一家生活在一起呢？

案例三十八　没钱就要受到别人的欺负

车勋林同学，小学六年级，贵州省黔西县户口，现随父母居住在煤矿村旭东巷。父母都是小学文化，他的父亲——车斌，在 G 市当保安，月基本工资 500～600 元，平时很少回家；母亲——董光孟，在 G 市摆地摊，所挣的钱基本维持家中生计。车勋林家中有两个比自己年长的姐姐，因为家里负担不起学费，大姐初二就辍学了，二姐读到六年级也辍学了。现在两个姐姐都在 G 市打工。另外，在老家还有年迈的爷爷由叔叔照顾。在煤矿村旭东巷三十几平方米的小房间就是他们家 5 口人平时吃饭、睡觉、学习的地方，家里面除了几张床和吃饭用的碗筷、家具以外再没有其他东西了。

母亲说，"没文化能干什么呀！""没钱就要受到别人的欺负！""不识字，不知道怎么维持自己的权益。""要到过年才会给孩子买套衣服，现在家里还没有过年的冬衣被呢！""哪里有钱给孩子买工具书啊！自己学吧。"

面对着这样的家境，车勋林手里拿着书，没有书包，衣衫不整，脚上的鞋已有几处开口，在寒风中显得很单薄。本来正是要享受美好童年的年纪，可是对于车勋林同学来说，也许现在能有个书包都是莫大的奢望。这个家庭需要的是家庭生活上的一些补助（如过冬衣物、生活补贴等），给父母姐姐们的技能培训，对于车勋林同学则是学习上的帮助（如学习用品、工具书、学业上的辅导等）。希望在社工的帮助下能让这个家庭能拥有获得生机的动力，补足孩子缺失的童年。

案例三十九　妈妈，我会很用功的

陈丹，煤矿村旭东小学五年级的学生，由于家庭条件困难，得到农民工服务站的资助而重获读书机会。小陈丹在学校读书非常用功，而且学习成绩一直都很不错，她踏实奋进的精神感染着每个人，尤其是在了解了她的家庭境况之后。

现在陈丹的家中只有她和母亲相依为命。父母因为感情不好，常闹着离婚。前不久陈爸爸回来一次与陈妈妈商量离婚的事，没有结果，之后就又离家出走到水城，具体情况不得而知，也没给家中任何生活费用。陈丹还有一个哥哥在老家跟着叔叔生活，由于家庭的种种矛盾已没有读书了，才十五六的年纪，不能外出打工，也就只能闲在家里，没有办法。陈妈妈——般世容，最近身体也不太好，一直在打针吃药，前几天还帮人打扫卫生，但至今也有一段时间没有工作了。女儿认认真真学习，这给了她一点安慰，她说要尽最大努力供孩子读书。

这样的故事，仿佛只有在小说里才看过，可是，无论我们愿不愿相信，它就是真真切切地发生在我们生活中。小陈丹知道母亲的艰辛，知道生活的窘迫，不得不过早地成熟起来。现在，她能做的就是刻苦努力，好好学习，用知识来改变命运，报答含辛茹苦的母亲。也真心地祝愿她们能渡过生活的难关，迎来幸福的生活。

案例四十　爸爸不爱我们

这是一个由打工仔组成的家庭，外出原因是身为孤儿，家乡无土无房。母亲彭先琴，父亲程明海，从长顺来到 G 市打工，现居住在旭东路 17 号。由于双方文化水平低，在外打拼多年仍处于贫困状态。家中有 3 个女儿，母亲以卖菜、捡废品维持生计。房租每月 120 元，家庭支出每月 200~300 元，并且一直拖欠着房租费和孩子的学费。

一家 5 口挤在一间并不宽敞的房间内，除了能放两张床的地方外，已经没有多余的空间供孩子读书学习了。由于房子漏水，有一张床已经不能睡人，墙壁上到处可见雨水的痕迹。另外家长特别是父亲重男轻女的思想，对于这个没有儿子的家庭更是雪上加霜。男主人程明海虽在 G 市某私人鞋厂打工，但并不回家，更谈不上给这个家提供金钱上的帮助及对孩子的关爱。这样，3 个女儿的学费几乎是由母亲一个人承担。另外还有生活费、房租费和水电费，可见这个家庭的负担之重。家里虽有电视机、VCD机，但那还是母亲结婚时的嫁妆，早已不能使用。父亲重男轻女对这个家不闻不问，让人心寒。不知道这 3 个女儿在这样的环境下能否顺利完成学业。

农民工服务站除了给予这个家庭一定的补助外，还帮助孩子减免了一些学费，并且活动室还可提供给他们读书学习。可是要从根本上改善这个家庭的状况，就不只是要纠正父亲的错误观念，还要解决在各方面面临着的重重困难，最重要的是唤醒这个家庭，让其不断地增强自身的社会功能。

案例四十一　请帮帮我们！

党富学，男，40岁，小学教育水平，以卖板栗来支撑整个家庭，现居住在煤矿村。他通过 X 学校了解到农民工服务站，然后写申请，经审阅后，与服务站进行了进一步的交流。

党富学家中几个孩子都在 X 学校读书，妻子的身体不好，经常生病，他自己在外面做点小本生意的所得收入勉强能维持一家的生活，但若是一旦遇上生病或其他意外的事情，就根本没办法应付。一家人仅租了一间屋子，生活、起居都在里面，所以屋里显得非常的拥挤、肮脏、零乱。家人穿着非常的简朴和陈旧。党富学工作不稳定，经常受到城管的追逐。孩子的学习成绩一般。家中老母去年过世，至今外债几千元。他们夫妻俩都表示不愿回家，认为在此不管多累也能找到点零用钱，在农村则无任何生活来源。现在妻子已病一个多月，每天都要打针输液，药费对这个家庭来说非常昂贵。家庭虽然内部和谐、团结，但是由于是外来打工者，社会交往薄弱，人际关系较差。

农民工服务站为孩子交了学费，进行了功课辅导，并提供冬衣给家人御寒过冬。好在这个家庭主要面临的是外在问题，家庭内部关系融洽，这样的家庭状况相比离异的家庭或是存在父母与子女关系问题的家庭也许更容易改善些，希望党富学的妻子的病情能尽快地好起来，让这个家庭尽早走出困境。

案例四十二　拖欠学费出于无奈

冯发远，男，41岁，小学文化水平，建筑工人，现在携妻子孩子3口人在 G 市租房打工，家庭生活困难，孩子拖欠学费。

他们本是习水县人，在几年前搬到 G 市，想在这里找些事做，赚点钱。但由于他们自身文化水平低，不容易找到工作，更不用说找轻松的工作了。于是冯发远的妻子就在这里做起了卖菜生意，整天从早忙到晚，根本就没有时间来照顾孩子的学习和起居；冯发远则到外地打工，也不能照顾孩子了。尽管冯发远的工作相当辛苦，但每个月也剩不了多少钱，所以母子俩就只能靠母亲卖菜所得收入（每月收入在 200 至 300 元之间）来维持家里基本的生活开销。

母子俩住的是一间大概 15 平方米的出租房，家里的家具和生活用品都很简单，就两张床、一个衣柜和一台橱柜、一个铁炉；家里原本有一台电视机，但被偷走了。整个房间显得非常拥挤，但家里人的衣着干净、俭朴。夫妻俩的工作不稳定且很辛苦。孩子的学习成绩一般，主要是缺乏有效的辅导和监督。

好在目前，全家人的健康状况都很好而且家庭成员和睦、团结，家风甚好。但因为父母所做工作不具稳定性，有时候很难将生活费和孩子的学费同时顾及。

服务站为孩子减免学费，为他们提供冬衣，并定期访谈、继续关注、给予帮助。从自身的角度，他们觉得，社会对进城农民工有很多的不公平待遇，很多人瞧不起他们，连孩子的学习环境都比较差。面对社会歧视的目光，他们感受到的只有冷漠，服务站的帮助多少改变了他们的一些看法，可是，来自社会的其他压力还是不断向他们涌来。

案例四十三　医疗费用的重压

韩福维，女，57 岁，贵州省遵义道真县人，身带残疾（腰椎突出）。女儿和女婿都在 G 市西路从事背篼工作，现其两个孩子一个上小学四年级，另一个上学前班。全家的花销都是依靠夫妇俩背背篼勉强维持。2006 年 3 月 1 日，韩因患上子宫肌瘤，住进了 G 市同仁医院。由于病情严重，只得动手术，在住院期间，一共花费了 3320 元。对于一个收入微薄的家庭来说，这样的费用很难支付。在旭东社区亲戚的引荐下，韩的女婿来到了农民工社区服务站，提出口头申请，希望服务站能帮助他们。

全家人住在一个不足 40 平方米的单间屋内，一家 5 口吃、住及小孩学习都在这里，屋内显得非常的拥挤，且光线极差。另外，刚出院不久的韩福维又患上了其他的病。由于没钱上大医院确诊，只有向亲戚借点钱，在小诊所里输液止痛，到服务站工作人员去她家时，已输了一个星期，总共花了 500 多元。去探访她时，她还是感觉疼痛，但由于没有钱就没再医治。

　　根据韩福维的情况，服务站制定了相应的救助措施：为其支付上一阶段住院治疗的部分费用；视其后期的情况再进行适当的救助；不定期对她的情况进行了解，以便能及时地帮助她。韩福维的案例只是一个代表，像她这样受病痛折磨而无法就医的农民工还有很多，可并不是每一个人都能像她这样得到及时的救助。由此可见，农民工的医疗保障是一项亟待解决的问题。

案例四十四　是什么让孩子走上了这条路？

　　曾俊祥是一个 12 岁的小男孩，现在读小学五年级，老家在重庆。父母在 G 市实验三中旁边开了一个皮鞋店，母亲还跑三轮车。曾俊祥家里有 3 个孩子，大哥已经大学毕业工作了，姐姐没有读书在帮父母看店。父亲有家庭暴力，常常打曾俊祥。而曾俊祥在 3 年前被一条疯狗咬了后常常控制不住自己，上课时会在教室里到处走，常常拿同学的东西等。

　　他的母亲说他好多次了，想让他改掉偷窃的恶习，但是都没有用；也打了他好多次，每次都狠狠地打，但是没有办法，他就是改不了。现在如果他放学不回家的话父亲常常要出去找他，但总是找不到。他偷到东西后卖了钱才会回家。

　　曾俊祥父亲说他在学校很调皮，在学校熟悉了后就会和学校里不爱学习的小孩混在一起干坏事，所以父亲常常给他换学校，这个学期在这个学校读书，下个学期可能就不会再在这个学校读书了。他很迷恋玩游戏，以前父母常会给他一些零用钱，有时甚至是一周 20 来块钱，他都用来玩游戏了。曾俊祥一开始是在家里偷，后来家里偷不到就到外面的工地上去偷钢铁，或偷路边的电线杆上的电瓶去卖。家里人怎么对他都没有用，改变不了他去偷东西，所以现在已经对他不抱什么希望了。在家里，他不干家务，连洗脚水都是别人给倒，家里人都让着他。现在学校里，和他一起的也是一个爱打游戏的小孩。但他以前学习还可以，学校老师也说只要好好跟他说，他也会遵守课堂纪律。但是很多时候他还是控制不住自己。

各种问题交错在一起才导致了这个孩子现在的行为表现，不但要从生理上给予其正确的医治，更要从心理等方面给予其有效的疏导。通过内外因素的相互作用来改善曾俊祥的状态，帮他过上正常孩子的生活。

案例四十五　子女都上学的家庭

张贤勇，男，44 岁，小学教育水平，现居住在 XG 村，夫妻俩和 5 个子女一起生活。5 个子女全部就读于 X 学校，每学期学费共需 1000 元。张家来 G 市 4 年多。在老家生活很艰苦，因此来 G 市求发展。现在夫妻二人都很努力工作，子女也很努力学习，家庭的所有成员都在为改变现状而奋斗。张在 XG 村承包土地种菜并在空闲时到工地打工，妻子每天卖菜，节假日子女也要帮忙卖菜。全家人收入，每月共有 600～750 元可供支配。但由于诸多原因，张一家还在很艰难地生活着。

张一家 7 口人挤在不足 15 平方米的出租房里，每月需租金 100 元。家人衣着干净、整洁。由于长期超负荷劳动，夫妇俩患有一些慢性病，子女都较健康。

和很多的农民工家庭一样，这个家庭里的父母也都是外出打工，并且家中子女多。为了能维持家中的生活，孩子们在放学后帮母亲卖菜，放弃了可以温习功课、增加业余爱好的时间。也许对孩子们而言，根本就谈不了什么兴趣，能让自己继续上学就是他们最大的愿望了。我们经常在街上看见很小的孩子在帮父母看摊位卖东西，可怜他们在充满童趣的年纪中就要迫于生活的无奈而过早地扛起家庭的重荷，希望他们在将来能通过获取知识为自己开辟一个光明的未来。

案例四十六　让人感动的父亲

田景洲，男，41 岁，贵州紫云县人，现暂住在 G 市云岩区旭东路大吉巷。田来 G 市打工近 10 年了，曾经背过背篼，现在的工作是当保安，每个月的工资是 680 元。妻子于 2002 年与他离婚，主要原因是夫妻长期分住，婆媳关系紧张，现已失去联系。现在田带着儿女一起生活，儿子田如意 13 岁，就读于 G 市第二十八中学；女儿田如敏 11 岁，在 X 学校读五年级。儿女学习都很努力。

目前家中有两间小房子，其中一间是刚租来的，每月的房租和水电费300 多元。儿女每个学期的学费共需 900 多元，田家现总共欠学校 620 元的学费。尽管有时没米下锅，但也要供孩子读书；为了儿子学好英语，田景洲曾经拉下面子向隔壁邻居借收音机。田景洲最大的愿望是给孩子提供良好的学习环境。

孩子的未来是父亲最关注的问题，看着孩子们都在努力地学习，即使自己再辛苦，田景洲都感到值得。一个人抚养子女，单亲父亲生活的艰难可想而知。要照顾两个孩子生活的方方面面，还要打工赚钱，这个父亲并没有半点怨言。他的臂膀给孩子们温暖，他尽自己最大的努力给孩子们创造好的环境，这种试图改变现状的勇气和决心不禁让人敬佩，这种如山般伟大的父爱更是让人震撼。

案例四十七　孩子明天是否依然能上学

张军一家有 6 口人。张军为临时工，给别人修窗子，有活干时就可以把生活维持下去，没有活干时生活就困难。妻子周训琴是菜农，平时就在街上卖菜。家中 4 个孩子都在 X 小学上学，他们的学费和生活费仅靠他和妻子不稳定的收入来维持，收入时好时坏，好的时候每天能挣到 40 块钱，坏时只有 10 来块钱。一家 6 口人居住在一间又矮又窄的小屋里，几乎没有什么家具。家中只有一台电视机，没有钱安装有线电视，因此也成了摆设。吃、住和孩子学习的地方全在这个小房间里。煮饭的煤炉就在电视机旁边，煤气味随时都充斥着整个房间。一楼有一个公共厕所，导致家里空气污浊，威胁着家人的健康。孩子穿的都是校服，因为只有两套，一个星期换洗一次，所以很脏。父亲穿的是工作服。

4 个孩子，张萍、张敏、张祥、张丽在学校读书，孩子学习都很努力，而且成绩优异，房间里都挂满了他们的奖状。可是家里孩子太多，父母的收入满足家庭基本开支已经困难重重，要如何才能让认真好学的孩子们继续读书呢？面对孩子们渴望的眼神，父母只能拼命地工作……

多子女在农民工家庭中很普遍，这也是造成他们经济困难的一个重要原因。很多家庭的子女不得不因为经济窘迫而被迫辍学。对于这样的家庭，我们社工经济上的援助似乎显得过于微薄，更多的还是要根据客观实际，对辍学的孩童加以正确引导，使他们更好地融入到社会之中。

案例四十八　请给我一个机会

张松今年 17 岁，是一名初三学生，随父母来 G 市居住。父母原是威宁农村的农民，为让孩子有好的学习环境，近年从威宁搬来 G 市，现居住在煤矿村 X 学校附近。父亲张和平现在 G 市钢材市场做工，母亲龙玉莲由于无文化，闲居家中。其兄张福现在外打工，其姐张丽现已结婚单过，家庭无外债。

由于哥哥姐姐已经独立生活，张松和父母一家 3 口人，拥挤在一间不足 15 平方米的房间内，家具有床、柜子、方桌等，环境简陋，但还过得去。张松本人一般都穿校服，他的母亲穿着很朴素。

现在最重要的事情就是张松面临高中升学问题。张松成绩优良，很有希望考上重点中学。但由于户口在威宁老家，父母担心在 G 市读书要交高昂的借读费和学费。加上老家还有老人需要赡养，因此这个只靠父亲张和平一人工作的家庭，经济压力很大。

由于家中经济紧张，无余钱购买学习资料，中考临近，学习资料和用具的缺少将会影响张松的复习。很多农民工的子女都在还未完成高中学业的时候就由于成绩不好或是家庭经济困难等其他原因而中途退学了，可是张松一直都很刻苦，他渴望知识、渴望学习。可毕竟作为打工者的父母收入有限，单靠他们的力量很难让张松完成学业。为了给这个成绩优异的孩子一个继续学习的机会，父母在通过向各种可能的途径求助而努力着。

案例四十九　所有问题都自己扛

陈大静，女，35 岁，贵州省大方县人，全家来 G 市已有 8 年之久，目前住在云岩区旭东社区附近的莲花坡。家中有 4 个孩子，其中三女一男。当初就是为了有一个男孩，所以才离开老家出来打工。来 G 市后继续生了两胎，终于有了小儿子，夫妻俩都非常高兴，决定为了自己的子女共同努力。虽然生活一直都很困难，但夫妻俩心里还是很高兴，感情和睦。只是好景不长，孩子的父亲两年前因为脑出血突然去世，这给原本幸福的家庭带来了巨大的打击。从此就由陈大静一个人负责供养全家人，而且有时还要给孩子的奶奶买点东西尽孝。以前只有两个小孩读书都让其无法承受昂贵的学费，现在 4 个孩子要一起上学，这就更让其为难。

以前丈夫在的时候，陈大静一般就晚上去陕西路摆夜市——主要是卖水、饮料和烟酒之类。这样的商品成本低，不过赚钱也不多，而且每月还得交给黔东办事处 100 多元的摊位费。现在孩子的父亲走了，除了晚上继续摆夜市外，她白天还要去帮人家打扫卫生赚钱。这样的报酬一般都不会很高，平均一天能得十几块钱，而且不是每天都有。也有好心人给陈大静介绍对象，希望能让她找一个可靠的人来帮助承担这一重担。但是，陈大静看到周围的一些重组家庭并不幸福，也就打消了这个想法。因为她怕"他"来以后对孩子不好，反而会造成更大的矛盾，伤害子女。她的第一个女儿今年 12 岁，已经读初一了；其余的分别读五年级、三年级和一年级，孩子们都在旭东农民工子弟学校读书。虽然老家实行的是义务教育，但是她还是不愿意让他们回去读书，因为那里既没人照管，教育水平也没有 G 市的好。

这样的单亲家庭在农民工群体中还有很多，生活的重荷都压在一个人的身上，让这位母亲非常辛苦。显然，除了物质上的帮助，精神上的鼓励也同样重要。

案例五十　实实在在的农民工

曾再华，男，55 岁，贵州惠水人，现暂住于 G 市云岩区旭东路大吉巷。由于家里兄弟多、分的地少，再加上自己家里孩子也多，曾再华不得不出来打工挣钱维持家庭生活。他曾经背过背篼，现在向朋友借钱买了辆 1000 多元的摩托车跑摩的，每月能挣到四五百块钱。

后来，妻子也来到这里打工，她捡过废铁、卖过菜，现在在一家亲戚开的五金店值班。家中有两个女儿曾帮琴、曾帮红，一个儿子曾帮雄都在

X 学校读书。家里只有一间小屋、一张床，每个月的房租和水电费是 120 元左右，目前欠学校学费 300 元。家中土地租给别人种。

曾再华给人的第一印象是典型的乡村父辈，朴实而且慈爱，代表的那一代不仅肩负着一家人的生计，更支撑着国家经济的实实在在的农民工。迫于家庭生计，背井离乡、外出打工并不是他们所愿，他们所向往的并不是城市的繁华，而是老家幸福、宁静的生活，城市给他们的只有冷漠和重压。可是面对家庭的开支，他们无力选择，只能踏踏实实地工作、认认真真地赚钱，因为他们是全家人的支柱，在家庭中肩负着重要的责任。

没有知识没有文化，只能靠出卖劳力来维持生活。不是农民工自己不愿学习，而是当他们还是孩子的时候，没有这样的条件，所以绝对不能让孩子们像他们一样。就是这样朴实的想法，让曾再华艰辛地工作着。希望他的孩子们能如他所愿，有一个美好的未来。

案例五十一 退伍军人的选择

徐永平（退伍军人，高中毕业），顾怀琴（文盲），身体状况良好，2006 年 2 月出外打工，感觉相对于在老家种田，在 G 市打工还是很好。现在以卖核桃为业，每月大概有 500 元的收入，平均每天二三十元。小儿子徐良，就读于旭东小学，父母的期望是他能够好好读书，以后能在 G 市安身。一家 3 口住在 G 市煤矿村，共住在一间不足 10 平方米的小屋里，屋内有一根电线、一个灯泡、一张床，孩子晚上睡觉要打地铺。有一台电视机，但已坏；有一个电饭锅、一张书桌，整间屋子显得很拥挤，生活用具很简陋。家人衣着朴实。一周很难吃上肉，只能吃一些小菜。冬天来临，没有棉衣棉被御寒。

这个来自毕节的家庭，老家还有父母健在，每月都会向家中寄一部分钱，夫妻二人对父母很是挂念。徐永平还有一个大儿子徐健已辍学在湖南打工，女儿徐梅也辍学在毕节做维修。父母在家有 9 分地，包给他人种，每年 50 元承包费。作为困难户，原在老家时徐永平一家并没有得到过当地政府的帮助，作为一名退伍军人徐永平也没有享受到应有的福利。

这一典型的农民工家庭，徐永平夫妇面临着上有老下有小的尴尬处境。社工一直强调"人在情境中"的系统分析，而接纳和尊重也是社工必须坚持的使命。这个案例使我们深刻地体会到农民工的艰辛，心灵上有很大的震撼。

案例五十二　我很孤独，很自卑

夏玲，永恒小学二年级，学习成绩很好，非常懂事听话。父亲刘振友，小学文化程度，建筑工人，月收入1000元左右；母亲夏仕华，文盲，无业无收入，夫妻婚姻状况良好；还有一个弟弟刘涛在读幼儿园，家里一共4口人。父母双方的老人都已过世，家人都很健康，家里的负担主要是两个孩子上学。

夏玲随妈妈的姓氏，在跟社工的交流中特别表示对母亲的爱。但是因为身处城市，伙伴少，课余时间帮爸妈做家务，经常会有自卑、孤独的心态出现。社工在夏玲的引荐下见到了她的父母，并了解到外出打工主要是因为家中的老人都不在了，对老家没有什么顾虑。因为父亲长期在外，母亲能力有限，很难为孩子提供好的学习环境。但母亲认为只要孩子有能力考好学校，她一定会供女儿读的；认为因为自身条件的限制，孩子不能在公立学校读书是没有办法的事。对目前就读学校不满意，因为老师更换过于频繁，造成孩子学习困难。

农民工在别人眼中是社会的弱势群体，但社工在与这一家庭成员交谈的过程中发现，其实他们并没有什么自卑的心理。在明知道我们是农民工社区服务站的工作人员的前提下，也并没有为得到救助说什么假话，社工觉得他们活得很有尊严。

案例五十三　苍老的年轻父亲

李国有，今年38岁，显得有些苍老，但人很正义、热情与豪爽。现在独自居住在G市，妻子已与其在十多年前以口头协商形式离婚，至今不知下落，家中有两个孩子，都住在老家，由其爷爷奶奶种田种地来抚养。

李国有现阶段对子女的读书问题较为忧心。大一点的孩子正读高二，如果考上大学恐怕无钱供应，再加上高中阶段已经不属于义务教育阶段，因此每年都必须缴纳较高的学费；较小的孩子正读初二。家中的老父母和两个孩子成了他最大的负担。

李国有现在在 G 市做背篼，一个月 600 元左右的收入，除了生活费、房租、水电费后，就所剩无几了。但这比起在老家要好得多。

案主是农民工社区服务站的受助者之一，当社工回访调查时发现他的精神状态很不错，他认为农民工社区服务站很好，对农民工很关心。他身上穿的、床上用的都是服务站提供的，服务站还教会他一些日常的法律知识。但是若在外面真的出了事，由于自己没有任何证件（除身份证外），找不到任何投诉的地方，又组织不起一个团队来维权，有时就任由欺负。他表示若服务站再提供一些技巧培训他都很愿意接受。这体现了服务站从先前的金钱提供到后来的主要以实物资助的转变，以及社工更注重案主精神意识的改变。社工相信，最开心的事情不是看到有新政策的出现，而是在过程中见证参与的服务对象有不少重要的自身转变。

案例五十四　想回老家修房子

徐表芳，女，34 岁，小学文化程度；丈夫周思贤，32 岁，初中文化程度；有两个孩子，长子读大班，次子读小班。他们一家来自花溪，现住煤矿村。

丈夫在外面收破旧物品，每天有 10 多元钱来维持家中生活。徐表芳无业，主要是在家中操持家务及照顾两个年幼的孩子，因去学校途中有许多地方正在修建筑物，比较危险，所以两个孩子要早晚接送。生活费用基本当天用完，常无剩余，有时要跟邻居借钱，在不收废品的时候就堆点水果来卖。在老家的田地已给哥哥家种，因为 4 个人只有一个人的田地，在老家难以度日才外出做工，租来的房子也比较一般。

家里和外面都堆满了收来的各种废品，家中有房东送的旧电视，连喝水的杯子也没有，只有一个烧蜂窝煤的炉子。

在孩子的书费问题上，本学期预先交的 50 元是向邻居借的，在探访过程中邻居还提起快点还钱。两个孩子在徐表芳的监督下完成作业，但是没有任何课外书籍，只是在收到的一些废书中发现有适合的就给孩子看。一家人在有钱的时候才吃肉，常常只吃一些廉价的蔬菜。最大的希望是在存到钱后先在老家修一所房子，给孩子一个固定的家，不用总是在外租房子住。有条件的情况下，让孩子就读好一点的学校。

很难想象这样收入的家庭的度日方法，他们对政府的一些相关政策都不太了解，只知道可以减免一些学费，但自己从来没有得到这种待遇。他们对自己最大的满足是有钱吃饭、孩子读书。

案例五十五　父亲有外遇

秋艳，20 岁，在一家餐馆做服务员。2009 年 11 月份来到 G 市，高中没有毕业，因为家里经济条件不允许继续读下去，不得不出来打工。她想到 G 市来发展，因为一直以来她都想在 G 市上学，煤矿村毗邻贵州师范大学，所以她选择在这里上班，已经有快一个月了。

父亲有外遇之后，她很同情母亲，但对此也无能为力，只能通过努力工作来弥补。但是服务员的收入很低、待遇又差、人际交往圈窄，因此她一直在寻求上学的机会，希望能通过读书改变自己的生活，让母亲以后能安度晚年。

服务站社工经过前期的调查，了解了案主的情况，并发现案主及其家人对社区的活动还是有一定兴趣的。但是由于经济压力大、娱乐时间少，家人对案主期望上学的愿望很气愤。因此，社工首先解决的是案主以及家人的情绪问题，改变家人对案主求知欲的漠视态度，从而帮助案主树立信心；其次是力图改变案主自身自卑无助的心态，社工充分运用社区资源，鼓励案主参与服务站的一些活动和小组，在小组中找到未来发展的方向。

案例五十六　渴望温暖

小桃，12 岁，父母是黔西人。家里有 4 个姐弟，两个姐姐已经到外地去打工了。父母关系不好，父亲很爱喝酒，母亲于去年被父亲打了离家出走至今没有回家。小桃与父亲和弟弟居住在煤矿村的一个出租屋，房子里光线不好，而且潮湿，里面放着很多东西。因为父亲不给她出学费让她上学，所以她才自己出去打工（目前在一个餐馆）然后交自己的学费书费什么的。邻里之间交往不多，对于这种家庭环境，邻居是敬而远之的。身上穿的衣服大都是好心人送她的，有老师送给她的，还有一些是餐馆阿姨送给她的。据邻居透露，家庭对她的影响还是很大，这个学期她爱穿着打扮了；学习还可以，因为父亲重男轻女不让她读书，她就自己去打工挣学费，但是近期表现出颓废的态度，经常睡到中午，很久没有去餐馆工作了。

社工认为，小桃出现不良行为和情绪的内部原因是家庭环境、邻里之间缺乏温暖。小桃只是个 12 岁的青少年，看待问题和解决问题的方式和方法都不成熟，因此在辅导过程中可以从她近期行为上的问题来推知认知上的动因，通过改变其认知上的错误来帮助改变行为。

案例五十七　精神健硕的老党员

张少贤（党员），81 岁，苗族，老伴已经去世多年，现在与儿子儿媳以及 3 个孙女：张普（初一）、张婷（三年级）和张燕（未到读书年龄）居住在煤矿村租的 3 间房子里面。

老人很健谈，当社工表明身份、询问家庭情况时，他就向社工娓娓而谈：他和家人原住在黔西，2003 年来的 G 市，想到来 G 市是因为在老家收入微薄，实在不足以支撑整个家庭的开销。孩子在那边也影响他们的前途，于是儿子和媳妇便商量着来 G 市打工，希望有更好的发展。

老人谈道："我今年都 81 岁了，身体还算健康。我可是一名老党员，当年在老家是参加过土改的，后来来 G 市后觉得生活好多了，不然儿子和媳妇就老辛苦了，他俩在当清洁工，每天早上 5 点就上班，下班时间不一定，每天回来都看到他们特别疲倦，更重要的是他们上这班可苦了孙女们，每天上完学回来还要帮忙做饭，衣服也是自己洗，看着特别心疼。……我对孩子们最大的希望就是她们能好好学习，以后能够有好前途，以后能过上好生活。"

依靠着爷爷的 14 岁的张普也说："我今年读初一，在班级担任文艺委员，我一定会好好学习，爸妈工作都很辛苦，他们起早贪黑，一个月也只有700多元的工资，光是我们租这些房间，一个月就105元，还有我和二妹的学费，这样一算，每月几乎没有什么结余。我们每周能吃上一次肉，其余几天都是吃素菜比较多。……我和二妹两个人的成绩还行，爸妈有时下班早也会辅导我俩的作业，他们感情很好，他们闲时几乎没有什么娱乐，爸爸喜欢喝点小酒。我们来到G市这么多年，没有回去过老家，爸妈说太远了，不太方便。我们三姐妹一年就买一次衣服，不过，我们在G市生活得挺好。"

这样的三代人家，会让人觉得很温馨。平平淡淡何尝不是一种福气！有时候我们认为他们的需要并不符合实际，这也是社工在今后的实务中需要认真把握的评估事宜。

案例五十八 智障母亲

穿过深深的阴暗通道，再转几个弯，就来到赵林森同学（11岁）的家里。赵林森一家住一楼，两间小小的单间，每间20多平方米，基本没有光线，黑暗与潮湿交织在一起。赵林森家一共5个人——爸爸、妈妈、奶奶、哥哥和赵林森。家里少有的电器就是电饭煲、电磁炉和一台15英寸的小电视。简单的生活用具显得有些杂乱无章。家里仅有两张床，床上的棉被单薄而显破旧。整个屋子有一种怪味，加上智障妈妈和年老体弱的奶奶，整个家庭显得凄凉与无助。

在交谈中得知，他们一家是从四川省南充市的某个村搬迁来G市的，赵林森的爸爸赵胡忠（40岁）来G市20年了，老家因田地少，无法生活，所以来G市谋生。赵胡忠先来G市，因老家房子坏了，没有地方住，所以全家人在4年前也来了G市。他是家庭中唯一的劳动力，维持整个家庭生活。工作职业就是背篓，收入不固定，每月大概800元。赵林森的母亲，名字不详（因为她家人也不知道她叫什么名字），40岁，智障或者说有轻度的精神病，无劳动能力。赵林森的奶奶，63岁，无劳动能力，在家负责做饭等其他简单的家务。赵林森的哥哥赵火军，16岁，初中学生，成绩不好，但在访谈中得知，他想好好学习，改变自己的生活命运。赵林森，成绩一般，有考大学的理想。

当问他们在将来有没有什么打算时，赵胡忠回答道：没有什么打算，过一天算一天，也希望多挣点钱改变现在的生活，现在的生活太难了。问他们进入城市有什么感受，他说来 G 市 20 年了，都习惯了这里的生活，但亲戚朋友都在老家，挣到钱以后还是愿意回去。此时奶奶插话说，城市太怪了，这里的人没有老家热情，这边亲戚少。

听赵胡忠的描述，他一家人的生活收支基本上平衡，但有时候一个月下来，他挣的钱还不够基本生活费用。他说挣得多的时候吃好点，挣得少的时候吃得差点，但基本上都吃得不好。他中午一般都不回家，早上 9 点出去，晚上 7 点左右才回家，中餐就 3 块钱左右。每个月还要交 140 块钱的房租费，几十块钱的水电费。问他们生病时的医疗情况，赵胡忠说，平时也不怎么生病，偶尔家人生病了，就找点药或睡上几天，自然就好了，从不到医院去看病，药价也很高，买不起，医院的费用高得更吓人了。

奶奶和赵胡忠都希望孩子好好学习，以后有点出息，不要像赵胡忠那样再做背篓。对于这样的家庭，我们社工更多的要给予他们的子女一些学习上的辅导，给他们一些精神上的鼓励。

案例五十九　语言成为交流的障碍

王贵华，贵州省凯里市凯棠乡龙塘村人。顾先英（妻），小学文化，无业。王贵华夫妻二人十多年前，到浙江一带打工，先后在制衣厂、皮鞋厂、电器工厂打工。一年前，因顾先英哥哥（顾志平）的长子意外身亡，顾先英夫妻二人从浙江回到贵州。由于超生严重，担心回浙江后出现问题，因此夫妻二人决定和哥嫂留在 G 市。

夫妻二人育有 5 个子女：王兰兰（女），X 学校二年级；王小芳（女），X 学校一年级；另有两儿（4 岁、满月）、一女（2 岁）。因为孩子年龄小，顾先英在家照顾孩子，仅王贵华一人出去打工。据称 4 个大的孩子均在浙江出生，因此不会说也听不懂 G 市话，只能说普通话。因为语言关系，几个孩子仅与亲戚家的孩子玩耍，并不和周围或学校其他孩子在一起。顾先英受其嫂子影响，对孩子的安全很关注也很紧张。

一家人租住了两间房，约有 10 平方米。外间放着两张桌子，一张给孩子写作业用，一张用于家人吃饭。里屋有一张大床、一张小床，还有几个纸箱，据说放着一些衣服。房间收拾得很干净、很整齐，看来女主人比较喜欢整洁。

由于孩子多、劳动力不足，服务站工作人员反复确认了解，其家庭的确难以承担王兰兰、王小芳本学期学费，于是在 2006 年资助王兰兰、王小芳学费共计 400 元以缓解家庭压力。

对于这个家庭，我们社工进行了跟进服务，邀请其子女前往活动室参与活动（指定志愿者前来接，减少家长顾虑），建立一定的朋友群。通过一段时间的工作，他们已经初步形成了自己的社交关系圈。

案例六十　垃圾站的木板房就是家

王春宏，38 岁，毕节地区人，现住在扶风路附近。10 年前来到 G 市，随其而来的还有一个残疾弟弟。母亲 4 年前过世，前年父亲也过世，因此老家已经没有可以牵挂的人。再加上土壤贫瘠，收成不好，几乎年年歉收，因此安葬父母后，王春宏就和残疾弟弟留在了 G 市。

王春宏去年与现在的妻子结婚，妻子是再婚，有 3 个子女。跟随他们的是一个女儿，成绩优异，今年 8 岁，上二年级；其他两个跟随生父。妻子长年生病，却无钱看病。

王春宏靠捡垃圾为生，每月收入大概 500 元。住房是妻子之前的住处，家乡已经没有土地、房屋。妻子、弟弟有时也去捡垃圾。生活费每月最少300 元，剩下的钱用于妻子买药。房屋由木板搭建构成，一间用来堆垃圾，一间用于休息。屋顶是用塑料纸及石棉瓦铺盖，木质墙壁，在走道处做饭，地面是泥土，屋内除了炊事用具就只有两张床。

如果不是亲眼所见，社工很难想象看起来像垃圾站的木板房里竟然长期居住着 4 口人。只有与底层居民亲密并真挚地接触，社工才能了解他们，了解他们的日常苦困，并帮助社工们确立自己的工作使命。

案例六十一 妻子难产雪上加霜

汪善文，36岁，贵州黔西县人，到G市已经10年了，现住煤矿村。他和妻子都是背背篼。儿子，汪明福，8岁，永恒小学三年级。父母均在黔西老家，靠种地为生，但因为无其他经济来源，再加上负担重，所以常常需要汪寄钱回去买种子、化肥供家里使用。

一家3口人全部住在一间不足10平方米的房间里，房间光线很暗，没有什么家具，有一台非常旧的小电视。全家人做饭全靠一个煤炉，在狭小的走廊里。房间里仅有一张破旧的桌子用来吃饭，平时小孩放学回来就在桌子上学习。房间里铺了一张大床，被褥都是旧的。汪善文告诉笔者，这些东西都是帮别人背东西时，人家不要了，捡回来用的。

汪善文和妻子工作时间通常在12小时以上，妻子一般晚上7点回家，照顾儿子生活。儿子的学习很好，夫妻二人对儿子的期望较高，希望他好好读书，上大学，不要再做背篼。

汪善文26岁时，因为老家太穷、太苦，所以带着妻子，跟着老乡来到G市打工。开始几年，背背篼的人少，工作好找，挣了一些钱，一部分寄回老家赡养父母，另一部分就存了起来，有5000元。本来打算再存一点，夫妻二人做点小生意，不用再背背篼了，但是妻子在生儿子时难产，送到医院去抢救。所有的积蓄在那一次都花完了，还欠了3800元的外债。这也造成这个家庭虽然人口少，但是却一直处于很贫困的状态。所挣的钱要用于赡养老人、抚养儿子、日常生活及偿还外债。

社工接触这一个案是因为这样的缘故：汪善文在一次背东西的过程中，被铁块砸伤脚背，雇主仅给其50元钱治疗。他在小诊所缝合处理伤口后（花费100元）回到家中休养，但是一直流血不止。同乡又将其送到诊所，诊所无法处理，建议送往大医院。但他及同乡所凑的钱仅有100元左右，担心无法支付大医院的费用，因此其同乡李先生前来服务站求助，希望服务站能提供帮助。于是社工立即和其同乡将汪善文送入省医院进行治疗，并垫付其所有费用（检查费、治疗费、药费）。

社工在整个过程中为案主的不幸遭遇常有流泪的时刻。我们解决的不仅仅是医药费的问题，更多的是救助一个家庭。相信社工的介入及服务内容带来的影响，会一点一滴地印在服务对象的生命里，对其将来生活的改变有重要的影响。

案例六十二 成长的烦恼——孩子教育咋办？

梁以元，37 岁，老家在重庆，由于家庭贫困，小学未毕业就辍学了。14 岁时坐上开往 G 市的列车，开始了打工生涯。由于所受教育程度低，无法谋求好的职业，只能在馆子里给人打工，以维持自己的生活，之后与同乡结婚。有两个儿子，大儿子梁春，生性孤僻，学习成绩一般，现就读于旭东小学六年级；小儿子梁冬，活泼好动，就读于旭东小学二年级。由于前些年梁以元的母亲生病，为了治病欠了外债，两个孩子的学习费用难倒了这对父母，让贫困更加恶化。

当我们走进梁家时，映入眼帘的是一间不到 60 平方米的房子，黑乎乎的，实在不适合孩子学习。家中唯一的电器是一台电视机，两张床用帘子隔着。梁以元平时主要在餐馆打临工，妻子则在工地做饭来补贴家用。要存钱还债，同时也要负责一切生活费用和两个孩子的学习费用，原本就很贫困的家庭变得更加贫困了。梁以元的妻子说："由于我们在这边很不熟悉，没有本钱来做生意，又很怕赔钱。前不久还被人骗过，所以只能老老实实地打工，大儿子梁春还被别人持械威胁过。"他们真的很担心这样的生活。但是，现在最担心的是孩子们慢慢长大了，孩子们的教育怎么办？

孩子的教育问题是许多农民工家庭都面临的重大问题，他们把所有的希望都寄托到孩子身上，却无法给予孩子好的教育环境，这也是困扰家长的问题。社工一方面要面对农民工家庭的经济压力，另一方面更要帮助缓解和疏导农民工个人及家庭的情绪以及心理压力。

案例六十三 年迈的进城农民工家庭

李大爷，60 岁，和老伴（63 岁）是 4 年前出来打工的。本来这么大年纪了，该在家里待着，但是一场大火把老房子给烧光了，什么也没有了，又没有人管，种地也挣不了钱，就只好出来打工了。

李大爷说："开始来的时候，我和老伴在 XG 村那边住着，那边的房价比较划算，一个月也就 60 块钱，还不交水费，但是几个月前，那边要拆房，只好搬过来住了，这里的房价要 70 多块钱，还不包水电费，煤又贵，我们做饭都是用柴烧，水也是一滴一滴地省着用，省的那点钱就可以多买一些米、油、盐之类的，现在什么都要用钱。"李大爷背背篓一个月才挣三四百块钱，交了房租什么的，就几乎没剩下几块钱了。才来的时候李奶奶还帮人家带孩子，做一些零活，一个月还有 200 块钱。现在人家走了，孩子也跟着走了，李奶奶又没找到其他的活干，就只能靠李大爷一个月赚点钱生活。

李奶奶说道："现在啊，我的浑身都是病，腰上有个大东西，我也不知道是什么，老伴也有病，可没钱看，那个医院的费太高了，我们这些人根本就看不起，全靠天上的神保佑（她指给我看十字架），你可别小看它，我们全家的平安可就全靠它了，其他的神啊什么的都不管用，就是那个神好，我们这里很多人都信它，我和老伴的病才没经常犯。（她的头朝向那个十字架，嘴里念念有词，'天上的神仙天上住，求你保我家平安'）只要你信它，它就会保佑你！"

李大爷有两个儿子，大儿子离婚了，还有个孙子，上小学一年级。大儿子也在 G 市打工，但因为离婚的事和李大爷翻了脸，再也没有往来；二儿子前几年到外地去打工了，好几年了也不见音讯。李大爷说自己本身没有文化，年纪大了也不怎么背得动了，想做一点其他的事，可人生地不熟的，不敢做。现在老家也回不去，只有和老伴相依为命。

老年社会工作的目标就是要帮助老年人解决生活中所遇到的困难和问题。老年人在生活中常遇到的问题可以分为生存问题、心理问题和经济问题，而对于老年农民工来说，他们是弱势中的弱势。由于缺少相应的养老政策的支持，养儿防老成了主要的支撑力。但像李大爷这样无法依靠儿子们的时候，老人的希望又在何方？

案例六十四　没去过公园的孩子

董定林，男，12 岁，Y 学校五年级。老家在黔西县，全家来 G 市 4 年了，住在卫干校旁边，共租有两间，大约30平方米。房间里放满了简单的家具，外面一间有一张床，是父母的卧室兼厨房，还放有一个炉子、两张桌子、几个小凳子和一些简单的餐具，如锅、碗等。里面一间放有两张床、一个小箱子，是3个孩子的卧室。房子里有两根绳子，上面挂满了旧衣服。家里没有电器，连电饭锅都没有，做饭是用炉子做。除去家里的床和桌子等简单家具后，家里剩下的空间就很小了。

家里每个月的收入大都用于生活费和房租费等费用上，很少有剩余的。父母也很少给孩子买新衣服。董定林三兄弟放学回来后分担家务——董定红洗菜、董定林煮饭、董伟洗碗，等父母下班回家后则可以直接炒菜吃饭。大多时候父母吃了饭就休息了，三兄弟则看书做作业。三兄弟跟着父母来G市4年了，从没有去过公园，他们说他们很想去，但是父母一是没有时间，二是没有钱带他们去。董定林说他想上大学，而且想去清华大学读书，他是在电视里看到清华大学的，他说他很喜欢那里。

孩子的梦想简单而纯粹。作为生活在G市4年的孩子，却没有去过公园、没有享受过任何的公共服务。尽管与城市里的孩子同在一片蓝天下，但他们经历的是完全不同的境遇。

案例六十五　请不要拖欠我们的工资

杜昌伦，男，初中毕业，老家在贵州省织金县。有3个孩子：大女儿杜世琴16岁，大儿子杜世海14岁，小儿子杜世江12岁，都在Y学校读书。

一家5口人租住在大约40平方米的房屋内，室内分为3个小房间，最外间摆放家具并用做厨房，里面两间是夫妻俩和孩子们的卧室。室内很脏、很乱、很暗，卫生条件较差。

夫妻二人主要在建筑工地做临工，如挖土、背水泥、修砖、背沙等脏累的体力活。每天早上六七点钟出门，晚上七八点钟回家。每天收入不超过40元，有时还被老板拖欠工资，生活十分困难。

拖欠工资对于在建筑工地做临工的农民工来说，是一件司空见惯的事，几乎每一位农民工都经历过。由于缺乏相关的法律知识以及与雇主灵活、简易的雇佣关系，当遭遇拖欠时农民工无力维权。当因此导致生活无以为继时，他们只能采取极端的手段，寻求雇主的怜悯与同情。

案例六十六　我想学门技术

顾怀仁，男，38岁，小学文化，贵州织金人。全家以前在贵州织金生活，一直过着清贫的日子。顾怀仁想趁自己还年轻，在外面打打工，多挣点钱养家糊口。一家迁来G市已有十多年，从没有回过老家。

在G市打工的日子很辛苦。对于未来有什么打算，一家人显得很迷茫。"走一步看一步"成了顾怀仁无奈地回答。家里有3个孩子，长子17岁便辍学在家，准备到职业学校学汽修；两个小女儿正在读小学。顾怀仁认为儿子想去学习汽修是一件好事，能学一门技术，今后找工作会比较容易。但是高昂的学习费用，让一家人绞尽了脑汁。

顾怀仁期望孩子们能够通过学习技术，改善今后的生活，脱离目前家庭的窘况，但是在学习过程中沉重的负担是他们夫妇无力承受之重。我们常常说要让农民工通过掌握技术，提高能力，改善就业状况。但是，在这个学习过程中所产生的诸多问题，又该由谁来解决？

案例六十七　用打骂来督促孩子学习

何家兴，男，37岁，小学文化，黔西人。他和家人居住的房子是自己在垃圾池附近的空地上占地搭建的。夫妻俩靠捡垃圾为生，3个孩子都在Y学校读书，学习成绩中等。何家兴认为自己之所以捡垃圾，就是因为没有文化，有文化了才可能离开垃圾山。因此他将自己所有的希望都放在3个子女的身上，平时所有的家务都不要孩子做，他们只需要好好学习。何家兴夫妇俩都只有小学文化，无力辅导孩子的功课。对于孩子并不优秀的学习成绩，何家兴只能用打骂的方式督促孩子要好好学习。

这是一个非常看重孩子学习的家庭，"知识改变命运"是这位父亲的口头禅。孩子并不理想的成绩和父亲的高期望之间形成了巨大的鸿沟，父亲只能用藤条来鞭策孩子向前进。但这样鞭策的结果是什么？农民工家庭中由于不当管教方式造成的悲剧还少吗？

案例六十八　孩子差点被拐卖

何元群，女，37岁，文盲，贵州毕节人。毕节老家是一个偏僻的农村，那里土地贫瘠，交通不便，即便有农产品也无法将其运出转换为适当的经济收入。遇上天灾，生活更是难捱，于是何元群一家不得已进城打工以养家糊口。丈夫常年在外打零工，何元群则在家照顾4个孩子，接一些工厂的手工在家里完成。

一家6口人租住在煤矿村深处的20平方米的房屋内。这里房租便宜，但品流复杂，属于三不管地段。治安非常不好，不仅常常有小偷出入，而且经常有拐卖儿童的事情发生，何元群的小儿子就曾差点被拐卖。从那以后，何元群就没有外出工作，而在家里照顾4个孩子。

拐卖常常发生在农民工子女身上，因为他们的父母忙于生计，不得已对他们疏忽照顾。安全的生活环境，是他们根本性的需要，但谁来提供？

案例六十九　重男轻女的家庭

卢红，女，15岁，初中二年级。卢红家里共有9口人，5个姐妹、1个哥哥、1个弟弟。父母在G市卖菜，有时做临时工，全家人的生活开销都来源于此。现在卢红和哥哥、弟弟在读书，其余4个姐姐都已经辍学外出打工或结婚成家了。父母身体不好，弟弟身体也不好。

卢红和家人住在XG村附近，父母租的田地就在出租房的旁边。居住环境拥挤、潮湿，光线也不好。每天父母早出晚归，上午在田里做完农活后，母亲就挑着蔬菜到菜场去卖，父亲则在附近找零活干。卢红每天中午放学后，给哥哥弟弟做好饭之后，还要到菜场给父母送饭。卢红承担着家里的所有家务活，比如做饭、洗衣、打扫卫生等。她学习成绩很好，非常刻苦，每年都拿服务站的优秀学子奖学金，但她的哥哥和弟弟则学习一般。不过，由于重男轻女的思想，父母不是很支持卢红继续读书，很有可能在初中毕业后安排她和姐姐们一样外出打工。

重男轻女的观念是造成农民工家庭多子女的原因之一。女孩在家庭中所承担的责任和劳动远远大于男孩；当家庭无力负担时，被迫做出牺牲的往往还是女孩。这是非常大的不公平。

案例七十　很少能吃到肉的家庭

孙艳，女，13 岁，Y 学校六年级学生。全家 7 口人挤在 30 平方米的一间房内，房间里有 3 张床，屋里用品很乱很脏，只有一台电视机、一张桌子、一个衣柜、一个电饭煲、一口铁锅以及一些其他的简单餐具、4 个凳子、一盏灯。所有人的衣服都悬挂在房间内的绳上，家里还有一个铁炉子用于做饭。

父母都是搬运工，每天从事着高体力、低收入的工作，早出晚归。每月收入除掉必要的生活开支外所剩无几。酸菜、豆米、土豆、白菜是餐桌上最常见的食品，很少能吃到肉。5 个孩子放学后只能在出租房附近玩耍，大的孩子还要负责做家务、照顾弟妹。

微薄的收入要支撑众多家庭成员的生活，维持温饱已属不易，增加营养更是奢谈。这也是为什么农民工的孩子要比同龄的城市孩子瘦小的原因。我们社工在服务中应更多地为这些孩子们争取资源，帮助他们健康地成长。

案例七十一　我的艺术梦想能实现吗？

张娜，女，9 岁，巫峰永恒小学三年级学生。弟弟张兵（7 岁）在巫峰永恒小学读二年级。

张娜的母亲在附近的街上摆摊卖些小商品，父亲卖菜。一个月家里收入 1000 元左右，但是生活费、房租费要七八百。一家人住在 20 平方米的出租屋里，房子里墙壁已经泛黄，光线一般。屋里两张床，是靠在一起的，床上用品很乱。家里有一个炉子，两个凳子，一台电视机，一个衣柜，一盏台灯。衣服多是挂在绳子上的。有一个水缸，地上还算干净。父母衣着很旧，简单朴素，但是很干净。张娜和张兵穿着也很旧。

张娜很喜欢跳舞，常常跟着电视学人家跳舞；弟弟张兵很会画画，常常自己拿着铅笔在本子上画。但是，两个孩子却从来没有机会接受相关方面的教育。他们就读的学校由于师资力量有限，只能开设最基本的主干课程，像音乐、舞蹈、美术等副科是不可能增设的。加上家庭环境的影响，他们根本没有可能去少年宫等场所学习"奢侈的艺术"。

农民工家庭的子女很多也是有着一些艺术爱好和梦想的，而现实的条件却很难让他们去实现这些梦想。对此，我们社工组织志愿者中有艺术特长的人员定期为他们进行培训，为孩子们的艺术爱好和梦想提供力所能及的条件。

案例七十二　父亲抛弃了我

周香琴，女，14岁，七年级学生，生活在一个再婚家庭中，与母亲、继父、继父儿子住在租来的30平方米左右的两个单间里。房间里设施简单。由于父母都是背篼，披星戴月，因此她承担着大多数的家务活，时常照看年幼的弟弟甚至带其上学读书。

看似平淡的生活背后有着一个小女孩缺乏安全感的潜意识，社工作为一名倾听者，聆听的同时也在安慰这颗无奈的心灵。她屡次强调的"不幸"，是青少年精神缺乏沟通的表现。社工时常强调助人自助，我们并非救世主，有时候仅仅可以缓解案主的一点点精神压力，但对渴望关怀的他们而讲，这些也许就足够了。

案例七十三　长大的女儿们起居成问题

白含超，男，47岁，初中文化程度。因为腿部受伤，他只能从事轻便工作，妻子是临时工，夫妇收入微博。育有子女六个，两个女儿外出打工，夫妻二人与四个正在读书的子女居住在不足15平方米的出租屋里。小儿子患有顽固性鼻窦炎。三个女儿都慢慢长大，却不得不与父母居住在一间房子里。他本人感觉有诸多的不便，可是又有许多无奈，因此时常为不能为孩子们提供健康的生活和学习空间而自责。

农民工居住条件的共同特点就是居住拥挤、潮湿，基本无独立的卫生设施。白含超一家的情况就集中反映了农民工的生存状态。子女众多、家庭成员患病、收入极其微薄，都是导致农民工生存境况出现问题的诱因。对于这样的家庭，除了给予其最直接的物质帮助和心理疏导之外，社会政策的倡导以及适当社会制度的安排才是最为有效地解决问题的途径。

案例七十四　沿街叫卖的艰辛

喻成贵，男，38 岁，小学文化程度。有三个子女，大女儿在织金老家读书，跟着弟弟一家，每月都需要支付给女儿的抚养费和瘫痪老父亲的赡养费。另外两个孩子跟随夫妻二人就近读书。在城市规划改造未实施之前，夫妇俩租门面卖水果。门面被拆除之后就只能用板车流动叫卖，时常还得提防着城管的处罚和没收。

城市的设施改造和重新规划是基于诸多因素的考虑，是为了让人们拥有更加舒适的居住环境和生活设施，但也定会损害一部分人的利益。对于生活无保障的农民工来讲，保护他们的利益，仅仅依靠政府的力量是不够的。社会工作者一方面提供农民工子女学业辅导、家庭生活压力的缓解；另一方面是社会法规与政策的推动，而这些需要社会各方力量的共同努力。

案例七十五　夜市卖花赚学费

安从信，男，40 多岁，初中文化程度，老家安顺平坝。一家人来 G 市两年了，7 口人现租房子住在大吉巷内。安从信主要是背背篼，而妻子彭成书则在一家饭店做清洁工。房子大约 15 平方米，房租 120 元每月。房间只有一道门和一扇窗子，屋里光线很暗，白天都要开灯。全家人衣着简朴而且很少，冬衣更少。妻子在饭店工作每月收入 700 元，安从信背背篼则无固定收入。5 个子女都在 Y 学校读书，每个学期高昂的学费给夫妻俩造成了沉重的负担。夫妇工人不得已要求孩子们放学之后去捡塑料制品、报纸、纸盒等补贴家用，有时晚上安排几个孩子到夜市上卖玫瑰花，赚取学费。

低收入高支出之间的不平衡，强迫家庭中每一个成员都要加入到弥补开支空缺的行列中。这也是造成"童工"现象无法彻底杜绝的原因之一。

案例七十六　经常吵架的家庭

周勇，男，33 岁，贵州纳雍人，暂时处于失业状态。来 G 市两年了，家乡还有一个老人，现在住在实验三中附近。家里有 6 口人，住的房子大约 11 平方米。房间里有一台 300 多元的旧电视机，两张床，生活用具齐全。屋里光线较差，居住环境也比较拥挤。由于周勇暂时处于失业状态，妻子每天出去以背背篼维持全家的生活，每月收入大约 800 元，但有时一天也无收获。小孩成绩一般。老家土地很少而且现在都退耕还林了，种地不能再维持一家人生活，所以才出来打工。夫妇俩偶尔也会吵架，但都是为孩子的学费和一家人的生活费。

我们了解到案主周勇面临多重困境：孩子的学费问题、年老母亲的照顾问题、家庭收入问题等，其中最棘手的问题还是家庭经济问题。需要政府为经济暂时困难的农民工家庭提供低保服务，设立一个安全网，让受助家庭得到经济上的帮助，以使其可以应付生活上的基本需求。

社工初期以孩子的学费问题而不是周勇的失业问题为介入点，不但抓住了家庭的关心点，而且这对周勇来说也并非敏感的话题，有利于与他保持良好的关系。社会角色理论认为人们在社会结构中占有一定的位置。周勇现在的失业，导致作为一家之主的他无法承担起养家糊口的责任，身为儿子不能很好地敬养老人，作为父亲不能解决孩子上学的费用。周勇面临暂时的角色失败问题，所以需要重树他的自信心，让他重怀希望面对明天。

案例七十七　孩子成绩差的原因是什么？

周菊，女，38 岁。老家地处偏僻的贵州省织金农村，土地贫瘠，交通不便，一年种的粮食不够全家人吃，更谈不上送小孩上学了，所以周菊离开家乡，来 G 市打工，让孩子读书。刚来 G 市时，她做过很多职业，当过背篼、保姆等，但是都不够几个孩子的书费、学费和一家人的生活费。后来发现做水果生意利润比较大，就和丈夫一直在做，但现在卖水果的人比较多，夫妇俩也只能勉强维持一家人基本的生活。

一家5口人拥挤在一间20多平方米的屋里，家里摆设混乱，到处都是装水果的箱子，有一台旧电视机、一个旧电饭锅。孩子耿云、耿磊学习成绩很差，考试时常只能考十几分；而耿鑫成绩相对好一些，考试勉强及格。

周菊的困惑在于家中3个孩子的学习成绩问题。虽然家中的经济困难，但是这些他们都能克服，而3个孩子成绩都不好，让他们很担心，但是家长无法通过自己的努力克服子女学习障碍的困难。子女的教育关系到下一代的生活状况，家长不想让自己的子女遭受他们受过的苦，希望他们能够通过好好学习、通过教育来改善家庭的境遇，所以子女学习不尽如人意就成为现在困扰家长的最大的问题。

通过对周菊及其家庭的了解，我们可以看到这3个孩子都比较听话和懂事，经常是放学后自己做饭吃，还帮家长做饭，这显示他们并不是因为调皮贪玩而导致学习成绩差。从他们的衣着来看，他们身上的衣服都有补丁，可能会在学校因为贫困而遭到排斥，进而产生自卑或者孤僻的性格。这需要社工帮助他们放弃消极的人生态度，建构积极的性格。

案例七十八 孩子读书的好环境在哪里？

周学军，男，45岁，已婚，暂时失业，小学文化程度。家里成员多，共有5个孩子，其中2个孩子在外省打工，3个孩子在旭东小学上学。周学军因为身体原因无法外出工作，只能靠妻子卖菜维持家里的生计。一家5口居住在十几平方米的狭小房间里，屋内空气浑浊，有两张床，一张破旧的桌子上堆满了杂物，房间光线很暗。3个孩子在学校成绩优异，回到家里还会帮助爸妈完成家务，洗衣服、做饭。但孩子们性格都有些内向，不喜欢与人交谈。周学军的妻子每天在外卖菜，很难有时间料理家务，因此整个家主要靠子女自己打扫。

我们了解到，周学军一家所面临的困境是多方面的，有经济方面的困难、有自身身体状况不佳的问题，但是，对周学军和妻子来说孩子的学习问题是最重要的，需要社会和政府给予一定的支持，能够使其子女有一个比较好的学习环境。

对于社工来说，从孩子的学习用品的改善入手，抓住案主所关注的核心问题，有利于与案主建立关系，使他们真正地接纳社工。然后在这个运用社会资源帮助案主的过程中不断地发掘其自身和家庭的潜能，最终达到"助人自助"的目的。在本案中，可以尝试通过学校、社会（机构）、政府的帮助，达到减免学费、获得捐赠的学习资源、让孩子走出心理困境、最终健康成长的目的；同时创造条件让案主可以心无旁骛地投入到工作中去，解决自身家庭经济的困境。

案例七十九 公厕管理员的烦恼

张云彪，男，34岁，已婚，公厕管理员，来自贵州省铜仁地区思南县。家中有4口人，父母已经去世，6岁的儿子和9岁的女儿都在X学校上学。张云彪的妻子詹吉花患有轻度智障，无法外出工作，因此张云彪的工资成了家里的唯一收入来源。詹吉花和一双儿女到G市只有一年的时间，主要是因为张云彪的父母相继去世后，老家无人照顾母子3人，张云彪才将妻女接到身边一起生活。但是，一双儿女在G市读书的学费、一家人在城市的生活、妻子的智障和对子女的照顾成了张云彪面对的难题。

案例中的张云彪面临多重困境：孩子及妻子的照料问题、居住环境恶劣、家庭收入问题等，其中张云彪最为关切的是孩子及其妻子的照顾问题。轻度智障人士生活自理已属不易，另外还有对两个年幼子女的照顾更为困难。失去了老家亲人的支持，对于漂泊在城市里的农民工来说，如何建立新的支持网络成为解决照顾问题的关键性因素。

案例八十 踏入社会的年轻人

龙先灏，男，22岁，未婚，现在是G市一家保险公司的员工。他不敢和别人讲话，尤其是工作的时候，总害怕人家拒绝，自信心很低，但改变的欲望很强烈。目前他和一个弟弟生活在一起，来G市有两个多月。平时虽然在保险公司里面，但几乎和同事没有交往。这两个月从来没有出去跑过业务，主要怕被人拒绝，有时很想去，可一想到被人拒绝，就不知道怎么办，经常很矛盾。为别人做事情总害怕自己做得不好，经常会想很多（如怕做得不好、在乎别人的态度）。很想和同事一起出去跑业务，这样别人带带也挺好的，但他几乎不认识人家，都不熟悉。与家人沟通也不畅，在社会交往方面缺乏足够的自信，因为担心遭拒绝而不愿接触外面的世界。很少与其他人联系，比较孤僻。

针对案主缺乏自信、惧怕与外人交流的实际情况，我们介入社工采用心理社会治疗模式。青少年在成长过程中遇到来自各个方面的影响，而心理和社会两个不同方面的影响最大。青少年在成长过程中遇到的困难，实际上是他们心理和社会以及生理因素影响的结果。心理社会治疗模式最重要的就是"人在情境中"的理论，因此，我们社工的工作主要集中在了解案主的成长环境中的心理和社会互动，帮助案主实现客观环境和主观印象的平衡。

案例八十一　融入城市生活很难

朱琴，女，14岁。父亲朱西军与其母王秀兰均在 G 市工作，工作繁忙，虽在此工作却无当地朋友，甚至还存在当地人对他们轻视的现象。家中共有3个孩子，长女朱静今年18岁，在外工作；小儿子朱雨随父母在 G 市上学；朱琴为次女，之前随奶奶与叔叔在老家一起生活，现同父母一起在 G 市居住。由于大家对来自农村的朱琴的轻视，加之其自尊心和自卑感都比较强，朱琴不大喜欢与同学交流思想和玩耍，和多数同学比较疏远，只与两三个同学说得来话；她集体活动表现一般，不愿意为大家做好事，班主任李伟军对她的评价是"学习一般，性格内向，交往不够"。但在家里表现不错，叔叔对她的评价是"体贴家人，常做家务，非常懂事，但不够活泼"。

农民工孩子在家庭和学校、社会等环境中接受各种外界影响，同时自己思想内部经过接纳与不接纳、认同与不认同的矛盾斗争，形成了他们与城市同龄儿童的差异。

从家庭来讲，朱琴父母对其教育实际投入不足。父母劳动辛苦、工作繁忙，无法拿出一定的时间来关心和教育孩子，也没有精力和热情同孩子的老师联系和沟通。朱琴的父母文化水平较低，又没有条件参加有关家庭教育的学习，所以他们无法掌握教育孩子的正确观念和科学方法，不懂得如何培养孩子。在针对这一类型的农民工家庭时，我们需要从多方面入手，只有多方面的共同努力才能更好地解决朱琴这类孩子的问题。

案例八十二　自尊心很强的父亲

赵光书，男，39 岁，已婚，现在进城六七年了。小学文化的他以推板车为生，妻子卖水果，家里有 3 个孩子在读书。一家 5 口人住在一间不足30 平方米的房子里，里面光线昏暗，生活环境条件较差。由于城里的开销大、生意不好做，每月收入基本上只够一家人生活费和房租费等杂费，家里 3 个孩子的学费常没有着落，学习用品也买不起。生活的困难并没有影响家里的和谐关系。赵光书是个自尊心比较强的人，希望通过自己努力撑起家里的一片天，让孩子能上得起学，不会因为自身的原因而影响到下一代。

案主赵光书的问题主要出在家庭比较贫困，而贫困的原因与案主的受教育程度直接相关。案主的文化水平有限，所能从事的行业的范围很狭窄，这就需要提高案主的职业技能，挖掘案主的潜力，以期望通过案主自身努力获得一定的社会地位，改善现有的家庭环境。

此外，还需通过社会工作者以倡导者的身份推动有效政策的出台，从而改善他们现在的生活状态。同时联系案主周围所存在的资源如社区为其提供一定的物质支持；联系当地的学校说明案主现在所存在的困难，希望学校能减免案主孩子学费等。通过联合多方面的努力与支持，使案主能尽快改变现在的生活状况。

案例八十三　我们很少和邻里交流

张习贵，男，30 岁，已婚，临时工，小学文化程度。全家 3 口人，孩子在 G 市 X 学校就读，成绩一直名列前茅。无欠债情况。租住在 20 多平方米的房间里，家里有一台电视机。张习贵在市里工地上干活。夫妇和孩子身体良好，无疾病史，智力正常，身心健康。家庭和睦，很少有争吵现象。很少与邻里交流沟通，人际关系薄弱，但未出现相互争吵的情况。

案主张习贵所遇到的实际问题还不是很严重，从社工的角度来看是可以帮助其通过自身能力解决的。现在张习贵本身面临着一些困境，比如家庭居住环境恶劣、收入来源不稳定、邻里关系淡漠等，但是现在困扰案主的主要是孩子的学习问题，特别是如何提供一个更好的环境给孩子。社工在介入过程中，要注意把案主孩子的学习作为介入的中心，通过改善孩子的学习环境进而推动案主问题的解决。一方面，社区是孩子放学后主要活动领域，建构好有力的社区支持网络，可以帮助孩子找到较好的学习生活环境，另一方面，挖掘案主的潜能也有很大的帮助。个案工作强调人与社会环境的互动，所以处理好社区关系，是个案社会工作的目标之一。

案例八十四　争气的女儿

张海燕，女，15 岁，现在是旭东中学的初中学生。张海燕的父亲张斌原籍是四川，2002 年来到 G 市打工，由于没有什么文化知识，只能够以收废品为业，家里 4 口人都要靠父亲这份收入为生。一家人居住在不足 30 平方米的房里，房间里很拥挤地放着两张床，没有什么像样的家具。张海燕很争气，学习比较优秀，还有一个弟弟在读小学六年级，学习也不错。家人的身体状况都还好，与周围的邻居关系也不错。

案主及其家庭在 G 市主要是受经济水平低下的困扰而产生一系列的困境与问题，这是农民工问题的一个比较集中且普遍存在的方面。这就要求政府在城市反贫困问题中注意农民工贫困问题的解决，建构一个适合农民工的社会安全网络，在社会政策层面介入农民贫困问题的解决，改善农民工现在的生活状况以及其子女的受教育问题。

从社工介入的层面来看，首先要解决的是该家庭子女的学费问题，在保证子女学业完成的情况下，继续提供对家庭的支持。建构社会支持网络，提高该家庭在反贫困中的功能，发掘家庭成员的潜能。社工的角色是

"授人以渔"，重新建构案主的社会角色，在一个相对公平的环境下帮助案主通过自身的努力达到改善生活境遇的目标。

案例八十五　身体是革命的本钱

胡才灵，四川人，与妻子两年前来到 G 市，一儿一女都在 X 学校读小学。一家 4 口住在 X 学校附近的一间出租屋内，房租 140 元（含水电费）。房间的面积很小，显得十分拥挤，有电视机、衣柜等基本的家具。家人的穿着十分普通，但是很干净。

胡才灵平时靠背背篼维持生计，妻子由于身体欠佳不能做体力活，只能在家里照顾孩子。一家人的身体情况都不是特别好，胡才灵患有支气管炎，妻子有眩晕症，儿子有鼻炎。尽管经济状况不是很好，但一家人关系比较和睦。

农民工家庭成员的健康状况令人担忧，小病靠扛，大病就去私人诊所，只要没有生命危险，绝不到正规医院看病。这样对待身体不仅是由经济条件引发，医疗政策和福利体制的因素也起到很大作用。

案例八十六　陷入亲情危机中的女人

殷世容，女，36 岁，已婚，暂时失业，小学文化程度，来 G 市 3 年，贵州金沙人。身边带着两个未成年孩子，丈夫一年前外出工作至今未归。在大吉巷租住一间很小的房子，房间很黑，白天都要开灯。殷世容由于自身的身体问题不能做体力活，只能做一些轻巧的活，主要是清洁工作，每天的收入平均在 20 元左右。丈夫的离家出走，让其独自一人承担家庭重担。由于当时家人极其反对嫁给现在的丈夫，所以她与父母的来往较少，关系不是很好。

案主殷世容面临多重困难：子女的教育问题、生活费用问题、家庭关系问题，而首先要面对的是丈夫离家出走之后的情绪恢复和生活收入问题。在解决其经济问题的时候应该看到，通过改善其与父母的关系可以更好地支持案主，这不但可以解决其自身的经济困难，而且在情绪上也会使其得到家人的安慰。社工初期所要做的工作是帮助案主处理好与母亲的关系。

案例八十七　孩子是我们的骄傲

张朝芬，女，34 岁，已婚，黔西人，到 G 市已有 9 年，现在是家政清洁工。丈夫在外打零工，工作很不稳定。家有 4 口人，两个儿子都在 Y 学校就读，分别读小学四年级和八年级。两个儿子学习都很好，袁祖金在班上担任班长，袁祖德年年拿奖学金。张朝芬夫妇两人每月平均收入 800 元，勉强够日常生活开销，孩子学费常常无法按时交清。全家人衣着简朴，冬衣很少。

一家 4 口人现居住在实验三中后面，房租每月 100 元，不包括水电费。住屋共有两个单间，屋内家具简陋，除了一台电视机之外，只有一些做饭用的餐具。两个孩子平时做作业就用一个小凳子当书桌。

张朝芬身体不太好，患有支气管炎，其他家庭成员身体还可以。全家人认知情绪良好，家庭关系和睦，和周围人相处还好。

怎样帮服务对象摆脱目前家庭经济困难的局面？首先，社工从最容易做的方面介入，从微小的改变启动，整合服务对象居住社区内的资源为服务对象家庭捐献冬衣和书桌。其次通过当地居委会为服务对象申请低保；通过居委会下设的就业介绍部门为服务对象丈夫找到一份稳定的工作；联系服务对象孩子所在学校，看看是否可以适当减免些学费。最后挖掘社会资源，联系医院为服务对象治病；根据夫妇俩的就业意愿，联系职业技能部门，提高夫妇俩的职业技能水平。

案例八十八　好怕妈妈让我退学

瞿春秀，女，G 市 Y 学校八年级学生，在班里成绩名列前茅。父亲去世，母亲改嫁，现在在外地打工，仅给她汇过一次 300 元钱便杳无音讯。瞿春秀至今都没有户口，现和 G 市的姨妈家一起生活。姨夫无业，姨妈每月有 400 元的工资，姨妈的两个亲生子女都患有中度弱智。

瞿春秀从上初中以来，每学期 450 元的学费都是向亲戚们借的，没有人承担她的教育费用，至今还欠学校学费450元。衣服大多是同学们给的，鞋子是自己挣钱买的。

瞿春秀和姨妈家4口人一起住。姨妈家有3间平房，约70平方米。房间虽然宽敞却显得很乱，堆放的十几袋稻谷占去了很大一片空间。家中仅有一台彩电、一个高柜和一些简单餐具。

瞿春秀身体虚弱，经常失眠，总是害怕。既怕她妈妈回来不让她上学，要她出去打工，又怕自己在学校学习搞不好。数学和外语是她的弱科，老师经常更替，她根本适应不过来。

本案中的服务对象拥有的正式的社会支持网络包括：①社会性系统——G市Y学校、农民工社区服务站、所在地居委会等；②专业性系统——Y学校的教师或校长、农民工社区服务站的社工、律师等其他专业的助人者。服务对象拥有的非正式的社会支持网络包括：母亲、姨妈一家人、朋辈群体、居住社区的邻居等。社工可协助服务对象找出支持网络的成员，然后将支持网络成员和他们提供的支持按其所回应的具体问题进行分类，再由服务对象描述她如何看待所获得的这些支持，从而决定解决问题的先后次序。

案例八十九　我是同学中的"异类"

宋俊林，男，9岁，Y学校一年级。一家6口人，父母在建筑工地做工。宋俊林有3个哥哥，大哥16岁，辍学后离家出走，至今下落不明；二哥宋勇今年14岁，在永恒小学读五年级；三哥宋富强今年12岁，在永恒小学读三年级。

服务对象一家在煤矿村大吉巷租有一间面积约为15平方米的房子，房屋光线很差，室内空气潮湿。一家人的衣服大多靠周围人捐助，穿着单薄且比较破旧。

从宋家几兄弟的年龄和所就读的年级可以看出，他们上学的时间都比较晚，并不符合7岁上小学的惯例。这样的状况让他们在同学中成为"异类"，缺少良好的朋辈关系网络。

对于此类情况，我们社工主要是帮助他们找到自己的朋辈关系网络，通过系列相关活动的开展，加深他们与其他人的交流和了解。让他们健康地融入到群体中，从而快乐地成长。

案例九十　希望孩子早点赚钱养家

唐珍，43 岁，文化程度为文盲，籍贯 G 市，是由 G 市另外一个区迁往煤矿村的。因为家里条件不好，地不多，收成差，雨水不均匀，种出来的东西还不够一家人吃，又没有什么经济来源，所以她和家人只能来到煤矿村打工。来 G 市后一直是卖水果，不怎么赚钱，只够吃。每天开销很大，还有孩子读书负担很重。房租是 150 元一个月，并且不包水电费。一家 5 个人住一间房。

唐珍和家人生病了大医院都不敢去，一般都在小诊所治疗。农村合作医疗对他们来说没有用，因为在药店买的药报销不了，只能去了大医院才能报，但是他们从不去大医院。

唐珍在 G 市感觉还好，没有被排挤的感觉，来久了也习惯了。现在卖水果苦得很，风吹日晒，经常伤风感冒，常年都生病。老公爱喝酒，不做事，唐珍一个人得养起全家，负担重得很。家里人关系很亲密，但是夫妻关系一直不是很好。

唐珍希望孩子早点挣钱，减轻点家里的负担。在 G 市和亲戚接触比较多，经常在一起，也住在一个社区。对现实生活不满的地方就是没有钱，负担太重。3 个小孩中最小的在二十八中上初一，其他两个都不读书了，在帮忙卖水果。最小的孩子不听话，不爱学习，整天只想着出去玩。

唐女士一个人承担家庭的重担，其艰辛程度可想而知。对于这样的家庭，我们社工主要有两个切入点，一是感情修护，通过系列活动，增进她和老公的感情，最主要的是敦促她的老公承担起一家之主的责任；二是社工通过社会网络调动资源，使他们的孩子能够继续学业。

案例九十一　我今天穷困是因为没有文化

魏忠平，男，现年 56 岁，小学三年级学历，原籍贵州织金县珠长高山，2004 年来 G 市，现在的职业是背篼。只有妻子和自己来 G 市打工，妻子张安芬在家做饭，两个人生活都要靠自己背背篼的收入。家里有一个儿子魏成义，33 岁，是泥水工，现有两个孩子；3 个女儿魏成敏、魏成仙、魏成丽，均嫁人了，各有两个孩子。来 G 市主要因为岁数大了，在家务农体力有限。另外，老家地也不多，环境不好，挣不到钱，孩子们已经大了，不需要过于费心，于是和老伴一起来 G 市赚钱维持生活。

做背篼收入不稳定，有时多有时少，一个月大概 500 块钱，基本够用。夫妇俩在煤矿村租了一间房子，每月租金加上水电费 80 元勉强够用。家里有电视机，可是也很少看。魏忠平一般不和外人来往，就和老伴过日子，平时拉拉家常，聊聊子女家里的情况和一天挣多少钱。自己和哥哥一家联系还比较频繁，经常通通电话。得病尽量在这里（G 市）治，因为 50 多岁人已经不能入医保了。

谈到自己现在的生活状况和以前在老家的状况，魏忠平认为在农村挣不到钱时，心里虽然很着急，可是觉得这也不能怪别人，主要是自己的问题，不识字、没文化干不了其他的。对于目前的生活，魏忠平自己比较知足，毕竟两个人年龄也大了，只要把自己养活了就可以。孩子们都不需要照顾了，自己都有自己的生活，也不用他们太操心。

案例中的主人公年纪已经很大，但为了生活却仍然背井离乡，外出打工。幸运的是他们对目前的生活还很知足，从他们身上可以看到一种乐观的生活态度。我们的服务重心就是让他们能一直保持这种积极的心态。

案例九十二　平淡的生活我很知足

倪云图，36 岁，文化程度初中，籍贯遵义习水。家里 3 个女儿，现在都在 Y 学校读书。经同乡介绍来 G 市打工有七八年，目前全家人都来到 G 市。现在的职业为电工，有一定的技术，生活较为稳定。在农村的时候主要就是和一些亲戚以及住在同一个村子里的人来往。平常喜欢聊天，没有其他活动。没有电视，也没有麻将。

现在在 G 市这边住了这么久，也就买了电视机。每周上 4 天班，平常看点电视。没事的时候，也和住得不远的人一起玩玩麻将，打得不大，图个开心，打发时间。现在的收入是 1000 多块钱一个月，有事情干的时候就出去干活，一般是打电话通知。一个月的基本花销为 700 元以上，房租 100 块钱一个月，还是因为在这里住了几年，才一直是这个价，其他地方更贵。5 口人住一间房，如果再租一间房，开销就太大。现在供 3 个孩子读书，必须省吃俭用。

倪云图来 G 市后主要和同乡在一起，和家里人联系得不多。现在老家除了老人在，没有其他的人了。兄弟们都在外面做事，也不常联系。只是过年的时候聚一下，但也已经有好几年没有回家了。在外面很想家，但是没有办法，在农村待着弄不到钱，没有办法生活。工作中接触的人有的好相处，有的也不好相处，也不愿意去计较。

工作中聊天的话题一般就是今天出去挣了多少钱之类的，回家以后就是问问孩子的学习情况。生病了很少上医院，一般都是去小诊所，从来没有想过要去医院看病。来 G 市很多年了，基本上已经习惯了，对 G 市也有感情了。希望孩子一直读书就好，把希望留给他们。对现实生活没有太多的不满，只希望可以有吃有穿，孩子好好读书，没有更多的要求。"对于我们来说反正年纪大了是要回乡下去的"。

农民工及其子女的心理健康对于他们的生活有着很大的影响，案例中的主人公显然有着比较健康的心态。或许物质上的贫困不能够短时间改善，但是精神上的富有是可以长期拥有的。

案例九十三　我要攒钱娶老婆

潘伯军，37 岁，小学文化，原籍黔西。来 G 市 3 年了，来的原因是老家生活条件差，实在是挣不到钱。

到 G 市后，平时没有什么娱乐活动，以生活为主。家里没有电视，也不打麻将。没有钱的时候不串门，有钱的时候走一下，总的来说走得也不多。来 G 市后的职业是背篼，没有人介绍。每天的开销就是吃点酸菜，没有钱买米的时候就买点面条，用清水煮，基本上没有买过油。每月的开销还有水电费和房租费，房租费每月 100 元，这些都是很重的负担。

现在还没有结婚，因为没有钱，没有人愿意嫁的。已经有两年多没有回家了，挣不到钱，不想回家，也不好意思回家。在 G 市和其他人一般不接触，主要就是和背篼在一起，聊每天的收入，以及哪里有没有活干之类的。其实不愿意做背篼，但是没有文化，没有办法。生病的话一般喝点姜水，没有钱买药，靠身体好撑过来的，还从来没有输过液。

对 G 市没什么太大的感觉，觉得在哪都差不多，只要有钱挣，到哪里都可以的。这么多年都是一个人在外面流浪，希望可以赚点钱把老婆娶回家。

其实农民工也需要感情，在外打拼漂泊的时候也需要有个伴。案例中的农民工想法很简单，很朴素，却很真实。对于这样的案主，我们社工更多的就是给予精神上的鼓励。

案例九十四　贷款也会供孩子读书

王华军、赵明财夫妻，籍贯四川遂宁，来 G 市 3 年。夫妻两个只身在 G 市，两个小孩在老家读书。因为孩子们来 G 市生活不习惯，主要是吃不习惯，小孩长不高，所以待在老家由老人照顾两个孩子。

来 G 市是因为这边有亲戚，又有弹棉花的手艺。另外，家里有两个孩子要读书，花销很大，只能出来挣钱。原来在四川农村的条件也还可以，家里挖了井水，用电也很方便，但在家挣不到钱。

希望孩子多读点书，不能像他们一样没有文化，吃没有文化的苦。只要孩子肯读，他们就供，即使现在供不起，孩子可以去贷款，这点还是很便利的。经常给老师打电话了解孩子的学习情况，因为实在是隔太远，只能每次打电话的时候叮嘱孩子好好学习，告诉他们在社会中以哪种方式去处理事情。

很多时候，孩子的发展成为一个农民工家庭改变命运的希望。他们将自己今天的穷困归因于没有文化，所以将更多的希望寄托在孩子的学业上。对于农民工家庭，孩子的出人头地或许真的是改变家族命运的唯一路径了。

案例九十五　有点收入来源心里才踏实

王兴仙，女，38岁，小学文化，原籍黔西，来G市十多年了。家里有3个孩子，加上父母，总共6口人。因为丈夫有病，几个月就需要来一次G市，很不方便，后来加上在家挣不到钱，孩子大了要读书，而读书的地方离住的地方有几十里，所以全家就来G市打工了。在农村几乎没有收入来源，到现在都还没有自来水，要挑水喝，直到去年才通电。在城里住比在农村方便多了，买东西出门就可以了。

王兴仙来G市后的职业是清洁工、捡垃圾。每天的生活费大概为20元，两个人的工资加起来每月700元左右，不够花销，小孩大了读书压力更大。生病了去老中医院，不敢去大医院，去一次几百块钱就没有了，花几百还算好的。

在G市还是有被排挤的感觉，但是没有办法。在老家挣不到钱着急也没有办法，现在好一些，有点收入来源心里踏实了。在老家的时候老人脾气不好，现在大家都自由一些了，相处就亲近些了。希望孩子读书，比自己好才行，不要和自己一样，否则很没面子。来城里与家里的亲戚朋友的关系自然疏远了，因为没有空联系。与一个城市里的同乡接触还是挺多的，因为大家都住在一个社区。3个孩子都在农民工子弟学校上学，分别是六年级、初三、高一。孩子性格很开朗，放学了做完作业就做饭，经常要做家务。周末大的孩子出来帮大人做事，小的在家里做饭。自己没有文化，不知道怎么样去指导他们。但对他们的学习还是很关心的，希望孩子多读点书。

农民工的想法很现实，也很真实，他们不会心疼自己的血汗，却很担心没有流汗赚钱的地方。政府应该更多地提供一些适合农民工的岗位以保障他们的基本生存条件。

案例九十六　家庭中只有一个劳动力

赵林森，男，11岁，就读于Y学校五年级。从学校出来走50米左右，再穿过深深的通道（显得有些阴暗），再转几个弯，来到赵林森的家里。

赵林森一家住一楼，两间小小的单间，每间20多平方米，基本没有光线进入，黑暗与潮湿交织在一起。赵林森家一共5口人，爸爸、妈妈、奶奶、哥哥和赵林森。家里少有的电器就是电饭煲、电磁炉和一个15寸的小电视。简单的生活用具显得有些杂乱无章。家里仅有两张床，床上的棉被单薄而显破旧，整个屋子有一种怪味，加上智力上有问题的妈妈和年老体弱的奶奶，整个家庭显得凄凉与无助。

他们一家是从四川省南充市的某个村搬迁来G市的，赵林森的爸爸赵胡忠来G市20年了，老家因田地少，无法生活，所以来G市谋生。赵胡忠先来G市，因老家房子坏了，没有地方住，所以全家人在4年前也来G市了。赵胡忠，40多岁，是家庭中唯一的劳动力，维持整个家庭的生活。职业是背篼，小学学历，收入不固定，每月大概800元。赵林森的母亲，中度弱智，无劳动能力。赵林森的奶奶，63岁，无劳动能力，在家做饭等简单的家务。赵林森的哥哥赵火军，16岁，初中学生，成绩不好，但很想好好学习，改变自己的生活命运。赵林森，成绩一般，和哥哥一样希望通过考大学改变自己的生活。奶奶和赵胡忠都希望孩子好好学习，以后有点出息，不要像他那样再做背篼。

一家人的生活收支基本上平衡，有时候一个月下来，赵胡忠挣的钱还不够基本生活用，他说挣得多的时候吃好点，挣得少的时候吃不好点。但基本上都吃得不好，他中午一般都不回家，早上9点出去，晚上7点左右才回家，中餐就3块钱左右。每个月还要开140块钱的房租费，几十块钱的水电费。

像这样的家庭，一个家里面只有一个正式的劳动力。经济来源很脆弱，或许一场小病小灾就可以把他们的生活推入深渊。这样的家庭或许还有很多，他们太需要社会的关注和帮扶了。

案例九十七　希望孩子比自己强

袁吉军，38岁，小学文化程度，原籍贵州黔西。1999年来G市，由同乡介绍，夫妻两人都在大吉社区、煤矿村搞卫生。之所以来G市是因为老家太贫穷，在家挣不到钱。家里有一个男孩和一个女孩，是龙凤胎，两个孩子都在读书。

袁吉军和妻子两个人总共的收入约 1000 元/月，在煤矿村租了两个单间，月租为 220 元/月，生活费为 20/天。捡垃圾一般从早上四五点就出去，到下午四五点才回来，每天工作 10 个小时左右。下班后不怎么聊天，自己都忙自己的。回家要洗衣服，经常很累就睡觉了。有病一般要回老家看，因为老家有医保。平时很少和别人接触，和家里一年能联系两三次。

袁吉军说："刚来到 G 市这座城市，感觉不清楚，可是听同乡说车费很高都不敢来，以前去黔西 10 块钱车费，现在要 20 块钱。来到 G 市，觉得 G 市很好，是大城市，什么都方便，吃的也比在老家好得多。在老家一个月能吃两斤菜油都算好了。"

袁吉军希望孩子能好好读书，自己已经快 40 岁了，生活就这样了，小孩一定要比自己强。觉得自己现在的工作还是挣钱太少，但是自己没文化也从事不了什么工作了，希望在这里赚钱，回家可以盖房子。唯一不满意的就是现在自己一个月 200 块钱，有些人 300 块钱。

很多农民工家庭都把改变命运的希望放在了自己孩子身上，而窘迫的经济条件却又很难保证孩子有很好的学习环境和条件。这种矛盾，这种无奈，个中滋味只有他们体会得最真切了。

案例九十八　最怕生病

李义华，52 岁，小学学历，原籍四川岳池。自己先到 G 市，已经待了十多年了，妻子蒋绍芬和女儿随后来的，也来了 7 年。现在自己和妻子以收废铁为主要职业，来 G 市主要因为家里太贫困，孩子要上学，老婆多病，需要照顾要看病。家里有两个小孩，儿子李安平今年 24 岁，在四川上完大学，现在在成都工作；女儿李安翠，今年 12 岁，在旭东小学上学。自己和老婆病多，自己有骨质增生等，老婆有胰腺炎、胃病等，一病就没钱了。家里每天都要熬中药，经常去小诊所，有时也要上大医院看病。

谈到自己现在的生活状况，李义华说："我对工作目前没有其他想法，觉得卖铁还可以，自己也没有文化不能干其他的。自己在老家没有收入，最怕得病没有钱看病，以前每次看病就向亲戚借，心里也不好受，来到 G

市虽然生活还是很紧，可是要比老家觉得好点，没那么无助。老婆一直有病，过来可以赚钱给她看病，她的心情也能好点。孩子也听话。我们一家与侄子和女朋友住得还算融洽，经常一起做饭吃饭，一般是女儿放学回家煮好饭，我们回去做菜，侄子对女儿很好，经常给她玩电脑，我和老婆偶尔还是会吵架，一般是老婆骂自己，忍忍就过去了。"

总的来说，李义华觉得 G 市还可以，至少要比老家好得多。女儿觉得 G 市污染很大，老家那里很干净。但都觉得 G 市要方便很多，一出门就可以坐到车，老家要进县城必须走几里路才可以。亲戚朋友还是有事就联系。

对于未来，李义华觉得儿子已经不需要太操心了，希望女儿也能好好读书，多识点字。只要孩子读书读得好，他还是要尽全力供她。但是看病太贵了，都生不起病。孩子还要读书，哪里都需要用钱，自己赚的钱太少了。

看病贵，看病难，一个正常的工薪家庭都会有如此感慨，更何况是进城务工的农民工家庭？城市社会保障制度是不是也该把这些经济特别困难的进城农民工纳入其中呢？

案例九十九　我想把孩子送到"正规学校"

宋德举，40 岁，小学学历，原籍黔西谷里。1986 年来 G 市打工，现在以补胎为职业。来 G 市主要因为老家地很少，生活不好维持。现在老家有两位老人，自己有两个孩子，儿子去年死于车祸，女儿在旭东小学上五年级。如今一家人住在煤矿村。

在他看来，G 市比老家好得多，也方便很多，可以挣到钱。以前在老家挣不到钱觉得很难过，作为一个男人什么都买不起，老婆想买衣服也买不了，现在来了能好点，孩子的小事情一般都可以摆平。自从儿子出车祸后一家人都很难过。与老婆关系还可以，毕竟大人吵架对孩子不好。现在和同乡关系还算亲近，可是也不敢多带老家的人来这里，有些人来了乱整。

宋德举最大的希望就是小孩能多读点书，有文化，只要能考取学校就会供她读书，不能让她早早打工。对于生活，宋德举说："最想找一个正规学校让孩子读书。"

案例中的主人公显然很重视子女的教育，甚至当前最大的一个希望就是想让自己的孩子进入一个正规点的学校，可见其背后的良苦用心。但是，这从一个侧面反映了民办农民工子弟学校的教学条件落后，农民工子弟学校教学的改善可以承载起更多农民工家庭的希望。

案例一百 无依无靠的我不得不背井离乡

张伟，男，67 岁，老家在黔西。儿女分家后不孝顺，拒绝赡养他，村委会调解了很多次都没有效果。老家地本来就少，分给孩子后他就只有一丁点儿了，靠那点地他根本不够吃，所以不得已只身一人来 G 市打工，靠背篼、捡废品为生。别人看他大把年纪了，很少叫他背东西，因此他也没有挣到什么钱，连生病也不敢到医院去治疗。

尽管有人告诉他可以通过法律手段让子女给他生活费，但他说算了，都是自己生的，再怎么也不想他们被告上法庭。反正现在还可以来当背篼，捡点废品什么的卖了可以有点吃的就行了。

张伟一个人住在东山山顶的一间 6 平方米左右的房间里，屋里除了一张床、一张放碗筷的桌子和一个蜂窝煤炉，再也没有其他的东西。床上铺的是街边捡回来的塑料喷绘布，盖的是一床破旧的薄被。

现在，老人家还能有体力背东西赚取每天的生活费，当有一天他病了或老得背不动的时候，谁来照顾他？老人的现状，可能是一部分从事着低收入、高强度体力劳动的农民工的明天。明天何以为继、何以为生，不值得所有人思考吗？

| 第五章 |
结论与展望

　　服务站 2006 年成立至今，已经走过了五年。在这五年里，我们从最开始的举步维艰，到今天的各项工作逐渐步入正轨，其中不乏工作人员的努力，更离不开进城农民工的理解与接纳以及相关政府部门、社会团体、热心人士的支持。目前，服务站已经初步明确了服务对象，即进城农民工及其子女，并在长期的工作实践中，将服务对象的重点定位在进城农民工的子女上。如前文所述，当前的进城农民工已经不再是"孤家寡人"，很多时候是"拖家带口"。这是当前进城农民工的一大特点，而且必将成为以后的一种趋势。农民工本已是弱势群体，而随他们一道进城的农民工子女更是弱势中的弱势。幼小的他们心智尚未成熟，正处于接受教育、树立正确的价值观与人生观的关键时期，亟待关注与帮扶。同时他们又面临着很多的需求，诸如教育、医疗、社会交往等。如何使他们在城市里也可以感受到温暖，也能够健康快乐成长，已经成为我们关心的一个社会问题。

　　在这五年的过程中，我们收集到大量第一手资料。这些资料帮助我们认识到探索农民工子女真实世界的重要性，认识到什么是他们真正的需要，认识到如何用"人在情境中"的视角去看待他们的处境。在具体的服务行动中，我们没有忽略农民工子女的学校、家庭和居住社区的特殊性和差异性，而是在不断的服务尝试中，探求最适合他们以及他们最需要的服务模式。

　　服务站自将服务对象重点定位为农民工子女后，一直在探索一套既符合实际又切实有效的服务模式，最终选择了以农民工子弟学校为切入点介入。农民工子弟学校是进城农民工子女除了家庭以外，在城里接触最多的一个社会组织。农民工子弟学校不仅是他们获取知识的地方，而且也是他们社会化的地方。通过农民工子弟学校这个平台，社工们多层次、多角度介入，从而和农民工子女有了更深的了解、更密切的互动、很好地把学校、学生及他背后的农民工家庭紧密地连接在了一起。接触一个个农民工子女，进而接触一个个的家庭；接触一个个的家庭，进而深入到农民工这个大群体中去。

如今服务站已经初步形成了这样一个模式，即关注农民工，以农民工子女为重点服务对象；以农民工子弟学校为切入点；充分发挥有限专业人士的带头作用；积极调动无限的社会力量和资源。我们本着"改变一个孩子，就可以改变一个家庭"的初衷，牢牢把握住农民工子女这个服务重点，同时尽我们所能，为他们构建有效的社会支持网络。实践证明，以农民工子弟学校为切入点的农民工子女社工介入模式是行之有效的方法，已经取得了一定的成果。现今我们已经和服务站周边的几所主要农民工子弟学校建立了稳定的服务合作关系，越来越多的农民工及其子女已把我们当成了一个坚实的后盾，同时在我们的带动下，越来越多的社会团体和个人也已经加入了我们的队伍。

当然不可避免的，服务站在实际运行中也面临着诸多的实际问题。首先，运转资金不足。服务站是在香港明爱基金会支持下运转的，这是当前服务站唯一的经济来源。资金来源单一且有限，在很大程度上束缚了服务站工作的开展。其次，人才队伍不稳定。目前服务站的主要工作人员大多是应届毕业生，往往做不了多久便会另谋出路。受综合条件所限，服务站很难吸引并长期留住专业服务人员。最后，服务范围尚小，影响面有限。我们现在的服务对象主要局限于服务站周边的农民工及其子女，而对于 G 市其他地区一些急需服务的对象却显得鞭长莫及。

社会工作的开展很大程度上是以需求为导向、以问题为导向的。当前服务站专注于农民工及其子女这一服务领域，在长期的实务实践中，根据他们的特点和需求，逐渐摸索出了这套并不是很成熟的服务模式，需要在以后的服务与发展中根据现实情况不断地修正改进向着更完善、更高效的模式发展。对于农民工及其子女，对于服务站这一公益社会组织，对于社会工作这一高尚事业，我们有着一些想法和展望。

一 进城农民工及其子女前景的展望

他们是农业户口，但从事着非农业的工作；他们生活工作在城市，为城市的发展作出了巨大的贡献，却在城市里受到各种歧视和不公平待遇。对于那些举家进城的农民工来说，他们的子女又是一项重大的社会问题，特别子女的教育问题。对于大量进城的农民工及其子女，如何使其能够安居乐业，如何使孩子健康成长，如何使其与城市融为一体，这是我们必须要认真解决的重大现实问题。

近年来，针对进城农民工问题，许多地方出台了一系列政策，解决了农民工实际困难，取得了很好的效果。比如浙江省外来务工人员比较集中的杭州、宁波、温州等地，近几年投入了大量的资金，在开发区和工业园区附近兴建了一大批集农民工居住、教育培训、管理服务和文化娱乐为一体的"安心公寓""建设者之家"，以低价廉租的形式租借给农民工居住生活，有效解决了"工者有其居"问题。很多地方政府也在新形势下研究为进城农民工解决实际问题的新举措、新途径，这些都是一些可喜的进步。

农民工子女在城市的诸多问题中，教育需求首当其冲。农民工子女的教育问题长期以来一直深受各方关注，也得到了中央和地方各级政府的重视。2008年，时任教育部长的周济在接受中外记者采访时透露："目前全国粗略统计，现在大概有2400万进城务工人员的子女，其中有1600多万留在农村，还有800万跟随父母进了城。"这800万身处城市的农民工子女有一部分在城市公办学校就读，很大一部分在民办农民工子弟学校学习，另外还有一部分辍学。他们的教育问题，很大程度上令人担忧。

前些年有关部门的调查显示，"和城里孩子享有同样的待遇""降低收费标准"，是农民工在子女教育问题上的两个最大愿望。目前情况依然如此。不可否认，没有城市户口、收费高，的确是农民工子女求学路上的两大"拦路虎"。对于在民办农民工子弟学校就读的学生而言，他们接受的教育和城市公办学校并不能相提并论。与公办学校相比，民办学校大多师资力量薄弱，学校基础设施简陋，有些甚至存在安全隐患。基本上都没有体育场所供学生进行相应的体育运动，也没有图书馆供学生丰富和扩展课内外知识。

2010 年 7 月 24 日教育部公布《教育部关于修改和废止部分规章的决定》，删除了《小学管理规程》中第十二条中的"并可按有关规定收取借读费"。这是否意味着以后进城农民工在入读城市学校的时候不再需要为缴纳借读费而发愁了呢？是否意味着将有更多的进城务工子女也可以和城市小孩一样在公办学校读书成长呢？

对于农民工子女读书问题，笔者认为法国的理念很值得借鉴。在法国 16 岁以下的儿童少年，无论户籍是否在法国，都能享受到跟当地孩子同样的教育机会和权利，没有任何差别。他们的观念是这样的：这些外来人口只有经过教育才能融入法国社会。如果不让他们受教育，以后国家就很难管。他们失业怎么办？犯罪怎么办？这不是他本人的问题，而是社会的问题。这是一种非常现实而有远见的观念。我国各级领导及教育工作者是不是也该树立这一理念，从国家利益、从每一个儿童少年的前途和切身利益考虑解决他们的教育问题呢？当然，这不仅需要政策上的支持，更需要大量硬件设施的建设。这将是个长期的工程，但是很值得尝试。

二 公益社会服务组织的展望

农民工服务站从本质上来讲，就是一个公益的非政府服务组织。所谓公益的非政府服务组织是指在特定系统下，不被视为政府部门的协会、团体、基金会、慈善信托、非营利公司或其他法人，不以营利为目的的一种组织（NGO）。简单地说，是指有着共同利益追求的公民自愿组成的非营利性社团。它有非政府性、非营利性、相对独立性和自愿性的显著特点。非政府性使其不能像政府那样通过征税等手段获取资金、财产，以作为自身运作的资金支持，因而有别于政府；非营利性使其不能通过以营利为目的的经营活动来获取收入，维持自身的存续和发展，因而又有别于企业等市场主体。正是这个既不同于政府、又不同于市场主体的特殊性，形成了NGO 的本质性标志，使它具有一定的公益性，也保障了它的独立性和自愿性。

NGO 的作用主要有以下 5 个方面：一是有助于填补政府用于社会发展

方面资金的不足；二是能够开拓大量就业机会；三是资源运用具有透明度和合理性，能够较好地避免资源浪费和贪污；四是能推动社会广泛关注并帮助在经济与社会发展过程中资金与人力薄弱的某些部门，以及遭遇困难的弱势群体，如失业与半失业工人、残疾人、缺少劳动力的家庭、儿童、妇女、少数民族等；五是在运作方式上，NGO 对弱势群体的服务形成了一套行之有效的办法和经验。

NGO 最先兴起于 20 世纪 80 年代。随着全球人口、贫困和环境问题的日益突出，人们发现仅仅依靠传统的政府和市场两级还无法解决人类的可持续发展问题。在这种背景下，NGO 迅速成长并构成社会新的一级。据资料统计，目前我国有 1000 多家公益机构。作为政府和市场之外的另一种力量，它们正在发挥日益重要的作用。在国外及我国的港、澳地区，这种公益的社会服务组织已经发展到一个比较成熟的阶段。而在我国内地，除了少数沿海发达城市外，绝大多数内陆城市的 NGO 仍然处于起步阶段，还有着很大的成长和发展空间。

当前我国正处于社会转型期，利益主体日益多元化，利益关系也日益复杂化，这些都需要民间组织发挥作用，帮助政府建立起民主的管理机制。另外，转型期要积极稳妥地推进社会体制改革，也必须建立一个利益均衡机制，通过利益的表达和博弈来消除社会矛盾。一般而言，有组织的理性在利益的表达上总比非组织的理性更有效，因此，在社会矛盾和社会危机因素不断加大的情况下，积极稳妥地发展各类社会民间组织，形成协商对话制度，远比非理性的个体抗争行为好得多。它不仅有利于协调具体利益关系，而且还有利于化解社会危机和保持社会稳定，更好地建设和谐社会。

诸如农民工服务站这样的公益服务组织应该还有很多，他们一方面充满热情，朝气蓬勃；一方面却又步履蹒跚，举步维艰。其中有很多的制约因素，但最主要的限制条件无外乎三个方面：资金不足、社会理解与接纳程度不够、政策扶持力度太小。但我们应该对这一高尚而神圣的事业充满信心，根据服务站的发展历程我们完全可以坚信，日后类似的各种公益服务组织必将不断涌现，他们必将成为服务社会、促进社会和谐的重要力量。

三 专业社会工作者和志愿者人才队伍建设的建议

1. 机构"自助"是留住专业人才的首要条件

目前，大量的民间非营利性组织都依赖于基金会、捐款或政府项目等的资金维持机构的运转。单一的资金来源和完全仰赖他人的资助，对于机构的长期发展有很大局限性。机构自身都无法实现"自助"，如何能够帮助服务对象"自助"？因此，扩大机构的资金来源渠道，以不同的项目搭建资金链，同时建立自身资金的良性循环，如建立公益企业，是帮助民间非营利性组织长期稳定发展的重要出路，也是稳定"军心"的第一要务。

2. 重视团队建设，提高专业社工的职业成就感和待遇福利

没有好的团队就没有好的工作成效。尽管目前服务站已经搭建起了较为有效的团队架构，但这并不稳定，因此我们专心与专兼职工作人员、志愿者代表一起反思团队中出现的问题和解决方法，并且招募了更多新的成员。不仅仅是通过培训、交流、工作部署，也通过真诚的对话，细致地对待、磨合不同背景、不同身份的工作团队。把我们的工作放在团队而不是某个个人肩上。团队建设和我们的工作一样重要，是一件我们非做不可的事情。

职业成就感是稳定从业者的一个重要条件。社会工作在贵州、在 G 市仍是一个鲜为人知的职业，而要获得职业成就感的重要一步就是得到社会的广泛认同，因此我们需要更多地利用社会资源，将我们所做的工作宣传出去。这样一方面能够为社工建立良好的社会形象，得到政府和社会大众的认可；另一方面也能为我们的服务对象带来更大的资源、更广的支持网络。另外，社会工作者的福利待遇也是稳定"军心"必不可少的因素。

3. 多渠道招募，壮大志愿者的队伍

建立健全招募机制是壮大和规范志愿者队伍的第一步。只有招募到符合条件的志愿者才能使志愿活动顺利开展。

在招募志愿者的过程中，要拓宽渠道，积极发挥社会各个方面的力量来壮大队伍。在服务站成立之初，志愿者主要来自贵州大学和贵州师范大学的社会工作专业学生，这些学生虽然在提供服务方面作出很大的贡献，

但是人数有限、知识背景单一在很大程度上制约了服务的开展。在后来的工作中，服务站拓宽了招募渠道，开始面向其他的高校招募，逐渐壮大了队伍，为工作的开展提供了更有力的支持。建议在以后的招募中应该继续拓宽渠道，面向社会招募爱心人士，比如面向社区招募。在招募方法上可以充分利用周边的资源，比如充分利用媒体、网络，也可以通过张贴海报、发放传单的方式进行宣传，使志愿者的价值观深入人心，为志愿者队伍增添活力。

在招募的程序上必须坚持"自愿"的原则。对招募对象要进行考核和筛选，不能盲目选择，要注重质量。另外，组织应该对有意愿加入的成员进行服务对象和内容的介绍，使得志愿者可以更好地了解以后的工作，为以后工作的顺利开展提供基本的支持。

4. 建立健全志愿者的培训机制

服务站的一些志愿者专业操作能力不高，导致一些服务进行不到位。另外，有些志愿者反映他们的服务往往是"为了服务而服务"，不能理解机构开展活动的目标和意义。

在志愿者开展服务的过程中，需要对其进行系统、定期的指导和培训，实行岗前培训和定期培训相结合的方法。一方面要向志愿者灌输志愿服务的目标和宗旨，提高志愿者的内在素质和修养。由于志愿服务是一种无偿的服务事业，无论是提供服务还是参与活动都需要有一种无私的奉献精神，因此要提升志愿者的价值观，对服务的顺利开展十分重要。另一方面要培养其工作技巧和实际操作能力，满足志愿者提供服务和志愿者组织内部成长的需要。志愿服务不是简单义务劳动，也需要一些专业的知识和技巧。通过培训，增强技巧和与人交往的能力，这是确保服务效果的重要保证。

5. 建立和完善志愿者的激励机制

要想解决志愿者组织不稳定的状态就必须建立健全必要的激励机制，使志愿者能够通过提供服务实现自我满足的需要，也可以使之更加努力工作，实现组织的服务目标。我们认为可以通过以下几方面建立激励机制：（1）物质方面：定期举行一些活动丰富志愿者的生活，比如定期组织看电影，出游等活动。这样既可以提高志愿者的服务热情还可以增进成员之间的情感交流，增强凝聚力。另外可以给志愿者发放纪念品，必要时提供一些补贴。（2）精神方面：可以实施荣誉激励，对一些工作表现突出的志愿者给予必要的精神奖励。比如通过协商制定志愿者的评优标准，奖励一定的荣誉称号；还可以对一些表现突出的志愿者在年终开展表彰大会，发放荣誉证书；在节日时对志愿者进行关心祝福，使志愿者对机构有一种认同感和归属感，这样可以长久地激发工作者的热情，提高服务积极性。

在"小政府、大社会"的趋势下，政府失灵和市场失灵使得第三方组织的发展尤为重要，因此就突出了社区社会工作者和志愿者在解决社会问题中的重要作用。通过以上分析，可以看出尽管队伍不断壮大，发展也逐渐趋于正规化，但是还存在很多问题。要想社区社会工作者和志愿者得到健康持续的发展还有很长的路要走，自身需要努力，政府和社会各界也要给予支持，形成合力，使之能够在社会的发展中充分发挥优势，促进社会的和谐稳定。

四　社会工作本土化的展望

社会工作事关社会主义和谐社会建设的大局，是现代文明必不可少的"润滑剂""安全阀"，发挥着预防和解决社会问题、维护社会稳定、促进社会和谐的重要作用。当前我国正处于社会转型期，各种社会问题大量涌现，因而，必须把做好社会工作摆到和谐社会建设更加突出的位置上，不断创新管理方式、拓宽服务范围、提高工作质量和水平。

当前农民工服务站的主力军是社会工作者。到目前，社会工作在我国已经有了数十年的发展，其助人功能与社会意义正在逐渐显现。当前我国社会工作面临的主要问题是本土化问题，如何结合我国的社会现状使其生根发芽。对当今中国来说，社会工作本土化不但要考虑中国的传统文化，也要考虑到计划经济体制对解决问题方式的实质性影响，考虑到在集体主义和福利主义影响下人们的心态。这是社会工作本土化的文化、体制和心理背景。社会工作者应该认真研究这些因素交织影响下的助人活动，发现和发展专业社会工作同本土性社会工作的亲和性，创建符合中国社会需要的社会工作模式。

推动我国社会工作的本土化，关键是建立完善的职业制度，建立稳定的社工队伍，设置相应的社工岗位，通过职业化促进本土化。社会工作岗位设置和人才队伍建设，要立足我国国情。中国社会工作的发展在很大程度上是由政府用行政手段推动的，这在民政工作中尤为突出，于是我国就形成了一种较为特殊的社会工作"民政模式"。一些公益社会服务组织可作为社会工作岗位设置和人才队伍建设的主要领域和重要突破口，包括公益性社会团体、民办非企业单位和基金会。

在职业化、专业化的社会工作制度中，公益性社会组织可以成为社会工作的主要承担力量，是促进政府职能转变、整合社会资源、满足社会公共服务需求和促进社会和谐的重要平台。目前，我市公益性社会组织的发展仍比较滞后，其数量、规模、质量、作用总体上还不能满足日益增长的社会需求，发展的政策环境还不完备。为此，必须从深入贯彻落实科学发展观和构建社会主义和谐社会的高度，把支持、培育和引导公益性社会组织加快发展作为一项重大任务，使公益性社会组织逐步成为社会工作的重要承担者和社会工作人才的主要承载者。这有助于社会工作的本土化进程，对我国社会工作的发展具有重要的意义。

党的十六届六中全会明确提出"建设宏大的社会工作人才队伍"后，我国社工人才队伍建设就以前所未有的速度迅猛发展。社会工作的人才队伍建设也好，社工岗位设置也罢，关键是找到社会工作在中国社会发展的空间和载体。目前，我国各种公益社会服务组织正在涌现，他们有着饱满的服务社会的热情，但很多却缺乏专业人士的参与。社会工作者的加入，正好可以弥补这一不足，同时也使广大社会工作者有了用武之地。

参考文献

著作类：

1. 陈向明：《在行动中学作质的研究》，教育科学出版社，2003。

2. 中国社会科学院社会学研究所"农村外出务工女性"课题组编《农民流动与性别》，中原农民出版社，2000。

3. 国务院研究室课题组中国农民工调研报告：中国言实出版社，2006。

4. 王春光：《社会流动和社会重构——京城"浙江村"研究》，浙江人民出版社，1995。

5. 柯兰君、李汉林主编《都市里的村民：中国大城市的流动人口》，中央编译出版社，2001。

6. 〔英〕安东尼·吉登斯：《社会的构成：结构化理论大纲》，李康、李猛译，三联书店，1998。

7. Room，G. Observatory on National Policies to Combat Social Exclusion：Commission of the European Commnunity，1992.

8. 〔美〕曼纽尔·卡斯特：《认同的力量》，夏铸九、黄的玲等译，社会科学文献出版社，2003。

9. 〔美〕道格拉斯·C. 诺思：《经济史中的结构和变迁》，陈郁、罗华军译，上海人民出版社，1994。

10. 郑增财：《行动研究原理与实务》，台湾五南图书出版公司，2006。

11. 张洪英：《社会工作专业化及本土化实践》，社会科学文献出版社，2006。

12. 〔美〕里瓦斯等主编《社会工作实务案例分析》（第三版），李江英译，中国人民大学出版社，2006。

13. 林孟平：《辅导与心理治疗》，上海教育出版社，2005。

14. 甘炳光、陈伟道、文锦燕：《坚守信念——给社工学生的 30 封信》，香港城市大学出版社，2006。

15. 曾家达、高鉴国、游达裕：《微光处处——28 位社会工作者的心路历程》，中国社会出版社，2009。

16. 许临高：《社会工作直接服务理论与技巧》（上、下册），台北洪业文化事业有限公司，1999。

17. 王巍：《社区治理结构变迁中的国家与社会》，中国社会科学出版社，2009。

18. 翟桂萍：《公共空间的历史性建构：社区发展的政治学分析》，军事科学出版社，2009。

19. 〔美〕罗斯：《青少年团体治疗——认知行为互动取向》，华东理工大学出版社，2004。

20. 〔美〕科瑞：《心理咨询与治疗的理论及实践》（第七版），中国轻工业出版社，2004。

21. 〔美〕米尔·腾伯格尔：《行为矫正：原理与方法》，石林等译，中国轻工业出版社，2004。

22. 〔美〕克瑞尔：《心理调适实用途径》，张清芳等译，北京大学出版社，2004。

23. Michael P. Nichols, Richard C. Schwarts：《家庭治疗基础》，中国轻工业出版社，2005。

24. 陈向明：《质的研究方法与社会科学研究》，教育科学出版社，2000。

25. 宋丽玉、曾华源：《社会工作理论：处理模式与案例分析》，台湾洪叶出版社，2002。

论文类：

1. 段成荣、梁宏：《我国流动儿童状况》，《人口研究》2004 年第 1 期。

2. 段成荣、杨舸：《我国流动儿童最新状况——基于 2005 年全国 1%人口抽样调查数据的分析》，《人口学刊》2008 年第 6 期。

3. 郑金洲：《行动研究：一种日益受到关注的研究方法》，《上海高教研究》2007 年第 1 期。

4. 姚上海：《中国农民工政策的回顾与思考》，《中南民族大学学报（人文社会科学版）》2009 年第 3 期。

5. 潘泽泉：《社会学的研究范式：解释社会的可能性及其效度》，《学习与实践》2009 年第 5 期。

6. 王汉生：《"浙江村"：中国农民进入城市的一种独特方式》，《社会学研究》2007 年第 1 期。

7. 周大鸣：《外来工与"二元社区"——珠江三角洲的考察》，《中山大学学报》2000 年第 2 期。

8. 李培林：《流动民工的社会网络和社会地位》，《社会学研究》1996 年第 4 期。

9. 甘满堂：《城市农民工与转型期中国社会的三元结构》，《福州大学学报（哲学社会科学版）》2001 年第 4 期。

10. 李强：《中国大陆城市农民工的职业流动》，《农民工问题研究》2010 年第 13 期。

11. 项飚：《从"浙江村"到中关村》，《中国企业家》2000 年第 6 期。

12. 傅红梅：《论农民工问题的产生及解决思路》，《中国集体经济·下》2011 年第 3 期。

13. 朱考金：《城市农民工心理研究——对南京市 610 名农民工的调查与分析》，《青年研究》2003 年第 6 期。

14. 冯丽婕、时方：《基于生态系统理论的儿童个案实践及反思》，《社会工作理论探索》2010 年第 9 期。

15. 葛忠明：《人与环境介入方法及其在中国应用的可能性》，《中国海洋大学学报（社会科学版）》2003 年第 3 期。

16. 赵栋昌、周腊梅：《对贵阳市流动人口子女受教育权益的法律保障思考》，《全国商情（经济理论研究）》2008 年第 36 期。

17. 时立荣：《透过社区看农民工的城市融入问题》，《新视野》2005 年第 4 期。

18. 姚华平等：《城市农民工社区文化参与及其相关性因素分析》，《理论与改革》2006 年第 3 期。

| 附件1 |

贵阳市进城农民工生活状况调查问卷

农民工朋友：

您好，当您接过这份问卷时，请接受我们最诚挚的问候。为了深入了解农民工家庭的生存状况，进一步解决进城务工人员切身关心的问题，我们特组织此项调查。

本次调查只为了解您的真实情况，问题的回答无对错之分，请您如实填写。

一、家庭的基本情况

1. 您的性别：

①男　②女

2. 您属于哪个年龄段？

①16～20岁　②21～25岁　③26～30岁　④31～35岁　⑤36～40岁

⑥41～45岁　⑦46～50岁　⑧51～55岁　⑨56～60岁　⑩60岁以上

3. 您的文化程度：

①文盲或不识字　②小学　③初中　④高中　⑤大专及以上

4. 您的婚姻状况：

①未婚　②已婚　③离婚　④丧偶

5. 您的来源地是：＿＿＿＿＿＿＿（省、市）＿＿＿＿＿＿＿（县市区）

二、您的工作情况

6. 您获取工作的主要途径：

①自己找或熟人（老乡）介绍　②劳动培训机构推荐　③通过职业中

介机构　④通过家乡政府部门组织劳动力输出　⑤其他途径

7. 您现在所从事的工作及月收入情况：

①游街小商贩，月收入：＿＿＿＿＿＿＿元

②背篼，月收入：＿＿＿＿＿＿＿元

③无业，月收入：＿＿＿＿＿＿＿元

④建筑工人，月收入：＿＿＿＿＿＿＿元

⑤打零工，月收入：＿＿＿＿＿＿＿元

⑥收废品、拾荒，月收入：＿＿＿＿＿＿＿元

⑦清洁工，月收入：＿＿＿＿＿＿＿元

⑧务农，月收入：＿＿＿＿＿＿＿元

⑨技工，月收入：＿＿＿＿＿＿＿元

⑩餐饮、酒店服务员，月收入：＿＿＿＿＿＿＿元

⑪摩的司机，月收入：＿＿＿＿＿＿＿元

⑫保安，月收入：＿＿＿＿＿＿＿元

⑬家政服务，月收入：＿＿＿＿＿＿＿元

⑭其他，月收入：＿＿＿＿＿＿＿元

8. 您目前的月平均收入：

①200 元以下　　②201～400 元　　③401～600 元

④601～800 元　　⑤801～1000 元　　⑥1000 元以上

9. 在过去一年中是否被拖欠过工资？

①没有　②偶尔被拖欠　③经常被拖欠　④其他

10. 您每天工作多长时间？

①8 小时以下　②8～10 小时　③11～13 小时　④13 小时以上

11. 您是否有过暂时找不到工作的情况？

①有过　②从未有过（请跳答 13 题）

12. 您多久没有找到工作？

①1～2 个月　②3～5 个月　③6 个月及以上　④很久没找到，身上都没有钱了

三、您的生活状况

13. 您目前的居住条件是怎样的？

①与人合租　②单位提供宿舍　③自己租房　④自己购房　⑤借住
⑥其他

14. 您居住的房屋有多大（平方米）？

①12 平方米以上　②12～24 平方米　③24～36 平方米

④36～48 平方米　⑤48 平方米以上

15. 您居住的房子是否有下列生活设施？

生活设施	是	否
通　电	☐	☐
通　水	☐	☐
厨　房	☐	☐
厕　所	☐	☐
洗澡间	☐	☐
客　厅	☐	☐
卧　室	☐	☐

16. 过去一年中您用于城市生活消费支出状况：

①租房（包括水电费）费用，月支出：_____元　②饮食费用，月支出：_____元　③子女教育费用，月支出：_____元　④医疗费用，月支出：_____元　⑤人际交往费用，月支出：_____元　⑥其他，月支出：_____元

17. 您每天的吃饭消费是多少？

①3～5 元　②6～10 元　③11～15 元　④15 元以上

18. 您是否经常乘坐公共汽车？

①从不乘坐（请跳答第 20 题）　②偶尔乘坐（请跳答第 20 题）

③经常乘坐

19. 您经常乘坐的主要原因是：

①路途遥远　②生活习惯　③赶时间　④其他

20. 您的社交对象是：

①家族人或老乡　②邻居　③同事或雇主　④城里人

⑤基本没有社交对象　⑥其他

21. 您经常参加什么娱乐活动？

①看电视　②看报纸、杂志　③上网　④打牌　⑤工友或老乡聚会

⑥参加城市社区等公共娱乐　⑦基本没有时间娱乐　⑧其他

22. 您是否经常感到被城里人歧视或排斥？

①没有感觉到　②偶尔有　③经常

四、关于权益保障、医疗、保险等问题

23. 您在工作中遇到过哪些不公正待遇（可多选）？

①打骂等人身攻击　②同工不同酬或没有基本劳动保护等安全保障

③无故扣工资或恶意拖欠工资　④没有基本生活设施　⑤其他

24. 您与目前所在工作单位是否签订劳动合同？

①没签，但有口头约定　②签了书面合同　③既没签书面合同，也无口头约定

25. 生病后，您会在什么地方接受治疗？

①去正规大医院　②去社区医院　③去小诊所　④回家治

⑤找偏方自己治　⑥自己到药店买药　⑦能拖就拖

26. 若受工伤后，您认为工作单位会提供医疗费用吗？

①不太清楚　②提供部分费用　③提供大部分费用

④提供小部分　⑤不会提供

27. 您的权利被侵害后，您会选择什么方式解决？

①自己和老板理论　②找劳动部门或劳动仲裁机构　③找法院诉讼

④忍了就算了，自认倒霉　⑤找老乡或朋友　⑥其他

28. 您对劳动法、工伤保险条例等法律法规了解吗？

①了解　②有点了解，懂一些基本法律法规　③听说过　④不知道

29. 您现在最迫切需要解决的问题是什么？

①提供培训，增加收入，改善生活条件　②子女进城读书问题

③农民工身份歧视问题　④保险和其他保障　⑤其他

再次感谢您对本次调查工作的支持！

| 附件 2 |

贵阳市农民工子女需求状况调查问卷

亲爱的同学：

你好，当你接过这份问卷时，请接受我们最亲切的问候！为了深入了解你在学校、家庭、社会等方面的各种状况，我们特组织此项调查。

本次调查只为了解你的真实情况，问题的回答无对错之分，请你如实填写。

----

1. 你的性别：

①男　②女

2. 你的年龄：

①6～8岁　②9～11岁　③12～14岁　④14～16岁　⑤16～18岁

3. 你现在就读的年级：＿＿＿＿＿＿＿＿＿＿＿

4. 你转过几次学校？

①从未有过　②1次　③2次　④3次　⑤4次及以上

5. 你是否有过辍学的经历？

①从未有过　②有过

6. 你觉得目前学校的教学条件如何？

①很好　②一般　③不好，有些差距　④差，有很大的差距

7. 你对学校课程的设置适应吗？

①适应　②基本适应　③说不清楚　④不适应　⑤非常不适应

8. 你在课堂是否经常发言？

①基本不发言　②偶尔发言　③经常发言

9. 父母能否辅导自己的学习？

①不能辅导、靠自己　②可以辅导一部分　③完全可以辅导所有内容

10. 与城市学生相比，你觉得自己的知识面如何？

①差不多　②比较狭窄

11. 你觉得成绩的好坏主要取决于哪些因素？（请按重要顺序依次排列）_____

①自身努力　②父母的关心　③渴望通过知识改变命运

④父母的辅导和督促　⑤家庭环境　⑥请家教

12. 你是否经常得到老师的表扬？

①从未被表扬　②很少被表扬　③经常被表扬

13. 你是否喜欢自己的老师？

①不喜欢　②一般　③喜欢　④很喜欢

14. 你感觉老师关心自己吗？

①不关心　②不清楚　③关心　④很关心

15. 你在目前的学校遇到哪些困难？

①教材与老家不一致　②学习上比较吃力　③没有朋友

④遭受同学歧视　⑤学校离家太远

16. 你选择朋友的主要依据是什么？

①对我好　②学习好　③有共同的兴趣爱好　④性格好　⑤其他

17. 你考虑过自己的未来吗？

①没有　②考虑过

18. 你的理想职业是什么？

①当老师　②做白领　③做大官　④当老板或企业家

⑤做工人　⑥做志愿者或义工　⑦其他

19. 你认为理想中的老师应该具备哪些条件呢？（可多选）

①品行要好　②关心学生　③温和亲切　④以理服人

⑤无私奉献的专业精神　⑥丰富的教学经验　⑦知识渊博

20. 你父母的感情如何？

①感情很好　②感情一般　③偶尔有点吵架　④经常吵架

21. 你平时与父母是否有交流？

①几乎不交流　②不知如何交流　③有一些交流，但不多
④经常交流

22. 你在放学或放假的时间主要做些什么？

①看书、温习功课　②做家务　③和父母一起打工赚钱

④看电视或上网　⑤和小伙伴一起玩耍　⑥逛街或去公园　⑦其他

23. 你目前最大的愿望是什么？

_____

再次感谢你对本次调查工作的支持！

祝你学习进步，快乐每一天！

图书在版编目（CIP）数据

需求与介入：基于进城农民工子女社会工作支持的行动
研究／庄勇，何昕著 . —北京：社会科学文献出版社，2013.4
ISBN 978 - 7 - 5097 - 4301 - 0

Ⅰ.①需…　Ⅱ.①庄…②何…　Ⅲ.①民工 - 职工子女 -
社会工作 - 研究 - 中国　Ⅳ.①D422.6

中国版本图书馆 CIP 数据核字（2013）第 029734 号

需求与介入

——基于进城农民工子女社会工作支持的行动研究

著　　者／庄　勇　何　昕

出 版 人／谢寿光
出 版 者／社会科学文献出版社
地　　址／北京市西城区北三环中路甲 29 号院 3 号楼华龙大厦
邮政编码／100029

责任部门／皮书出版中心（010）59367127　　　　责任编辑／丁　凡
电子信箱／pishubu@ ssap. cn　　　　　　　　　　责任校对／邓　敏
项目统筹／丁　凡　　　　　　　　　　　　　　　责任印制／岳　阳
经　　销／社会科学文献出版社市场营销中心（010）59367081　59367089
读者服务／读者服务中心（010）59367028

印　　装／北京季蜂印刷有限公司
开　　本／787mm×1092mm　1/16　　　　　　　印　　张／16
版　　次／2013 年 4 月第 1 版　　　　　　　　　字　　数／255 千字
印　　次／2013 年 4 月第 1 次印刷
书　　号／ISBN 978 - 7 - 5097 - 4301 - 0
定　　价／45.00 元